Robert B.
REICH

SAVING CAPITALISM

最後の資本主義

ロバート・B・ライシュ

雨宮寛／今井章子［訳］

東洋経済新報社

ジョン・ケネス・ガルブレイス教授との
懐かしい思い出に寄せて

Original Title
SAVING CAPITALISM
by Robert B. Reich

私的所有物の侵害には二つの形態がある。
一つは、貧者が富者のものを突然暴力的に略奪すること、
もう一つは、富者が貧者を徐々に合法的に搾取することである。

——ジョン・テイラー『米国政府の原理と政策』

はじめに

読者はご記憶だろうか。学校の教師やパン職人やセールスマン、技能工が自分ひとりの収入で家を買い、車を二台持ち、子育てしていた時代を。私はよく覚えている。一九五〇年代、父エド・ライシュは近隣の街の目抜き通りに店舗を構えていて、工場で働く男たちの奥さん相手に婦人服を売っていた。父はそれで私たち家族が十分気持ちよく暮らせるだけの稼ぎを得ていた。我が家は裕福ではなかったが、一度たりとも貧しさを感じたことはなく、一九五〇年代から一九六〇年代にかけて我が家の生活水準は着実に上がっていった。あの頃はどの家でもそれが普通だったのだ。

第二次世界大戦から三〇年ほどかけて、米国では他のどの国にも見られないような巨大な中間層が形成され、米国経済の規模が倍増するのと同じように平均的労働者の所得も倍増した。ところが直近の三〇年を見ると、経済規模が倍増したにもかかわらず、平均的米国人の所得はどうにも動かなかった。

第二次世界大戦後三〇年に及ぶ高度成長期には、大企業のCEOの所得は平均的労働者の二〇倍程度であったのが、今や実質的に労働者の二〇〇倍を超えている。(1) 往時には富裕層の上位一%の所得が米国総所得に占める割合は九~一〇%であったが、今では二割以上を占有するようになった。(2)

昔は、経済とは、将来への希望を生み出すものだった。きつい勤労は報われ、教育は上昇志向の手段であり、功績の大きいものにはそれにふさわしい報奨が与えられ、経済成長はより多くのより良い仕事を生み出し、現役で働いている間は、ほとんどの人の生活水準が上がり続け、子どもの世代は自分たちよりも暮らし向きが上がり……、そんな具合に世の中のゲームのルールは基本的には公正に機能していたのだ。

ところが今や、そんな夢のような仮定は空々しいばかりだ。(3) 経済制度への信用はガタ落ちで、あからさまに恣意的な采配や不公正が横行したために、自由経済の基本理念に寄せる人々の信頼感は損なわれてしまった。(4) 多くの人々にとって、経済制度も政治制度もいかさまに映り、最初から富裕層にばかり有利に仕組まれているように見えるのだ。(5)

資本主義を脅かしているのは、今や共産主義でも全体主義でもなく、現代社会の成長と安定に不可欠な「信用」の弱体化である。(6) 大多数の人たちが、自分や子どもたちに成功への機会が公平に与えられているとは信じなくなったとき、「人々の自発的な協力」という暗黙の社会契約によって成り立つ現代社会は瓦解し始める。そして「協力」の代わりに出てくるのが、コソ泥、不正、詐欺、キックバック、汚職、といった大小様々な破滅だ。経済資源は徐々に、生産するためのものから、すでにあるものを守るためのものへと変質してしまうだろう。

だが、私たちにはこうした状況を変える力がある。ごく少数のためではなく、大多数のために機能する経済を再生させる力だ。カール・マルクスが言うところの、資本主義は容赦なく経済格差や不安定の拡大をもたらすなどということは全くない。資本主義の基本原則は不変の法則ではない。すべて人が決め、人が実行していることなのだから。しかし、何を変えなければならないかを決め、それを実行するためにはまず、何がどうしてこうなったのかを理解しなくてはならない。

この四半世紀、私は自分の著作や講義を通じて、米国などの先進国に暮らす普通の人々がしっかりと足場を固めることができないまま、募る経済的ストレスにさらされているのはなぜかということについて解き明かしてきた。単純に言えば、グローバル化と技術革新が多くの人々から競争力を奪ってしまったことが原因だ。我々がやってきた仕事を、今や海外の低賃金労働者やコンピュータ制御の機械が、もっと安価にこなしてしまうからなのだ。

私の解決策は(これを唱えているのはほとんど私だけなのだが)、政府をもっと活動家型にすることであった。つまり富裕層へ増税して、そのカネを優秀な教育機関など人々を前進させるための手段に回したり、貧困層に再分配したりするのである。しかし、こうした私の提言は、政府をもっと小さくしたり税金や給付金をもっと少なくすれば、経済は一人ひとりにとってよりうまく機能するはずだと思い込んでいる人々からは、きっぱりと否定され続けている。

問題は政府のサイズではなく、ルールの作られ方

私が唱えてきた対応策は今でも有効ではあるものの、私はしだいに、それだけでは決定的に重要な現象を見落としていると考えるようになった。それは、政治的権力が企業や金融セクターのエリートたちにより集中するようになり、経済を動かすルールにまで影響を与えるようになっていることである。そして私が唱えてきた政府による解決策は（私は今でも使えると思っているが）、ある意味で的外れなものになってしまった。なぜならそこに、経済ルールを規定するという政府の基本的な役割を十分に組み込んでいなかったからだ。しかも悪いことに、そうなると論点が「自由経済の美点」対「活動家型の政府」の是非に陥り、いくつかの重要な論点、たとえば、現在の市場が半世紀前の市場に比べどれだけ異質なものになってしまったか、なぜ五〇年前にはうまく分配できていた繁栄が、現代の仕組みでは広く共有できなくなるのか、さらには、市場の基本的なルールとはどうあるべきかといった論点から人々の目がそらされてしまったのである。

私はしだいに、そんなふうに目をそらされたのは決して偶然ではないと思うようになった。大企業の重役や彼らを取り巻く弁護士やロビイスト、金融業界やそこに群がる政治家、百万長者、億万長者たちなど、「自由市場」を声高に擁護する者たちは、何年もかけて自分たちを利するようせっせと市場を再構築し、そうしたことが問題にされないことを望んできたのである。

本書ではこうした問題を真正面から扱うつもりだ。私は単刀直入に言う。第1部では、市場がいかに資産をめぐるルール（何が所有可能か）や独占をめぐるルール（市場の力はどの程度まで許容可能か）や契約をめぐるルール（何が取引可能でそれはどのような条件下か）や倒産をめぐるルール（購入者がカネを払えなくなったら何が起こるか）に依存しているか、そしてそれらのルールがどのように執行されているかを詳論する。

こうしたルールは自然に存在しているものではない。いずれも人間があれこれと決めていったはずだ。そして大企業や金融業界や富裕層が、過去数十年をかけて、彼らを監督する政治組織に対して影響力を増強させていくにつれ、ルールも変えられていったのである。

それと同時に、一九三〇年代から一九七〇年代後半にかけて、中心的な拮抗勢力として中間層や下位中間層が影響力を行使することを可能にしてきた労働組合や中小企業、小口投資家、地方や中央政治を拠点とする政党といった組織は弱体化してしまった。その結果出現したのが、富める者が持てる富をさらに増幅させることを目的に作り上げた市場だ。市場の内部で、中間層や貧困層から少数の上位層へと向かう、かつてないほど大きな事前配分が起こった。それが市場メカニズムの内側で発生しているため、ほとんど気づかれないまま進行したのである。

第2部では、このような所得や富の分配が社会にとってどのような意味を持ってきたかを示す。市場において人々がどのような価値を持つかで給与が決まる能力主義の主張は、それ自体がトートロジー（その人に人徳があるから高給がもらえるのだという理屈）を生み、市場がどのように構築され、それが道義的にも経済的にも正当化できる状態かどうかという問いへの答えをはぐらかしている。実際は所得も富も、ゲームのルールを作れるだけの権力を保有している人々の手に、ますますゆだねられているのである。

本書で触れていくが、大企業のCEOや金融界のトップトレーダーやポートフォリオマネジャーは、インサイダー情報を使って自らの取り分を膨らませつつ、企業収益を増大することができるような市場ルールを推し進め、自分たちの報酬を自分たちで効率よく決めている。一方で、平均的労働者の給与は、先に述べたように政治面でも経済面でも対抗できる影響力を失ったために、ずっと上がらないままだ。ワーキング・プアとノンワーキング・リッチの両方が同時に急増していることも、もはや報酬が努力とは連動していないことを証明している。市場内部で未分配のままの富がトップに集中していくために、市場の外では、税金や給与を通じた貧困層や下位中間層など下部への大規模な再分配が求められることとなったが、こうした要請は、大きな政府か小さな政府かという煽動的な議論に油を注ぐだけであった。

第3部では、解決策は大きい政府でも小さい政府でもないことを述べる。問題は政府の規模ではなく、誰のための政府かということなのだ。改善策は圧倒的多数の人々が市場形成に与える影響力をその手中に取り戻すことだ。そのためには、現在、利益の分け前を得られていない大多数の人々が自らの経済的権益を連合させて新しい拮抗勢力を形成しなければならない。しかし、「自由市場」と政府とを対抗させる現在の左派と右派の対立によって、不必要に、そして意固地なまでにこうした勢力の連合が阻害されている。

　また、これも後ほど説明するように、今後の米国における最大の政治的分断は、共和党と民主党の間では起こらないだろう。起こるとしたら、大企業やウォール街の銀行や、政治や経済の仕組みを自分を利するように変えてきた超富裕層と、その結果、自らが苦境に立たされていることに気づいた大多数の人々の間においてであろう。私の結論は、この動きを逆行させることができるとしたら、その唯一の方法は、現在、ゲームのルール作りに対する影響力を失っている圧倒的大多数の人々を、五〇年前に広範な繁栄へのカギであった拮抗勢力として再集結させるために、組織化し統一することである。

　本書はグローバル資本主義の中心地たる米国に焦点を当てているものの、ここに描いた現象は世界各地の資本主義国でますます共通してきており、米国で起こったことから学べる教訓は他国にとっても有効であると私は信じている。[7] グローバル企業は、進出国のルールに縛られるとはいえ、巨大なグローバル企業や金融機関は、どこの国であれそのルール形成に影響力を発揮しつつある。自分を利すことのない経済や市場のルールに対して無力感を感じている市井の人々がさらに不安感や不満を募らせれば、敵意むき出しの国家主義的な動きや、時には人種差別や移民反対などの市民感情を生み出し、世界の先進各国で政治不安が広がるかもしれない。

資本主義を救え

私たちが置かれている現実を人々に見せないようにしてきた数々の神話を崩していけば、私たちは資本主義を、ほんの一握りの人々だけを利するものではなく、私たちの大多数のために機能するものに変えることができるはずだ。歴史を振り返れば、過去の経験から希望もある。特に米国では、一定の周期で、少数の富裕層が持つ政治力を制限しつつ政治経済のルールを再適合させ、より包摂性の高い社会を作り上げてきた。一八三〇年代には、ジャクソン主義者が市場の仕組みが普通の人々に資するようエリート層の特権を標的にしたし、一九世紀終盤から二〇世紀初頭には、進歩主義者が独占禁止法を制定して巨大な企業合同（トラスト）を解体し、独占を規制する独立委員会を創設し、企業の政治献金を禁じた。また一九三〇年代には労働組合や中小企業、小口投資家たちによる拮抗勢力を拡大させる一方で、ニューディール政策によって、大企業と金融界の政治力を制限した。

問題は経済だけではなく政治でもある。この二つの領域は分離不可能だ。事実、本書で私が描いてきた領域は従来「政治経済（ポリティカル・エコノミー）」と呼ばれ、社会の法則や政治制度が、どのように道義的な理念、つまり所得と富の公正な分配という中心課題に影響するかを研究してきた。第二次世界大戦後は、ケインズ主義経済の強い影響を受け、研究の焦点は分配問題から、景気を安定させ貧者を救済する手段としての政府税制や所得移転の問題へとシフトしていった。(傍注1)長年にわたりこのやり方は奏功し、高度経済成長が広範な繁栄を生み出し、それによって活発な中間層が出現した。拮抗勢力はその使命をきちんと果たしており、人々は政治経済のあり方を気にかけたり、社会の上層にある過剰な政治力や経済力を懸念したりする必要はなかった。だが今はどうか。人々は大いに懸念している。

ある意味で、本書は伝統的な問いと長年にわたる懸念を思い起こさせるだろう。そして本書が持つ楽観主義もまさにその長年の歴史の中に見出すことができよう。これまでにも幾度となく私たちは行き過ぎた資本主義を救ってきた。だから今度も私たちであれば資本主義を救えると確信している。

【傍注1】

経済学が一つの学問領域として政治経済学と区別されるようになったのは、一八九〇年代にアルフレッド・マーシャルの『経済学原理』の刊行以降である。新たな学問としての経済学は、生産と交換に関わるすべてのシステムに適用可能な抽象変数を追求するもので、そうした資源の配分や特定の社会における法的制度や政治制度についてはほとんど注目していなかった。その後、経済と、それ以外の社会の様々な側面との両方にかかわる研究は、歴史上のある特定の政治や道徳や制度的な関係性から、より普遍的で科学的な「法」へとシフトしていった。一九三六年に発表されたジョン・メイナード・ケインズの『雇用・利子および貨幣の一般理論』は、第二次世界大戦後から一九七〇年代終わり頃まで米国の経済政策に強い影響を与えた。

目次

第3部　拮抗勢力

Countervailing Power

Part 1
The Free Market

第1部　自由市場

第1章 支配的な見方

講演に行くと、小さな劇場や講堂でよくこういうことが起こる。誰かが私と討論することになっている人を引きあわせてくれる。その人と私は、五分か一〇分くらい、与えられたテーマについて議論を始める。教育、貧困、所得格差、税金、重役の報酬、中間層の賃金、気候変動、麻薬取引など何でも構わない。なぜなら、驚くことに必ずといっていいほど、討論はやがて「何かをなすには政府よりも『自由市場』のほうがうまくいくのか」という話になるからだ。

別に私がそう仕向けているのではない。実際これまでも、そしてこれからも述べるように、私はそれ自体は意味のない討論と見ている。それどころか、いったんこの討論に入ると、私たちが本当に議論すべき論点からそらされてしまう。そのつもりがあろうとなかろうと、本当に解決すべき問題から人々の目が他所《よそ》へ向けられてしまうのだ。

この世のどこかに「自由市場」という概念が存在しており、そこに政府が「介入する」のだ、という考え方ほど人々の判断力を鈍らせるものはない。この考えによると、市場が作り出すいかなる不平等も不安定も、冷徹な「市場原理」によって当然起こる避けがたい出来事ということになってしまう。あなたの給料は、あなたの市場価値を端的に示しており、生活するに十分な給与でないとしても、それは仕方がない。ほかの人たちが何十億ドルを荒稼ぎしたとしても、それは彼らにそれだけの価値があるからだし、もし何百万人もの人が職を失ったり、収入が目減りしていったり、あるいは仕事を二つ三つ掛け持ちしているのに来月いや来週の収入の見込みさえ立たない状態になったとしても、それはお気の毒だが「市場原理」の帰結だから仕方ないというわけだ。

この考え方によれば、格差や経済的不安を減らし、経済が私たちのために機能するように何かをなすことは、市場を歪め、効率を悪化させ、私たちが痛手を被るような意図せぬ結果を招きかねないリスクを冒すことになる。大気汚染や危険な労働環境など市場の不完全性であるとか、基礎研究や貧困対策など公益上のニーズについては政府の関与を必要とするものの、そうしたことは「市場はなんでも知っている」という原則における「例外」なのである。

こんな見方が社会に広く流布したために、もはやこれが常識と思われている。ほとんどすべての経済学の入門コースでそう教わるし、公開講演会でも毎日のように語られ、党派を問わず多くの政治家からもそのように聞かされる。

そして残る象徴的な問題は、政府の関与をどのくらい認めるのかという話に行きつく。保守派は、政府はなるべく小さいほうがよく、その介入もより少なくすることを望み、リベラル派はより大きく活動家型の政府を求める。両者の論争ははてしなく続き、米国をはじめとする資本主義国の多くで国民を左派と右派に分断する論点になっている。これに対する人々の答えも象徴的で、その人が政府か「自由市場」か、どちらを信用するのかで決まってしまう。

だが、社会にまん延するこのような見方も、そしてそれに基づく議論も、全くもって間違っている。政府なくして「自由市場」は存在しない。「自由市場」はどこか文明の及ばない荒野に自生しているわけではない。野生の生存競争では、一番大きくて一番強いものが生き残るが、文明とは「ルール」によって成るものだ。ルールが市場を創造し、政府がルールを定めるのだ。一七世紀の政治哲学者トーマス・ホッブスは『リヴァイアサン』の中で、

［自然状態においては］勤労のための余地はない。なぜなら、勤労の果実が確実ではないからであって、したがって土地の耕作はない。航海も、海路で輸入されうる諸財貨の使用もなく、便利な建築もなく、移動の道具およびおおくの力を必要とするものを動かす道具もなく、地表についての知識もなく、時間の計算もなく、学芸もなく文字もなく社会もなく、そしてもっともわるいことに、継続的な恐怖と暴力による死の危険があり、それで人

──間の生活は、孤独でまずしく、つらく残忍でみじかい。(1)

どんな市場にも、政府による規制と執行が必要だ。ほとんどの先進民主主義国において、ルールは立法機関や行政府、裁判所によって作られる。政府は「自由市場」に「介入」するどころか、政府が市場を創造するのだ。

ルールというものは、中立的でも普遍的でもなく、また恒久的なものでもない。時代が違って社会も違えば、異なるバージョンのルールが適用される。ルールは、進化する社会規範や価値観を部分的には映し出すが、同時に、誰が社会規範や価値観の形成に強い影響力を持っているかということをもあぶりだす。それなのに、「自由市場」と「政府」のどちらがましかという不毛な議論を続けていては、誰が権力を行使し、どんな恩恵を手中にしているのか、その恩恵をより多くの人々が受けられるようにルールを改正すべきかどうか、といったことについて私たちがしっかり調べることができなくなってしまう。

政府の規模はさして重要ではなく、それよりも自由市場を機能させるためのルールのほうが、経済と社会に対してはるかに大きな影響を及ぼす。確かに、課税や政府支出や公的規制や補助金をどうするかを議論することも有用だが、これらは経済の周辺課題にすぎない。だが市場のルールのほうは、経済そのものなのだ。ルールもなく、ルールに基づく選択肢もないような市場システムなどありえない。経済史学者カール・ポランニーも指摘するように、「より小さな政府」を提唱する人々は、実際には

「別の政府」（自らやそのパトロンに都合のよい政府であることが多い）を提唱しているのである。[2] 例えば一九八〇年代と一九九〇年代の米国金融界における「規制撤廃」は、むしろ「再規制」というにふさわしいものであった。政府の介入を減らすものではなく、新たに異なるルールを定めて、リスクは大きいが利益も大きいタイプの投機を金融界に許可し、銀行が人々に負いきれないほどの住宅ローンを押し付けることを許可したのである。二〇〇八年にバブルがはじけたときには、政府は大銀行の資産を保護するルールを作り、破綻しないよう補助金を出し、大銀行が弱小銀行を吸収合併するよう仕向けた。さらに政府が作った別のルールによって何百万もの人たちが自宅を奪われることとなった。政府はまた、銀行が新たに大きなリスクを背負い込む行為をしないよう追加の規制も作った（もっとも、多くの専門家がそんな規制では不十分だと指摘している）。

私たちが注意深く見ておくべき大事なことは、二〇〇八年の金融機関救済のようなきわめてまれなビッグイベントではなく、経済活動のゲームのやり方を変えている小さいルール変更のほうなのだ。もっともビッグイベントの最も重要な影響は、それによってその後、ゲームのやり方がいかに変わるかということに現れる。金融機関救済というビッグイベントの影響は、大銀行が窮地に陥ったときは政府が補助してくれるとの「暗黙の保証」に現れた。このことによって、大銀行は財務上中小銀行よりも優位となり、その後の成長と金融界全体への支配を強めていった。それがさらに彼らの政治力を高めることとなって、業界が望むようなルールを作らせたり、望まない規制を潰したりするようになったのである。

「自由市場」という神話は、私たちがこれらのルール変更の実態を精査したり、そうしたルール変更が誰を有利にしたのか問いかけようとするのを妨害する。だからこの神話は、精査されることを望まない人々にとってはとても便利な存在だ。ゲームのルールに対し不自然なまでに影響力を持っている者たちが、新しく制定され適用されるルールの恩恵を最も享受するわけで、彼らこそが「自由市場」の熱狂的な支持者であり、政府よりも市場に相対的な優位性があると熱烈に主張するのも当然である。しかしこういう議論をすること自体、ルールがどのように作られ改定されるのか、彼らがルールの制定に及ぼす影響力や、その結果彼らにもたらされる恩恵の大きさ、といったものから人々の目をそらしておこうとする彼らの目的を促進してしまう。つまり、「自由市場」擁護者たちは、人々が市場の優位性に賛同するだけでなく、このはてしない議論を一番重要だと認めることを望んでいるのだ。

しかも彼らは、所有できるモノ、取引できるモノの大部分が実体のないものや複雑なものに変わりつつある昨今の経済活動の中に、根本的なルールが埋もれてしまうという事実にも助けられている。例えば、知的財産にかかわるルールは、所有物が土地や工場や機械など目に見える物であった昔の経済活動におけるルールに比べて見えにくい。独占や市場支配力にしても、グーグル、アップル、フェイスブック、コムキャストなどのIT企業がネットワークやプラットフォームや通信システムで支配力を強めている現代よりも、巨大な鉄道や石油資本の時代のほうがわかりやすかった。契約もそうだ。かつては、売り手と買い手が今よりも互いに対等の立場に立っており、相手が何を約束しているのかもわかりやすかったし、見つけやすかった。だが、それも複雑な住宅ローンや消費者契約、フランチャイズ・

システムや雇用契約といったものが出現する前のことであり、今やそれらの条件は片方の当事者がほぼ一方的に決定している。同様に、銀行業務がもっと単純で、誰かの貯金が、家を買うとか事業を始めようとする誰かに貸し出されていた時代には、金融債務はもっと明解だった。今日の複雑な金融商品の世界では、誰が誰に対して、いつ、なぜ、どのような債務を負っているのかがわかりにくくなっている。

近代資本主義におけるこうした事柄のすべてを理解する前に、まず、政府はいかに市場を構築し、再構築してきたのか、その過程でどんな勢力が最大の影響力を持っていたのか、そしてその結果、誰が儲け、誰が損をしたのかという基本的な質問を考えてみる必要がある。そのためには、もう少し詳細に市場のメカニズムを分析しなくてはならない。

第2章 資本主義の五つの構成要素

「自由市場」を実現するには、以下の事柄を決めなくてはならない。

・所有権：所有できるものは何か。
・独　占：どの程度の市場支配力が許容されるか。
・契　約：売買可能なのは何で、それはどんな条件か。
・破　産：買い手が代金を支払えないときはどうなるか。
・執　行：これらのルールを欺くことがないようにするにはどうするか。

こうした決め事はすでに明らかだと思う読者がいるかもしれない。例えば、所有権とは、あなたが創ったり、あるいは購入したり発明したりした、簡単に言えば「あなたのもの」にかかわることだ。

しかしもう一度よく考えてみよう。奴隷の場合はどうだろうか。ヒトゲノムはどうか。核爆弾は、料理のレシピはどうか。現代社会ではほとんどの場合、これらは所有できないと決められている。私たちは土地も自動車もモバイル機器も住宅も、その住宅に入ってくるいかなるモノも所有することができる。だが今や、所有の最も重要な形態は新しいデザインやアイデアや発明といった知的財産だ。では具体的には何が知的財産とみなされ、そしてどのぐらいの期間、知的財産を所有することができるのだろうか。

決めるべきことは、市場支配力はどの程度許容されるかという問題の根底にも潜んでいる。企業や小さな企業の集合体は、どの程度の大きさまで、あるいはどの程度まで経済的に勢力を広げてよいのか。あるいは、ＩＴの標準プラットフォームや検索エンジンに対する支配の大きさがどの程度広がると、競争が不当に制限され始めるのか。

読者はまた、モノの売り買いは単に価格で合意することだと考えているかもしれない。つまり需要と供給だ。しかし、たいていの社会においては、性や赤ん坊や投票権の売買は認められていないし、危険ドラッグ、安全でない食品、ねずみ講も許可されていない。文明社会ではまた、強要や虚偽に基づく契約は認められないし執行もされない。だが、ここで言う「強要」とは何を意味するのだろうか、さらに「虚偽」とはどういうことか。

未払い債務への対応でさえも、人為的な決定に依存している。例えば、大企業は従業員に対する年金支払い義務をまぬかれるために破産という手を使うことができるのに、個人の場合は住宅ローンがいかに重荷でも、自己破産してローンをなくすことはできないし、卒業後に大学の学費ローンの返済が辛くなっても自己破産してそれをなくすことはできない。

さらにこれらのルールがどう執行されるかということについても、私たちは「決定事項」に依存している。例えば、警官と警部と検察官では誰が政府のルールの制定に関わることができるのか、誰が提訴する資格を持っているのか、司法手続きの結果を握るのは誰なのか。

こうした決まりの多くは、決してわかりやすいものではないし、しかも、時を経て変化もしている。社会の価値観が変わったり（奴隷制がいい例だ）、技術が変化したり（新しく発見された分子配列の特許がそうだ）、こうした決め事に影響を与える人々が変わったり（公務員ばかりではなく、公務員をその地位に就かせた人）などを理由に、時間とともに変わっていく。

これらの決まりは自由市場に「介入」してくるのではない。決まりそのものが自由市場を構成しているのである。それがなければ市場も存在できないのだ。

これらの決まりを左右するのは何か。ルールを作る人々は何を達成しようとするのか。私たちは、（現在の所得と富の分配を前提として）効率性や成長（その恩恵を受けるのは誰か、あるいは環境汚染のように、成長のために何を犠牲にできるかによる）、公平さ（何をもって公平でまともな社会とみなすかという社会の一般的な規範による）、などを最大化するようにルールを設計することが可能だ。あるいは、大企業や大銀行の利益やすでに大金持ちになっている人々の富を最大化するようにルールを設計することだって可能なのだ。

もし民主主義が本来あるべき形で機能していたならば、選挙で選ばれた政治家も、官庁の長も判事も、大多数の市民の価値観におおむね沿うようにルールを策定するはずだ。哲学者ジョン・ロールズが示唆するように、ルールが公正に選ばれたものであればそのルールには、それが適応された場合に自分自身にどんな影響が及ぶか承知していない平均的市民の考え方が反映されているものだ。そうであれば、「自由市場」は大多数の人々の福利にかなうような結果を生み出すはずなのである。(1)

しかしもし民主主義が崩壊しつつあるとしたら（あるいはそもそも機能していなかったとしたら）、ルールによって一握りの富裕トップ層の富が増強され、それ以外の人々は相対的に貧しい状態に置かれたり、経済的に不安定なままになるかもしれない。十分な権力と資源を持つ人々は政治家や規制当局や判事に対しても十分な影響力を持っており、「自由市場」をできるだけ彼らを利するように機能させることができるのだ。

しかしこれはよく言われる「腐敗」とは異なる。米国では、権力や資源が、目に見える特定の便宜、例えば公共事業の受託契約を得るための政治家への賄賂《わいろ》に使われることはほとんどない。そうではなくて、選挙戦で寄付をしたり、官僚が引退した後に儲かる仕事に就けるよう約束したりするのである。そしてその見返りに彼らが手に入れる一番貴重なものが、万人に対して一見中立的に適用されているように見えるが、実は構造的に富者を偏重し利する「市場のルール」なのだ。換言すれば、市場の勝者と敗者を分かつのに大きな影響を及ぼしているのは、独特で目に見えない政府からの「介入」ではなく、政府による「市場構築の仕方」なのである。

権力や影響力というものは、市場ルールの形成過程に潜んでいるため、そこから出てくる経済的な損益は「非人間的な市場の力」によってもたらされる「中立的」な結果であると誤解されている。私たちが「自由市場」か「政府」かの優劣をめぐる議論にとらわれ続けている限り、カモフラージュされているものを見通せるようになる望みは低い。

これら五つの資本主義の構成要素を個別に検証する前に、政治権力がこの五つの要素をどう形成し、なぜ市場の自由が政治的権力の行使と無縁ではないと考えられているのか、そして政治力を行使しているのは誰なのか、ということを見ていこう。

第3章 自由と権力

所得と富がトップ層に集中するにつれ、政治的権力もそこにシフトしていった。カネと権力とは分かちがたく密接に連動し、その権力が市場メカニズムに影響力を持つようになった。市場の見えざる手は、裕福で筋骨たくましい腕へとつながっているのだ。

合理的で不変な「自由市場」を熱く支持し、政府の「介入」に反対するような人ほど、市場メカニズムに過度な影響力を持っているというのは、おそらく偶然ではない。彼らは「自由企業」を擁護し、「自由市場」を「自由気まま」と解釈して、ひそかにゲームのルールを都合よく変えている。権力の不均衡がますます広がって、大部分の人々の自由を蝕《むしば》み始めていることに気づきもせずに、「自由」を絶賛しているのである。

二〇一〇年、連邦最高裁は、右派市民団体「シティズンズ・ユナイテッド」が連邦選挙管理委員会に対して起こした裁判で、企業にも人格（法人）を認め、憲法修正第一条に基づく「言論の自由」が保障されているとの判決を下した。(1) したがって、政治広告に対する企業支出に制限をかけた二〇〇二年の超党派選挙改革法（マケイン＝ファインゴールド法）は憲法違反であり、もはや国法ではないとしたのである。(2)(訳注1)

しかし、「言論の自由」とは「聞いてもらう自由」でもあり、大金持ちが「大きな声」を手中にしたとき、ほとんどの市民の声を「聞いてもらう自由」は損なわれる。この裁判で多数派となった五人の判事は、判決の中で、政治広告の大キャンペーンに資金を提供したがる大企業と一般市民との権力のアンバランスについては、一切触れていない。だが現実に最高裁が企業の「言論の自由」にお墨付きを与えたことで、大金を持たない一般市民の「言論の自由」はかき消されていくだろう。

二〇世紀初頭の数十年、やはり最高裁は権力の現実性に関してわかっていなかった。保守派の判事たちが、労働者の団結権や団体交渉権を保障する法律を無効にしたのだ。一九三六年にカーター石炭

【訳注1】

修正第一条とは、信教・言論・出版・集会の自由、請願権を保障するもので、一七九一年成立。「連邦議会は、国教を定めまたは自由な宗教活動を禁止する法律、言論または出版の自由を制限する法律、ならびに国民が平穏に集会する権利および苦痛の救済を求めて政府に請願する権利を制限する法律は、これを制定してはならない。」（アメリカンセンターＪＡＰＡＮより引用）

https://americancenterjapan.com/aboutusa/laws/2569/

二〇一〇年の判決により、法人の意思として政治家や選挙戦に政治献金することへの制限がなくなった。

会社を相手取り、株主のジェームズ・カーターが起こした裁判で、判事の過半数が、団体交渉は「個人の自由と私有財産に対する、違憲で容認しがたい妨害であり……合衆国憲法修正第五条の『法の適正な過程（デュー・プロセス・オブ・ロー）』条項によって保護されたこれらの権利の否定である」とした。[3][訳注2]けれども団体交渉なくして、労働者が個人で雇用条件について交渉する自由はなかったのだ。仕事が欲しければ、財界を牛耳る大企業が一方的に示す条件を飲む以外にはなかった。この判決によって、労働者がより良い雇用条件を引き出すための団結権よりも「個人の自由と私有財産」が優先され、最高裁は合衆国憲法のバランスを、力を持っている側へ傾けたのである。カーター判決の司法判断はその後却下されたが、その背景にあるイデオロギーは今も残っている。[4]

そして今、再び経済的・政治的権力が一握りの大企業と裕福な個人たちの手に移ったことから、彼らがゲームのルールに影響力を行使しようと企てるさまざまな方策の「弁明」として、またも「自由」が利用されている。例えば、選挙戦への献金をエスカレートさせたり、対立候補を標的にしたネガティブ広告を献金とは別に「独立支出」したり、ロビー活動を州都でも首都ワシントンでも展開したりといったことだ。ほかにも、弁護士や専門家を大量に雇って、裁判所が少数の富裕層に有利な法的解釈をするよう訴訟を仕掛け応戦させる、弁護士や専門家を使って富裕層の意図を政府部内でのルール策定に反映させる、富裕層を利するルールを策定・施行した公務員に身入りの良い転職先をちらつかせる（あるいは確約することもある）、富裕層が支持する政策は正しく良識があり、反対に富裕層が支持したくない政策は、それが誤りで不備があるように信じ込ませる広告を一般の人々に向かって打つ、富裕層寄りのシンクタンクや委託研究を利用する、報道機関を所有し、あるいは経済的影響力を行使して、自らの目的をさらに推進しようとする、といったことなども含まれる。

社会がそんなふうだと、「自由市場」、「自由企業」、「契約の自由」、「自由貿易」、そして「言論の自由」の美点にさえ、少なからぬ疑念が生じてしまう。ここで問われているのは、ずばり「誰にとっての自由か」である。

企業がしたいことをする「自由」が拡大されれば、理屈としては、国民一人ひとりの経済的な取り分も大きくなるかもしれない。しかしながら近年この種の「自由」がもたらすのは、大企業とウォール街の大銀行の重役や株主には大きめの分け前が行くのに、それ以外の大部分の人々には小さな分け前しか届かないという状態だ。普通に働く人々の「職場での自由」も減ってしまった。労働者に保障され

【訳注2】

修正第五条とは、大陪審、二重の危険、適正な法の過程、財産権を保障するもので一七九一年成立。「何人も、大陪審による告発または正式起訴によるのでなければ、死刑を科しうる罪その他の破廉恥罪につき公訴を提起されることはない。但し、陸海軍内で発生した事件、または、戦争もしくは公共の危機に際し現に軍務に従事する民兵団の中で発生した事件については、この限りでない。何人も、同一の犯罪について、重ねて生命または身体の危険にさらされることはない。何人も、刑事事件において、自己に不利な証人となることを強制されない。何人も、法の適正な過程（デュー・プロセス・オブ・ロー）によらずに、生命、自由または財産を奪われることはない。何人も、正当な補償なしに、私有財産を公共の用のために収用されることはない。」（アメリカンセンターＪＡＰＡＮより引用）

https://americancenterjapan.com/aboutusa/laws/2569/

ているはずの「契約の自由」など、悪い冗談でしかない。会社が選んだ仲裁人に苦情を申し立てても、仲裁条件に同意する以外に選択肢はなく、そうやって労働者たちは「公訴」という憲法上の権利を放棄させられているのである。従業員の行動を出社時から退社時まで逐一監視し、その上トイレ休憩を一日六分に限ることまでする企業が「自由企業」のモデルと言われたりするのだろうが、しかしそれは、そこで働く人々の自由には貢献していない。

株主の利益を最大化することが目的の「自由企業」が、環境を汚染し、消費者などの安全を脅かし、投資家からだまし取ったりしてきたことは広く知られている。そういう行為が違法であるにもかかわらず、それが露呈するリスクとコストよりも、得られる利益のほうが大きいと思えば、法を犯すことを選ぶ企業もあるのである。そういう算段を違法と知ってか知らずか試みた企業には、最近ではBP（旧ブリティッシュ・ペトロリアム）、ハリバートン、シティ・グループ、ゼネラル・モーターズなどがある。見込まれる経済的利益が十分に大きいと思えば、企業がいかに個人の自由を侵害するかということがここに見てとれる。

企業が市場を独占する「自由」は、消費者が持つ選択の自由を減じてしまう。例えば、インターネットのサービス・プロバイダーが競争を回避したり排除したりすることを受け入れてきたために、米国のインターネット費用は他のどの先進国に比べても高くなっている。(5) 製薬会社が、ジェネリック薬品メーカーにカネを払って安価な薬品の発売を遅らせ、自社の新薬の特許期間を延ばそうとする行為を容認してきたために、米国の医薬品価格はカナダや欧州よりも高い。(6) 私たちの多くは、インターネットを使ったり薬を買う行為を強制されない、という限定された意味での「自由」な状態にはある。つまり、なしで済ますという選択はできるわけだが、しかしそれはきわめて狭義の「自由」でしかない。

同様に、グローバル経済が「自由貿易」か「保護主義」かの選択の問題だと考える人たちは、何がどのように取引されるのかを決める「権力」の重大さを見過ごしている。どこの国でも、その国の市場をどう形成するかについては政治的判断にゆだねられるため、「自由貿易」協定には、異なる市場システムをいかに統合するかについての複雑な交渉が伴う。例えば中国との「自由貿易」は、単に貿易の増加を意味しない。中国と米国とでは、市場の成り立ちがまるで異なるからだ。したがって交渉の本題は、米国企業の知的財産を中国はどの程度保護するつもりなのか、中国は米国の投資銀行の資産をどう扱うのか、あるいは中国の国営企業の米国市場への参入の問題といったことになる。こうした交渉においては、米国の大企業や大銀行の権益が、平均的な労働者の利益よりも常に優先される。労働者の賃金の問題は、米国企業の知的資本や大銀行の金融資産ほどの価値はないと見られているのである。たとえば、米国政府が貿易相手国に対し、その国の最低賃金を中央値相当とするよう要求することを試みたことはない。

以上のことから、「自由」とは、「権力」について触れることなしにはほとんど意味をなさない。米国でもほかの先進国でも、「自由」を標榜しながら、肥大化する経済的・政治的権力との不均衡を無視している人々は、実際には「自由」を尊重してはおらず、「権力」を持つ人々の側に立っている。

最初に挙げた市場の構成要素についてそれぞれ詳細に調べれば、このことが明白になってくるだろう。

第4章 新しい時代の所有権

私有財産とは、自由市場に基づく資本主義において最も基本的な構成要素である。従来の議論では、私有財産は、政府所有や社会主義と対比されて語られてきた。だが、そこで忘れられているのは、所有権を規定し強制する方法を政府がいかに多く持っているか、そしてそうした決定に誰が一番影響力を持っているかという点である。

私有財産が、共有財産に比べてメリットがあるのは明らかだ。半世紀前、環境保護主義者ガレット・ハーディンは「共有地《コモンズ》の悲劇」について警告した。合理的だが利己的な個人が、みなそれぞれに自分の家畜を町の共有地に放牧させると、共有資源は過放牧によって枯渇してしまう。(1) だが、私的所有であれば、所有者が肥料や灌漑に投資して、資源が枯渇しないよう面倒をみる。ほかにも多くの事例があるが、私の知る限り、レンタカーを（みんなの共有資源だからと）洗浄する客などいない。

しかしながら、私的所有か公的所有かをめぐる議論に終始しては、私的財産のルールにまつわる基本的な事柄、つまり何をどのような条件でどれぐらいの期間所有することができるのかなどの「決め事」が曖昧になる。中には実に倫理的な問題をはらんだものもあるし、この決定は社会における権力の配分に左右されることから、必然的に政治性を帯びる。

三世紀前までは、人間が他の人間を所有することは普通のことだった。歴史家アダム・ホックシールドによれば、一八世紀末頃は、世界で生存する全人類の四分の三以上が、奴隷あるいは農奴など何らかの捕らわれの身であったという。米国とアフリカの一部では奴隷の数のほうが自由人よりもはるかに多かったのだ。(2)

奴隷制度は、財産の一形態として奴隷を保持しようとする所有者や奴隷貿易商らの政治力に依存していた。共和党は一八五〇年代に結成されたが、きっかけは、奴隷の所有権は憲法で保障されていると主張する民主党員や富裕な奴隷所有者に対抗するためであった。(3) だが、その後一五年足らずで政治と権力がシフトし、一八六五年、憲法修正第一三条が可決されると奴隷制は禁止された。一九世紀末までには世界中のほとんどの地域で奴隷制は違法となったが、(4) しかしまだ完全ではなかった。モーリタニアでは正式には一九八一年まで禁止されなかったし、(5) 世界の随所でいまだ違法に続いている。二一世紀の米国においてすら、推定一〇万人の子どもたちが風俗産業で奴隷状態にあるという。(6)

一九世紀には、奴隷以外に最も価値の高い財産は土地であった。だが土地所有でさえも、政治権力と社会的規範に依拠していた。英国では、広大な土地を貴族が独占し、それが代々引き継がれて小作人が耕作を続けた。これとは対照的に米国では、一七八五年の土地条例から一八六二年のホームステッド法に至るまで、法律によって、新規開拓地は政治的エリートではなく、そこを開拓する者が自由に利用することが保証されていた[7](中南米の多くの国では、新規開拓地は権力者の手に渡った)。だが米国の白人開拓者たちは、背後で政治的権力ともつながっていた。政府が彼らに地権を与え、軍がその保全のために先住民と戦ったのだ。

一九世紀の間、広大な土地の所有者たちは、地価が徐々に上昇するのにしたがって、自分では何もせずにただ人に貸すだけで、自分の富が劇的に増えることを経験した。土地がしだいに希少になっていったために価値が上昇したのだ。ヘンリー・ジョージはその著作『進歩と貧困』(一八七九年)の中で、土地の価格を押し上げた進歩について「社会の底部ではなく、社会の中央に巨大なくさびが打ち込まれた[8]。分れ目の上にいた者は上昇し、その下にいた者は叩き壊されたのだ」と述べた。この本は二〇〇万部も売れたが、土地所有者のキャピタルゲイン(資本利得)を社会に取り戻すため、土地に高率の税金を課そうという著者の提案は立ち消えになってしまった[9]。

その後、工場と機械によって米国などの先進国は農業から工業へと転換、新たな経済的・政治的シフトが起こった。数十年間のうちに、ほとんどの米国人が、自らの生活を支える財産を所有することも貸すこともしなくなった。彼らは従業員となったのだ。こうして重要課題は財産をめぐるものから、労働者の「団結する自由」へと変化していった。雇用主の「契約の自由」に対抗し、工場と機械と自らの労働力との結合によってもたらされた収益を、なるべく多く手中にするために。

現代の所有権

近代的企業とその所有も、財産メカニズムの一端だ。つまり、「企業に投資する人は利益の分け前を得る権利があり、また、投資分以外の個人財産は、仮に企業が負債を払えなくなった場合でも保護される」との行政と官庁と裁判所による決定の産物である。所有は「自由市場」がかくあれと指定するわけではなく、財産取り決めや契約によって規定される。それでも法律のどこを見ても、「株主が企業の唯一の所有者であり、したがって企業の唯一の目的は彼らの投資価値の最大化にある」とは書かれてはいない。事実、第二次世界大戦後の三〇年ほど、企業経営者たちは自らの役割を、投資家、従業員、消費者、一般国民、それぞれの要求をうまく均衡させることだと考えていた。大企業は実質的には、企業の業績に利害を持つすべての人々に「所有」されていたのである。株主だけが所有するという考えは、一九八〇年代に企業の株主利益を最大化したい乗っ取り屋が、経営者たちに対し、「採算性の悪い」資産を売却し、工場を閉鎖し、借金をもっと引き受けて、従業員を解雇するよう要求し始めた頃に出てきたものだ。

私有財産に関するルールは、(奴隷制廃止のように)時に大掛かりに、しかし多くは、直接関係のない人々がほとんど気づきもしない形で争点となったり、状況に応じて更新されたりしてきた。「政府の規制」と見えるものも、「所有権の創出」と見るほうがわかりやすい場合もある。例えば、一九七八年まで航空各社は、予約を取りすぎた便では乗れなくなった客を単に自己裁量で断っていた。乗客からの苦情を受け、当時航空業界を監督していた民間航空委員会（ＣＡＢ）は航空各社に、予約した座席を顧客の「財産」として扱うよう指導した。こうして航空会社は、オーバーブッキングの乗客がみな自発的に「財産」を放棄してくれるまで、何がしかの見返りを用意して、席数を「買い取」らなければならなくなったのだ。(10)

将来に備えて希少な資源の保全を促進するとか、希少資源を必要とする人たちがそれをきちんと使えるようにする技術に投資を促す場合にも、よく「所有権」が使われる。干ばつにより突発的な水不足に陥りがちなカリフォルニア州では、水を一種の所有物とみなし、二〇一五年までに複数の水道区域を従量課金制に切り替えた。家庭生活に必需の使用分は価格を低く設定し、それ以上使用すると急に高くなるようにして、人々が考えなしに自宅プールの水を入れ替えたりしないようにしたのだ。地球規模での希少資源といえる「環境」においても、同じ手法が取られている。大気中に二酸化炭素を排出する権利を一種の所有物とみなし、時とともに価格を上昇させるという考えだ。大気を汚染する者が排出権を購入したり、権利を取引できるようにして、最も排出を必要とする者がその権利を行使できるようにするのである。こうすれば、すぐにも排出を最小化しよう、さらなる縮減のために革新的な方法を考えようと人々が考えるきっかけになるだろう。これらの所有権の場合、どのような基準で、どのように配分し、どう取引するかを政府が最初に決める必要がある。もし清廉な空気や水が高額入札者のところへ行ってしまうとしたら、所得や富の格差によって、著しく不当な状況がもたらされることになるからだ。政府はこうした所有システムも監視し執行しなければならない。

ニューエコノミーの所有権

さらに、遺伝子素材や分子の組合せ、情報やアイデアといったものにまつわる場合、「所有」を定義する根本的なメカニズムはいっそう複雑になる。この種の所有物は、ある特定の場所や時間に存在するわけではないし、具体的に重さや寸法を測ることもできない。さらにこれらの制作費は、発見の費用や第一号のコピーを作る費用がほとんどを占め、それ以降はほぼゼロなのだ。しかし、こうした知的財産は「新しい経済（ニューエコノミー）」の主要な構成要素となっており、誰がどの部分をどのような条件で所有できるかを政府が決めずして、「新しい経済」は存続しえない。

ここで「コモンズの悲劇」が引き起こす厄介なジレンマが現れる。発見者や発明者が自分で発見・発明したのにそれを所有できないとしたら、あるいはそれを販売したり使用権を第三者に与えることでカネを稼ぐことができないとしたら、人は発見や発明への努力をするだろうか。中には発見することの感動や名声を求めて、あるいはただ他者に使ってもらいたくて努力する人々もいるかもしれない。現にさまざまなクリエイターたちが自分の作品をインターネット上で無償提供している。しかし、タダ働きでは家賃も払えないし、完全に無償を基盤とする経済は成り立たないから、やはり何らかの「所有権」は必要だ。それでも、ひとたび発見や発明がなされれば、最も恩恵を受けるのは一般の人々であり、しかも、発見や発明を再生産するコストよりも安く（しばしばタダで）手に入れることができる。それなのに、きわめて廉価に再生産できる超大型新薬を開発する製薬会社が何十億ドルも稼いでいる一方で、新薬の恩恵を受けるはずの多くの人々が、それを買えずにいるのはなぜなのか。

発明しようという気になるほど十分な「所有権」を発明家に付与することと、発見の成果物を一般の人々が負担可能な費用で利用できるようにすることの適正なバランスとは、どのようなものであろうか。このことも、例の「自由市場」対「政府」の問題ではない。そのバランスは、立法、司法、行政が決めなければならないのだ。

ジレンマを救う一つの方法は、発明者に一時的独占権を与えることだ。ある一定の時間が経つと消滅する所有権を付与するのである。憲法の起草者たちはこの問題を想定しており、「著作者および発明者に対し、一定期間その著作および発明に関する独占的権利を保障することにより、学術および有益な技芸の進歩を促進する」ために、議会に特許や著作権を許諾する権限を与えている。[11] しかし、起草段階では、これから何が発明されるか知りようがなかったため、何を特許の対象とするか、保護期間をどれくらいにするかについては詳細には決めなかった。一七九〇年制定の米国初の特許法では単に、「それまで知られておらず、または使われていない、いかなる有用な芸術、製品、エンジン、機械、または装置、あるいはこれらについての改良」に関する特許が取得でき、その保護期間を一四年と規定した。[12] それ以降、議会は保護期間を延ばして、（一九九五年の申請からは）二〇年に延長したが、問題は何が「新しく有用」であるかであった。[13] 特許商標局はこれらの判断をケースバイケースで行っており、著作物に関する著作権は別の局で扱っている。

特許商標局の判断に同意できない場合、専用の特別法廷に不服申し立てができ、裁判所が扱う気があれば最高裁まで争える。発明がより複雑になるにつれ、特許訴訟の量も審判期間も増えている。特に、新規の特許取得者と、新特許が既存の特許を不当侵害している、あるいは、新特許がそもそも認められるべきではないと考えるライバルたちとの間の係争が多い。現在、特許商標局には一万人ほどの人員がおり、[14] そのほとんどが首都ワシントンに隣接するヴァージニア州アレクザンドリア市にある五棟に分かれた本部を拠点としている。連邦裁判所には、特許案件のための特別控訴裁判所が設けられている。[15] 特許のほとんどはソフトウェアに関するもので、発見が新規のものか既存のものかをめぐる高度に技術的な問題を扱っている。申請案件の中には、将来ソフトウェアの形にしていくためのアイデアや概念を記述したにすぎないものもある。例えば、アマゾンは「ワンクリック注文」という概念で特許を取得したし、[16] アップルは二〇一四年、電子書籍に作家のサインを載せるというアイデアで特許を得た。[17]

法曹界と特許

所有権が強く永続的であれば、それが投資やイノベーションのための動機づけになるが、それによって消費者価格も上昇してしまう。ここで重要なのは、所有権を持つ者の経済的な力が、その権利をさらに強力で永続的にするための政治力や法的な力に変容するという点だ。
法曹界全体が特許の弁護や特許侵害の法務を中心に発展・形成されつつあり、ハイテク大企業などは、特許法務にかなりの数の弁護士を充てている。二〇一三年、連邦議会は、問題の多いソフトウェア関連特許を特許商標局が効率よく処理できるようにする改革案を否決した。大企業は、将来の発明に備えてなるべく早めに幅広い範囲で権利を主張しておきたいと考えるため、しばしば問題の多い特許をあえて申請するのである。(訳注1) 法案の阻止へ向けてお抱えロビイストを暗躍させた企業の中には、ＩＢＭとマイクロソフトも含まれていた。[18]
巨大な先端技術企業は、何十億ドルものカネを使って特許ポートフォリオを蓄積し、互いに告訴や逆提訴をしあっている。例えば、グーグルは二〇一二年、モトローラ・モビリティを一二五億ドルで買収することによって、一万七〇〇〇件に及ぶ特許を取得した。[19] その多くが、グーグルがサムスンやアップルと繰り広げていたスマートフォン関連の特許戦争において、貴重な武器となったのである。ホワイトハウスの知的財産権アドバイザーであるコリーン・チェンいわくは、グーグルもアップルも研究開発費を上回る大金を、特許法務に費やしていたと指摘している。[20]
ここでも、通底しているのは「自由市場」を支持するか、政府を支持するかの問題ではない。政府が所有権をどう定義し、特許のプロセスにおいて何が必要とされ、その決定において誰が一番力を持っているのかが問われているのである。

製薬ビジネスと著作権

アメリカ人は、他の先進国の国民ほどには処方薬を飲まないにもかかわらず、一人当たりで、他のいずれの先進国よりもはるかに多くのカネを医薬品に使っている。(21) 二〇一四年、国民の保健関連支出総額三兆一〇〇〇億ドルのうち、医薬品支出が一〇%を占めた。(22) その一部はメディケアやメディケイドといった国民健康保険や、医療費負担適正化法による補助金の形で政府が払っている。私たち国民が税金を通して間接的に医薬品を負担しているのである。さらにその残りは、医療機関の窓口で払う定額負担や医療保険の控除免責額内の全額負担や、医療保険料などによって、国民が直接支払っている。(訳注2)

【訳注1】
米国では特許審査の最後通知が出たあとも継続審査が要求できる。このため、最初は単なるアイデアに過ぎなかった申請でも、何年にもわたり継続審査を繰り返しているうちに、技術革新が追いつき、特許が認められれば、それが巨額の特許料に結びつくこともある。

オバマ政権は、将来の莫大な特許料や特許侵害による損害賠償を目的として申請と継続審査を繰り返す「パテント・トロール」対策として、特許手続きの改革に乗り出した。質の悪い申請審査の効率化はその一つであったが、スマートフォンのように広範な技術の集積が必要なソフトウェア業界は、将来の財産権の機会喪失や損害賠償の不安から反発していた。

【訳注2】
米国では医療機関の窓口で患者が一定額を支払うほか、診療代の累計が加入している医療保険の控除免責額に達しない間は、患者が診療代を全額自己負担することとなっており、診療代が免責額を超えて初めて医療保険の還付が始まる仕組みである。

米国で医薬品の価格が高い理由の一つは、他国では政府が医薬品の卸売価格を設定しているのに対し、米国では、低価格へ導く強力な交渉力を政府が行使することを法律で禁じているからだ[23]。だがもっと大きな理由は、医薬品は特許登録されており、それらの一時的独占権は往々にして、特許が切れるはずの期間（現在は二〇年）が満了した後もなお継続されるからである。どうしてそうなるのかについてこれから説明しよう。

米国特許商標局と裁判所は、そもそも自然産物には特許は与えられないとしていた。そのため、人体に免疫性を構築するために自然産物のウイルスを使ったワクチンは、当初、製薬会社の私有財産とはみなされず、それがゆえに製薬会社は、新しいワクチン開発が必要な研究投資には消極的だったのである。

ところが一九九〇年代に入るとこの原則は変更され、ワクチンなど自然由来産物の製造過程を特許登録することが可能になった。これによりワクチンに関する特許申請は一〇倍増の一万件超となり[24]、当然のことながら、ワクチン価格も上昇した。二〇一三年、製薬大手ファイザーは肺炎球菌ワクチン「プレベナー一三」で四〇億ドル近く荒稼ぎしたが、このワクチンは肺炎球菌バクテリアが引き起こすさまざまな病気（耳感染症から肺炎に至るまで）を予防するもので、ファイザーが唯一のメーカーであった[25]。

人命を助ける多くの医薬品が、当初の特許が期限切れになった後も、一社の独占で製造され続けている。その理由は一つには、特許当局が、既存特許に対するさして重要でない些細な変更をも機械的に登録可能な新規情報とみなして、特許が延長されるからだ。特許局は、自らの決定によって消費者が負うことになる金銭的負担を思いやることまでは求められていない。だが、薬局のほうはブランド薬品がほんのわずか変更されただけで特許が延長され、ジェネリック（後発薬）に代替できなくなってしまう。例えば、製薬大手フォレスト・ラボラトリーズは二〇一四年二月、アルツハイマー薬として広く使われていた「ナメンダ」という錠剤の販売を中止し、新しく「ナメンダＸＲ」という持続放出性カプセルを発売すると発表した。単に錠剤をカプセルにしただけであったが、この程度の変更であっても、特許満了間近であった錠剤をジェネリック版で代替することができなくなったのである。[26]「プロダクト・ホッピング」と呼ばれるこうした商品の「渡り歩き」は、製薬会社に利益をもたらし続け、消費者や健康保険には大きな負担を負わせ続けることになる。

他の国々では薬局で市販品として対面販売されている多くの医薬品が、米国では処方箋がないと入手できない。製薬会社は、患者が医者に処方を依頼できるようにと、特許が切れた後も長期にわたってこれらのブランド薬を販売する。米国は、処方薬を直接消費者に宣伝することができる数少ない先進国なのだ。[27]

ブランド薬であろうとジェネリック薬であろうと、米国では、国内で販売されているものと同じ医薬品の廉価版を、海外の薬局から購入することは違法である。二〇一二年、議会は税関当局に対し、このような医薬品を廃棄することを承認した。表向きの理由は、危険な偽造医薬品から国民を守るというものだった。[28]しかし少なくともそれより一〇年前から、何千万種もの処方薬がインターネット上にあふれており、海外の薬局からオンラインで購入した医薬品でアメリカ人が被害を受けたという報告はない。禁止の真の理由は、米国の製薬会社の利益保護であり、彼らはそのために強力なロビー活動を展開したのだった。むしろ国内薬価があまりに高いため、約五〇〇〇万人（そのうち四分の一以上は何らかの慢性疾患を抱えている）が処方箋どおりに医薬品を購入できていないことのほうが、公衆衛生上の本当の脅威なのだ（全国消費者連盟の二〇一二年データによる）[29]。

また米国では、製薬会社が自社製品を処方した医師に報酬を払うことは合法とされている。二〇一三年のある五カ月間で、講演料やコンサルティング料として製薬会社や医療機器メーカーから医師たちが受けとった報酬の総額は三億八〇〇〇万ドルに上る[30]。一人で五〇万ドル以上を懐に入れたものもあれば、自ら開発に関係した製品のロイヤルティとして一〇〇万ドル以上を得たものもいる[31]。医師たちはこれらの支払いが処方内容に影響を与えることはないというが、こうした投資がそれなりの見返りをもたらさないというなら、なぜ製薬会社はこれだけのカネを払うというのか。

製薬会社は廉価版の発売を遅らせるために、ジェネリック薬品メーカーにカネを払っている。全く合法的に行われるこうした「遅延料契約」は、製薬会社とジェネリック薬品メーカーの双方に巨額の利益をもたらしているが、それは消費者や健康保険組合、政府機関が本来負担すべき金額よりも高いカネを払わされることによって生み出されたものだ。これによりアメリカ人は年間三五億ドルの負担を強いられている[32]。欧州ではこのような見返りは法律上許されていないが、米国では主要製薬会社とジェネリック薬品メーカーが、見返りを禁止するすべての試みを撃退してきた。

製薬各社は、新薬の研究開発にはこのような追加利益が必要だと主張する。それはそうかもしれない。しかしこの主張は、彼らが広告やマーケティングに何十億ドルものカネを出している事実を無視している。[33] 広告マーケティング費は一品目当たり何千万ドルに及ぶこともある。その上、彼らはロビー活動のために年間何億ドルも費やしているのだ。二〇一三年の製薬業界のロビー費用は二億二五〇〇万ドルに達したが、これは米軍の軍需契約業者のロビー支出よりも多い。[34] 製薬大手はまた、選挙運動にも巨額のカネを費やしている。二〇一二年には三六〇〇万ドル以上を拠出し、全産業中、最大級の政治献金を行ったセクターの一つであった。[35](傍注1)

普通のアメリカ人はこんなからくりを知る由もない。すなわち、自然産物の特許登録や些細な変更を利用した特許更新、処方薬の積極的マーケティング、海外薬局からの購入禁止、特定の医薬品処方のための医師に対する報酬支払い、後発薬の遅延料契約、さらにそれらすべてを下支えする法や行政判断などのことだ。だが先述したように、このからくりがゆえに、アメリカ人は他国のどの国民よりも、一人平均でより多くの薬品代を負担させられている。重要なのは、政府が役割を果たしているかどうかではない。政府なしには特許は存在しえないし、製薬会社も新薬を開発する動機がなくなってし

【傍注1】

産業界が直接的に政治献金する額は、実質ベースで一九八〇年代以前より増えているものの、ロビー活動や公訴、あるいは政治家に対する影響力行使のための支出に比べればはるかに少ない。これらの支出を合わせても、後発薬阻止戦術の見返りに期待される利益のほうがはるかに大きい。なぜなら企業は自らが望む目的のために必要なことにしか支出しないからである。そして、これから説明するように、拮抗勢力が弱まっていることもあって、製薬各社は格安価格で欲しいものを手に入れているのである。

まう。問題は政府がいかに市場を構築するかなのである。大手製薬会社がそれらの決定に不釣り合いなまでに大きな発言権を持つ限り、国民は法外なカネを払わされるのだ。

ミッキーマウス法のカラクリ

美術や音楽に適用される著作権も似たようなものだ。著作者が実直に制作に励むための刺激となり、同時に一般の人々が、再生産にほとんどあるいは全くコストがかからない作品を、廉価でもしくは無料で鑑賞することができるようにするには、所有権のうちのどの程度を著作者に与えるべきだろうか。著作権問題に内在しているジレンマも製薬のケースに似ている。ここでも著作者たち（通常は著作権を所有するに至った大企業や信託組織）は、常により多くを望み、そのたびにそれを手中にしてきた。著作権者が大金をつかみ、一般の人々が高いコストを負担させられた上に少ない利用機会に甘んじるという結果に終わってきたのである。しかも著作権者の利益が増大するに従い、それ以降の彼らの政治的影響力も増大した。

建国当時、米国の著作権は「地図、海図、及び書籍」のみが対象であり、著作者には一四年間の独占的出版権が付与された。(36) そしてその権利は一度だけ、最長二八年間まで延長することができた。一八三一年、最長期間が四二年間に延長された。一九〇九年、議会は再び最長期間を延長したが、このときは五六年間であり、その状態はその後五〇年間続いた。一九六二年以降、議会はさらに一一回にわたり延長を繰り返し、一九七六年に保護期間は著作者の死後五〇年とされ、著作者は更新を求める必要もなくなった。著作者が企業の場合は、著作権は七五年間有効とされた（この変更は遡及適用されたので、新法が発効した一九七八年時点で企業の著作権の対象であった作品は、さらに一九年間保護された）[37]。

一九九八年、これらすべてに対してさらに二〇年が追加されたため、企業所有の場合、最初の出版から九五年間の独占使用が可能になった。この「著作権保護期間延長法」は、おおむねミッキーマウスに関するものであったため、ワシントン政界では「ミッキーマウス保護法」として知られていた。ウォルト・ディズニーはミッキーマウスを一九二八年に創造したので、企業に認められた七五年の保護期間を経て、ミッキーは二〇〇三年には誰でも自由に使える「パブリック・ドメイン（公有物）」になるはずであった。プルートもグーフィーもその他のキャラクターも、順次そうなるはずだった。だがそれはディズニー・コーポレーションにとって莫大な収益減をもたらすことになる。そこでディズニーは著作権をさらに二〇年延長すべく、議会に対して強力なロビー活動を展開した。タイム・ワーナーも二〇世紀に制作された多くの映画やミュージカルの楽譜の著作権を持っていたため、ジョージ・ガーシュインとアイラ・ガーシュインの遺族とともにロビー活動を行い、彼らは望みのものを手に入れた。これらの古い著作権は二〇二三年には満期となるはずだが、そうなる前に、再び延長されるとみてよいだろう[38]。その上、著作権は今やコンピュータ・プログラムを含むほとんどすべての創作物を網羅しており、著作権者（今では、大企業がほとんどだ）には、オリジナルに基づくすべての派生作品の権利も付与されている。

その結果、前世紀の多くの創作物（ミッキーマウスなどのディズニーキャラクターのみならず、スーパーマンやディック・トレーシーといった二〇世紀を代表する多くのヒーローたち、『風と共に去りぬ』や『カサブランカ』など珠玉の名作映画群、ジョージ・ガーシュインの「ラプソディー・イン・ブルー」やボブ・ディランの「風に吹かれて」などきら星のようなヒット曲の数々、フォークナーやヘミングウェイなどによる世紀の名作）が、さらに二〇年間しまい込まれることになった。ここでも結局、企業がより多くの利益を得るかたわらで、高いコストを負担している消費者が少ない鑑賞機会に甘んじるしかなくなった。アマゾン・ドット・コムで、一九八〇年代に発行された書籍よりも一八八〇年代のもののほうが入手しやすいのは、昔の本は（著作権が切れているため）誰でも再出版できるからである。

著作権の保護延長によって市場を再構築したところで、ウォルト・ディズニーやガーシュイン兄弟の創造意欲に拍車がかかるわけではない。彼らはもうこの世にいないのだ。存命の著作者や芸術家の意欲を高めてくれるのかさえ疑問だ。なにせ作品がパブリック・ドメインとなるまでに、死後五〇年ではなく、七〇年待たなければならないのだから。皮肉なことに、ディズニー独自の著作物の多くは、『アラジン』『人魚姫』『白雪姫』のように、今や「古典」と呼べるほどの物語や有名キャラクターになった。なぜなら、これらの物語の著作権はとうにパブリック・ドメインとなっており誰でも自由に使えるからだ。もっとも、現在のパブリック・ドメインの領域は以前よりもはるかに小さくなっているが。

一方、著作権を持つ大企業は、保護期間の長くなった著作権にまつわる、あらゆる派生物の権利を求めて積極的に裁判に訴えている。そうやって企業利益と経済力を増大させつつ、コンピュータ・プログラマーなど、既存の著作物に酷似したアイデアを偶然持っているかもしれない個人の著作者には越えられないような、高い障壁を作っているのだ。このように、大企業は市場を定義づける決定にいくらでもカネをつぎ込めるため常に勝ち続け、そうでない一般の人々は負け続けてしまう。

要するに、市場経済の最も基本的な構成要素である「所有権」は、何をどのような条件で保持可能かということについての政治判断に、大きく左右されるのである。大企業の富と政治的な影響力が肥大し、知的財産も複雑で微妙になっているため、一つひとつの政治判断によってさらに富と力が拡大され定着していく。勝つのはこのゲームの達人だ。とり残された私たちは、そのような影響力も持たず、政治判断によってもたらされる結果にも気づかないために、しょっちゅうゲームに負けてしまう。そんな私たちが「政府」か「自由市場」かなどと言い争っている間も、ゲームは続き、勝者の勝ち星は積み上がっていくのである。

第5章 新しい時代の独占の形

市場経済の二つ目の構成要素は、一つ目の「所有権」に直結している。ビジネスマンやビジネスウーマンに、新事業を興すリスクを取ってもよいと思わせるには、ある程度の市場支配力が必要だ。そもそも、競合会社の事業競争力を何の苦労もなしに素早くさらっていけるようでは、どのようなビジネスであれ投資する意味がない。したがって、どれぐらいの市場支配力が望ましいかという問題は、ここでも知的財産を含む「所有権」についてのルールと同じようなトレードオフ（妥協点）の問題を引き起こす。十分な市場支配力があれば、投資やイノベーションを起こそうという強い動機づけになるが、それは同時に消費者価格をも上昇させる。市場支配力はまた、政治力にも転換され、市場を所有する人々に有利になるように市場を歪めることにもつながる。では何が「最善の」妥協点なのだろうか。通常このような決定は、独占禁止法や反トラスト法の中に組み込まれており、行政当局がこれを執行し、検事と裁判所がその解釈を担うことになっている。

ここでも問題は、「自由市場」を選ぶのか政府を選ぶのかという仮想的な選択とは関係ない。判定を下すべきは、ある特定の企業や企業グループが「過度に」市場支配力を持つことが許されるかどうかであり、ここで問われているのは、こうした判断がどのようになされ、どんな影響を社会に与えているかである。ここ数年で広い範囲で市場支配力を得た企業の多くは、知的財産の領域を拡大したり、規模の経済が働く領域で自然独占の所有権を増大させたり、同じ市場で競う他社を吸収・買収したり、業界標準となるようなネットワークやプラットフォームの主導権を取ったり、支配力を拡大するためにライセンス契約を活用したりすることによって成長した。このような企業の経済力は同時に、そういうやり方が許されるべきか否かをめぐる政府の意思決定にも、強い影響を与えるようになった。

こうしたことのすべてが中小企業の足かせとなった。米国経済は革新的な中小企業で沸き立っているとする従来の見方は、現実と全く違う。知的財産や、（同じ製品やサービスを使う人が増えるほど便益が増す）ネットワーク効果、自然独占、高価な研究開発、潜在的ライバルに対して訴訟を起こす弁護士軍団、ロビイスト軍団などの存在が、新規参入者には厄介な障壁となっており、これが近年米国で起業が著しく減少した主たる理由の一つである。二〇一四年五月に発表されたブルッキングス研究所の調査によると、一九七八年から二〇一一年にかけて、新しい大企業が支配力を強めていくのに伴い、新規企業の参入割合は半減した。[1] 景気の波も、この減少傾向に歯止めをかけることはできなかった。一九九

図1　米国の経済は起業家的でなくなっている

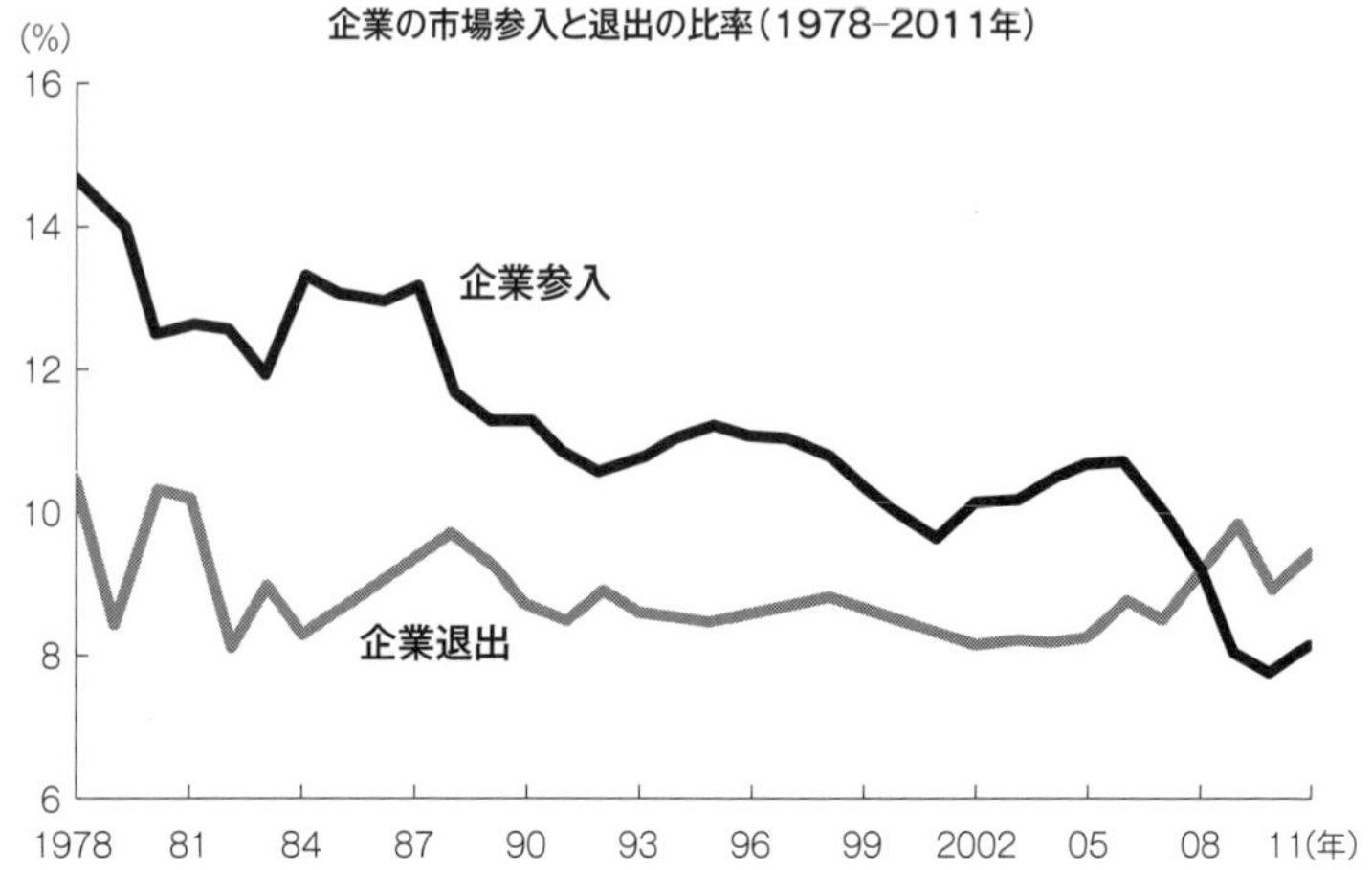

（出所）　米国国勢調査局，ビジネス・ダイナミクス統計（BDS）.

〇年代後半と二〇〇〇年代初頭の景気拡大も、二〇〇一年と二〇〇八年から二〇〇九年にかけての景気後退も、参入減少傾向には何ら影響を与えなかった[2]。また、時の政権や議会を担っているのが共和党か民主党かにかかわらず、減少に歯止めがかかることはなかった[3]（図1参照）。

しかし、新興巨大企業の支配力の持久性も決して保証されているわけではないから、より優れたアイデアを持つ新規企業が、巨人の市場の一部に食い込むことは可能かもしれない。だがその場合、大損害を受ける前に巨大企業自身が、新規企業を買収しにかかるだろう。あるいは、独占禁止法を熱心に執行する役人が出てきて、巨大企業に市場占有を断念させるべく法廷闘争をして勝利できるかもしれない。だが、大企業の弁護士軍団がその種の攻撃を阻止するであろうし、彼らと同盟を組む行政側の仲間たちは、そもそもそういう攻撃をさせないように動くだろう。したがって、大企業が現実に直面するかもしれない脅威は、新規参入の中小企業ではなく、その市場を奪おうと考える別の大企業から繰り出される可能性が高い。

新興の巨大企業は、自らの利益を自社の経済力や政治力を堅固に守るために活用する方策をすでに確立させていることから、その立場は際立って強い。彼らは「自由市場」を自分たちの都合のよいように形成することに精を出しており、彼らこそが「新しい経済（ニューエコノミー）」の中心人物なのである。そして、普通のアメリカ人はそのツケを払わされているのだ。

米国のインターネットが遅いワケ

まず、二〇一四年時点での米国のブロードバンド通信が、先進国の中で最も接続料が高いのに、最もスピードが遅かったことについて考えてみよう。米国のピーク時の接続速度は香港や韓国よりも四割近く遅く[4]、しかも低所得者の多くは、料金が高すぎて高速アクセスを利用することができなかった[5]。インターネットを利用するには、ほとんどのアメリカ人は地域で独占的に営業しているケーブル会社に頼らざるをえないため、接続料金が高い上にサービスが劣悪なのだ[6]。ケーブル各社は地中に、光ファイバーよりも遅い回線チューブを敷設している。光ファイバー接続で米国は、スウェーデン、エストニア、韓国、香港、日本などほとんどの先進諸国に後れを取っており、米国は接続スピードで世界二八位、接続料では二三位となっている。(7)

スウェーデンを例にとると、ストックホルムでは居住者なら誰でも月額二八ドル足らずの負担で高速通信サービスを受けられる。ストックホルム市が光ファイバー通信網を敷設して、民間通信事業者に貸し出しているからだ。これにより、利用料金の低減と接続可能地域の全市拡大(ユニバーサル・カバレッジ)を目指して民間事業者間で熾烈な競争が起こった。市による通信インフラ事業は早々に経費を回収し、二〇一四年までに何百万ドルもの収入をもたらした。(8)

ではなぜ米国の都市では同じことができないのだろうか。ケーブル会社は資金豊富で、さまざまな政治力を持っており、「新興独占企業」の典型だ。彼らは独占を維持するために、年間数百万ドルものカネを「映像営業権料(ビデオ・フランチャイズ料)」の名目で自治体に支払い、さらに自治体がこの仕組みを変えないよう働きかけるために、数百万ドルをロビイストや弁護士に費やす。ケーブル業界はすでに全米の二〇州で、自治体が光ケーブルを敷設することを禁じる法律の制定に成功しており、(9) 二〇一一年、世界最大のケーブル会社リバティ・グローバル社会長のジョン・マローンは、大容量データ接続においては「現在ケーブル各社の独占状態だ」と認めている。(10) 事実二〇一四年までは、八割以上のアメリカ人が、大容量データ回線に有線接続するには、特定のケーブル会社一社に依存せざるをえなかったのである。(11) ケーブル会社にすればどこも真の意味での競争にさらされていないため、光通信網に設備投資する動機がなく、ましてや消費者に対して、通信網の拡大によって可能となる低料金を還元する気も

起こらないのである。(12)

この風潮に抗《あらが》った唯一の自治体がテネシー州のチャタヌガ市で、同市は独自の光通信網を構築した。おかげでチャタヌガの住民は幸運にも、通常の高速ブロードバンド接続ではダウンロードに三〇分近くかかる二時間の映画を、ほんの一分以内で入手することができるようになった。だが、ケーブル会社も黙ってはいない。二〇一四年までに、ケーブル大手コムキャストは、市営の光ファイバー敷設会社を二度にわたって裁判に訴え、PR活動に数百万ドルを費やして、公営サービスの信用を傷つけようとしている。(13)

ここでも問題は、「自由市場」か政府かの選択とは全く関係がない。ケーブルを敷設しようという経済的な動機を誰も持たないがゆえに、誰であれ敷設を行った者が市場を独占することになる。真の問題は、このような「独占」がどのように構成されているかである。すでに述べてきたように、ストックホルム市は民間セクターの競争原理を刺激した。コムキャストなど米国のケーブル会社には、ほとんど、あるいは全く競合相手がなく、そのことがいっそう彼らを強力にしている。ブロードバンドへの有線接続ビジネスは、早晩、電話会社による高速ＤＳＬ（デジタル加入者回線）や次世代ワイヤレス回線、グーグルがいくつかの自治体で提供している超高速光ケーブルなどとの競争にさらされるだろう。しかし、当面これらの代替サービスは利用できないし、自治体のほとんどはグーグルの光ケーブルを採用するだけの資金や技能を持ちあわせていない。簡単に言えば、ケーブル回線だけが市中で唯一の手段であり、ケーブル各社はその状態を維持するつもりなのだ。

コムキャストなどのケーブル会社は、ロビー活動や政治運動に毎年何百万ドルも使っている[14]（二〇一四年、コムキャストは、ロビー活動費では届け出団体中一三位であり、政治運動では二八位であった）。彼らは政策決定を担う公務員に職を提供しており、二〇〇二年に連邦通信委員会（FCC）会長であったマイケル・パウエルは、後にケーブル業界のロビイングを行う組織グループの長に収まった[15]（二〇一四年、彼が会長を務める全米ケーブル電気通信協会はロビー活動費で一二位であった[16]）。

コムキャストは首都ワシントンにおける最大の「回転扉《リボルビングドア》」の一つだ。二〇一四年に抱えていた一二六人のロビイストのうち一〇四人が、コムキャスト入社前は政府で働いていた[17]。例えばFCC委員であったメレディス・アトウェル・ベーカーは、二〇一一年、コムキャストによるNBCユニバーサル買収について賛成票を投じた四カ月後にコムキャストに入社した[18]（その後さらに業界のロビーグループに移った）。コムキャストの社内ロビイストの中には、FCCの元委員長のみならず、上下院の民主党や共和党で主席補佐官を務めたような人たちもいる[19]。

もちろん私は、そういう人たちの誰かが違法行為をしたと示唆しているわけではない。むしろ逆だ。CEOは、自らの役割を株主の利益を最大化することだと考えており、それを達成する手段の一つが政治ゲームをできるだけうまくやることであり、できるだけ大規模に最高の弁護士やロビイングチームを配置すれば、ゲームに勝てる可能性が高いのだ。業界団体も会員企業の利益を最大限代表することが役割であると考え、そのために激しいロビー活動を展開し、自分たちの言いなりにできる議員の政治運動にはなるべく多くの資金を集め、かつて政府の役人であった人たちに転職先まで世話を焼く。

一方、公務員のほうは、公益のために行動することが自分の責任であると認識しているが、往々にして公益というものは、公務員という組織全体にとっての利益の総意と理解されている。したがって、組織が大きければ大きいほど、資金が豊かであればあるほど、何がみなにとって良いことかを主張するための弁護士や専門家を多く抱えている。一度でもそのような組織で仕事をした公務員や、あるいは将来そのような組織で職を得るかもしれないと考える公務員は、特にそうやって展開される組織ぐるみの主張に説得力があると思いがちだ。

「自由市場」メカニズムの内側では、このように数々の新興独占企業が、それぞれの経済力と政治力を互いに食い合ったり、増強させたりしあっているのである。

農業にもある「独占」

バイオ大手モンサントは、米国で農家が植える大豆の九割以上、トウモロコシの八割の遺伝形質を所有している。[20] その独占的地位は、同社が細心の注意を払って練り上げた戦略によって実現したものだ。モンサントは遺伝子組み換えを施した種子と、その種から育つ大豆やトウモロコシは殺さずに、雑草だけに効く除草剤を特許にした。この除草剤とそれに強い遺伝子組み換え種子のおかげで、当初は農家の時間と費用の節約になった。しかし、これには将来にわたって農家に付きまとう落とし穴があった。この種子から育つ大豆とトウモロコシは、自身の種を作らないのだ。したがって種まきの季節ごとに、農家は毎回新たに種子を購入しなければならない。その上、使いきれなかった種子が残った場合、農家は将来にわたってその種子を使わないことを約束させられる。つまり、一度術中にはまったが最後、農家はほぼ永久にモンサントから種子を買うしか手段がなくなるのである。モンサントはその支配力を確実にするため、種子の取引業者に競合他社の種子を保管することを禁じ、残っていた小さな種子会社のほとんどを買収した。(21)

はたして一五年も経たずして、米国の商品穀物農家の大部分がモンサントの傘下に入ることになった。(22)その結果もたらされたのは、生活費の伸びをはるかに上回る種子の価格上昇だ。二〇〇一年以降モンサントのトウモロコシと大豆の種子価格は倍以上となり、(23)大豆畑一エーカー当たりの平均作付け費用は、一九九四年から二〇一一年の間に三二五％増、トウモロコシの作付けコストは二五九％増となった。(24)一方で、モンサントへの依存により、農家が使う種子の遺伝子的な多様性は劇的に減少した。これでは病虫害や気候変動により、永久とは言わないまでも長期間にわたり全く収穫できないという事態にもなりかねない。(25)またこのことは、現代の食物連鎖のそこかしこに遺伝子組み換え作物が蔓延する事態をもたらしている。(26)

あらゆる段階で拡大した経済支配力に伴い増大した政治力によって、モンサントはルールを彼らに都合よく変更し、それによってさらなる経済力を得た。一九七〇年の植物新種保護法に始まり、その後の何件もの訴訟を通して、モンサントは遺伝子操作種子に関する知的財産権の保護を高めていった。(27)そして、連邦議会や州レベルで数多く展開された、遺伝子組み換え食品表示の義務化や生物多様性の保護活動を、ことごとく挫《くじ》くことに成功してきた[28]。しかも、他国が遺伝子組み換え種子を禁じることのないよう、ワシントン政界に働きかける政治力も見せた。

モンサントは自社の支配をより確実で強力なものとすべく、弁護士集団を組織した。彼らは特許侵害で他社を訴え、再収穫のために種子を保存しようとする農家を訴えた[29]。モンサントの弁護士はまた、特許侵害を理由に、独立系の科学者たちがモンサントの種子を研究することを妨げた[30]。これほど圧倒的な市場支配力は独占禁止法に抵触するのではと思う読者も多いだろう。だがそれは甘い。二〇一二年、モンサントは、司法省独占禁止当局による同社の種子独占をめぐる二年間の調査に、終止符を打つことに成功した[31]。

モンサントのロビー活動費は同業の大企業と比べても群を抜いて多く、二〇一三年だけで七〇〇万ドル近く支出している[32]。モンサントの過去の（そして将来もそうだろう）従業員は食品医薬品局や農務省のトップの地位に就いたり、連邦議会で農業政策を扱う委員会にスタッフを務めたり、議会幹部の顧問や大統領顧問になるなどしている[33]。モンサントの二人のロビイストは、前下院議員のヴィック・ファツィオと前上院議員のブランシュ・リンカーンであり、最高裁判事のクラレンス・トーマスまでも一時モンサントの弁護士だったことがある。他の新興独占企業と同じく、モンサントは戦略的に経済力を駆使して政治的権力を得、その政治力を使って市場支配力を高めているのである。

ICTにみる「独占」

新興独占企業の戦略は、経済的独占と政治的支配力との統合と見るとわかりやすい。まず主要な特許を取得し、次に巨額を投じてその特許を守り他社を特許侵害で訴える。その上、強制的なライセンス契約を締結して、競合しそうな企業に自社製品を使用するよう要求したり、消費者がライバル製品を使えないようにするのである。そうやって「事実上の業界標準（デファクト・スタンダード）」を確立してしまう。さらに、自社に有利な裁定を裁判所に出させたり、自社寄りの法律を作らせたり、あるいは自社に対しては独占禁止の適用を見送り、他社には厳しく適用する行政措置を取らせるなどの手段を駆使して、デファクト・スタンダードを経済活動の全分野へと拡大するのである。

モンサントの遺伝子組み換え種子は一例に過ぎず、ハイテク分野にも他の多くの例がある。グーグル、アップル、フェイスブック、ツイッター、アマゾン、アリババなど、ほんの一握りの会社が、世界標準や世界共通のネットワーク・プラットフォームを形成しようと特許体系の構築にいそしんでいるのだ。標準やプラットフォームは多くの人が使えば使うほど、ますます利便性が増す。十分なほど大勢の人々がそれらを採用すれば、他の人たちも使わざるをえなくなるからだ。

例えば、読者が今、人気沸騰中のiPhoneなどのアップル製品を使おうとすると、あなたは同時に製品に装備されているソフトウェアの利用も承諾しなくてはならない。他社が開発したアプリをアップル製品に搭載することもできるが、当然アップル純正のほうがスムーズに作動する。グーグル製のブラウザである「グーグルクローム」は、アップル製品上では純正の無償ブラウザ「サファリ」のようには作動しない。「サファリ」は、アップル製品の初期設定として機能する唯一のブラウザなのだ。それがアップルが、自社アプリを走らせるための加速版ジャバスクリプト「ニトロ」を公開しない理由だ。アップルは「顧客が継ぎ目なく製品を体験できるよう保証したいので、自社のソフトウェアとハードウェアは完全に統合されている」と説明する。[34] だがアップルの真意は、iPhoneなどの自社製品と同じく、自社製ソフトも顧客の標準装備となるよう、完全に支配したいといったところだろう。

政府は、一九九〇年代にマイクロソフトが事実上の業界標準を確立すべく、人気のウィンドウズＯＳにインターネット・エクスプローラーを抱き合わせ販売したとき、同社を独占禁止法違反で提訴したように、アップルを提訴するだろうか（当時マイクロソフトは、アプリのインターフェースを他社に公開することで決着をつけた）。[35] どうやらそれはないだろう。アップルは、技術的には、他社がアップル製の機器にソフトを搭載するのを容認しているからだ。だが万一に備え、そのような訴訟に勝つためにあらゆる手段を講じるべく、強力な弁護士集団を抱えている。そして、グーグルやフェイスブックやマイクロソフトやアマゾンと同じく、アップルも首都ワシントンにロビイスト軍団を擁している（政治資金の流れを調査する超党派組織「責任ある政治センター（Center for Responsive Politics）」によると、二〇一三年にアップルはロビー活動に三三七万ドル、アマゾンは三四五・六万ドル、フェイスブックは六四三万ドル、マイクロソフトは一〇四九万ドル、グーグルは一五八〇万ドルを費やした。[36] 二〇一四年、グーグルは米国最大の企業ロビイストとなった[36]。

二〇一二年、連邦取引委員会競争局の職員らが、検索市場におけるグーグルの支配について解析した一六〇頁に及ぶ報告書を委員会に提出、「顧客と技術革新に実質的損害を与えかねない行為」に対してグーグルを提訴するよう勧告した[37]。委員会が職員の勧告を受け入れないことはまれであったが、このケースではグーグルを提訴することはしなかった。その理由を委員会は説明しなかったが、考えられるのは、グーグルがそれほどに政治的影響力を増したということである[38]。これとは対照的に二〇一五年、欧州では独占禁止法規制当局がグーグルを提訴した。

アップルのモバイル機器と関連ソフトも、グーグルの検索エンジンとそのコンテンツも、ツイッターのつぶやきも、フェイスブック接続も、アマゾンのショッピング・プラットフォームも、アリババのショッピング・エクスチェンジも、どれであれ、一つの標準プラットフォームを保有してさえいれば、莫大な収入が入ってくる。確かに、プラットフォームがあれば、イノベーターたちが自ら開発した新しいアプリや本やビデオなどのコンテンツを広く紹介するのに便利ではある。しかし、真の力と利益はプラットフォームの所有者にもたらされるのであって、それを使用するイノベーターのほうではない。プラットフォームの所有者が持つ力と利益が増大するにつれ、イノベーターが自分の貢献への対価を有利に交渉する力はどんどん縮小していくのである。新興独占企業は、セールス拡張にほとんど費用がかからないため、潜在的な競合相手を締め出し（あるいは買収し）続けて、ほぼ完璧な支配を達成し、利益と法的・政治的影響力をも手中にするのだ。

ひと握りの巨大企業が、こうしたネットワーク効果の恩恵にあずかっている。ネットワークが大きくなればなるほど集まるデータが増え、いっそう効率的で強力になるからだ。消費者はこの結果に満足しているかもしれないが、しかし彼らは、いかに技術革新が押さえ込まれ邪魔されているか、独占によってどれほど余計に払わされているのか、さらには、世の中のゲームのルールがいかに標準プラットフォームの所有者に都合よく変えられているかを知る由もない。

例えば、二〇一四年には、米国人がニュースを閲覧する際に最初に見るのはグーグルとフェイスブックであった。[39] 一方で、全国紙や大手テレビ局、通信社など主要な報道機関のホームページへのアクセスは五〇%よりはるか下方に下落した。「バズフィード」のように新しいメディアほど、視聴者獲得のためグーグルやフェイスブックのプラットフォームに依存する傾向が強い。[40] こういうことのすべてが、グーグルやフェイスブックに、既存メディアを上回るほどの未曾有の政治力と経済力をもたらしたのである。一方で驚くべきことに、米国の消費者のほぼ三分の一が、何かを買いたいときにまずアマゾンにアクセスしている。[41] この一〇年間、ウェブサイトの数は爆発的に増えているにもかかわらず、アクセス数は分散せず、ますます集中しているのだ。二〇〇一年には上位一〇のサイトが総アクセス数の三一%を占めていたが、二〇一〇年には七五%を占めるに至った。[42]

次にアマゾンが持つ権力について考えてみよう。二〇一四年、すでに米国の全書籍販売の半分を売り上げていたアマゾンは、全国第四位の出版大手アシェット社が発刊した本の配達を遅らせたり停止したりしていた。[43] 理由は、同社からより有利な取引条件を引き出すためであった（アシェット社は電子書籍販売による収益が、三割どころか五割を占めていたという)。アマゾンによればこれは全くフェアな話だという。アシェットの米国での電子書籍販売の六割はアマゾン経由で、アシェットは紙の本よりもデジタル販売で儲けているのだから、アマゾンとしても正当な分け前をいただこうではないかというわけだ。[44] しかし、アマゾンは出版社に対して絶大な力を持ち、二〇〇七年に導入した電子書籍キンドルのシェア拡大のためなら、紙媒体一冊当たりの損失を受け入れる覚悟だった。出版市場で十分大きなシェアを持っているからこそ、アシェットに要求したように、自分に有利な条件を押し付けることができるのだ。アマゾンは最終的にはアシェットが出版する電子書籍の価格はアシェットが設定することに同意したが、アマゾンはこの一件により、出版社が協力的でない場合には、こうした力の行使をいとわないことを業界に示したのである。[45] ボーダーズのような大規模小売書店はすでになくなり、大手書店のバーンズ&ノーブルも危機的で、何千もあった小規模書店はすでに廃業に追い込まれた。[46] アマゾンは自社出版を始めたが、アマゾンが数ある出版社をも廃業に追い込むまでにあとどれぐらいの時間がかかるだろうか。アマゾンが紙媒体の書籍を、クラウド上の巨大ライブラリーからダウンロード版に置き換えてしまうまでにあと何年かかるだろうか。換言すれば、アマゾンがその力を乱用できるようになるまで、あとどれぐらいだろうか。

確かに、アマゾンはオンライン・ショッピングの利便性によって消費者に節約させているし、アマゾンのプラットフォームによって、より多くの著作物を筆者が直接販売することも可能になった。しかし、アマゾンは、書店業やあるいは出版業までも終焉に追い込むことで、著作者も含めあらゆるアクターに勝る権力を得ていくのである。仮に著作者がアマゾンの指示する価格に同意しなかったとして、それでも自作を読者に届ける別の方法は、もうあまり残されていないだろう。このようにしてアマゾンは、知的市場を制限していくかもしれない。まさにグーグルやフェイスブックが報道機関を締め付けたように、あるいはモンサントが食品供給における生物多様性を弱体化させたように。

さらにアマゾンがその経済支配力を高めるにつれ、政治的影響力も増していく。市場をどう構築するかを決めるにあたり、アマゾンは、そのルール作りにおいて自らの経済力を存分に発揮した。二〇一二年、主要出版社五社とアップルが共謀して電子書籍の価格を吊り上げているとして、アマゾンはひそかに司法省に提訴するよう働きかけた。しかも、司法省は二〇一四年、アマゾンが出版社からより有利な取引条件を引き出そうと画策したことは不問に付した（また、これは全く偶然の出来事なのかもしれないが、『ニューヨーク・タイムズ』紙のブログBitsは、二〇一四年九月、アマゾンがアシェットが刊行した二冊の本で全く異なる扱い方をしたと指摘している。ダニエル・シュルマンが共和党の大口献金者であるコーク兄弟の人となりを描いた『コーク一族』は二、三週間の間隔でしか出荷しなかった一方、共和党の下院予算委員長であるポール・ライアンが著した*The Way Forward*（前進あるのみ）は、たった二日で宅配することを約束したという）。(47)

諸外国では書店や出版社を保護する法律がある。例えばフランスでは、新刊書は定価から五％以上値引いて販売することはできない。そのためオンラインも含め、フランスでは新刊書をどこで購入してもほぼ同じ価格である。(48) フランス政府は書籍を電気やパンや水と同じ「生活必需品」と見なしているのである。(49)

一方の米国は、アマゾンが作り上げたきわめて異質な市場に向かって突進している。アマゾンのロビー活動費は二〇〇八年の一三〇万ドルから二〇一二年には二五〇万ドル、さらに二〇一四年には四〇〇万ドルに増えている[50]。二〇一三年には、CEOジェフ・ベゾスが由緒ある『ワシントン・ポスト』紙を買収してワシントン政界での存在感を一段と高めた[51]。

生産を支配したかつての独占企業とは違い、新興独占企業はネットワークを支配する。独占禁止法はしばしば古い独占企業を打ち壊したが、新興独占企業は司法を寄せ付けないだけの十分な影響力を持っているのである。

ウォール街の支配

二〇一四年、ウォール街の五大銀行が保有する資産は、米国の全銀行資産の四五％に上った[52]（二〇〇〇年当時は二五％であった）。同年、彼らは企業の上場を事実上支配し、商品の値付けに大きな役割を果たし、米国内外の主要な合併や買収のすべてに参画し、デリバティブなどの複雑な金融取引のほとんどを担っていた。ウォール街の大銀行は最大級の報酬と潤沢なボーナスで多くの才能ある働き手を魅了し、最大の資金プールをコントロールして、米国経済で最も成長の速い分野を効果的に支配した。一九八〇年から二〇一四年の間に、金融セクターは米国経済全体に比べて六倍もの速さで成長した[53]。

ここでも経済力と政治力が相互に作用したのだ。大銀行は、金融セクターで支配力を高めるにしたがい政治的にも影響力を増し、共和党と民主党双方の候補者たちの主要な選挙資金源となった。超党派組織「責任ある政治センター」によると、二〇〇八年大統領選挙で、金融業界は、候補者だったオバマと民主党全国委員会へ献金したすべての業種の中で第四位であった[54]。オバマは金融業界から約一六六〇万ドルを獲得し、九三〇万ドルを得た共和党のジョン・マケイン候補[55]をはるかに上回った。またオバマへの単一企業による職場献金は、ゴールドマン・サックスが最大であった[56]。二〇一二年大統領選挙のときには、金融業界の資金は主にミット・ロムニーに流れたのだった[57]。

金融業界はまた、共和党であれ民主党であれ時の政権の経済ポストに人材を提供し、経済官僚が政府を去るときには身入りの良い仕事を紹介する。ビル・クリントン政権で財務長官を務めたロバート・ルービンと、ジョージ・W・ブッシュ政権時のヘンリー・ポールソン財務長官は、いずれもワシントン着任前はゴールドマン・サックスの会長であった。ルービンは退任後はまたウォール街に戻っている[58]。オバマ大統領が金融機関を救済したときに財務長官を務めたティモシー・ガイトナーは、着任前はルービンにスカウトされてニューヨーク連邦準備銀行総裁であった。彼もオバマ政権を辞して後、再びウォール街に戻った[59]。前共和党下院院内総務のエリック・カンターは、長年にわたって強力な金融族議員であった。下院の金融サービス委員会のメンバーとしてウォール街を監督する立場にあったカンターは、金融機関救済のため税制優遇と補助金を維持し、ドッド＝フランク法（金融規制改革法）を骨抜きにすべく戦った[60]。二〇一四年九月、下院を引退してわずか二週間後、カンターはウォール街の投資銀行モーリス&カンパニーの副会長兼取締役マネジング・ディレクターとなり、初任給四〇万ドル、ボーナス時に現金四〇万ドルと株式一〇〇万ドルを手にしたのである。[61] カンターは同行のワシントン事務所長となる予定で、おそらく議会の高官を自由に出入りさせてその恩恵を受けるつもりなのだろう。[62] カンター本人によると、「私は（同行のCEO）ケンを昔から知っており（中略）彼の会社の成長と成功を見守ってきた」[63] そうだ。まさにそのとおり、二人は長年にわたって一緒に仕事をしてきた間柄だ。ワシントン政界とウォール街との間でよくあると言われていたキャリアパスがこれほど明白であったことも、両者の持ちつ持たれつの文化がこれほどあからさまだったことも、ほとんど例がない。

二〇〇八年にリーマンショックが起こるまでの数十年の間、銀行業界は、一九二九年大恐慌の頃に制定された、大銀行が過度にリスクの大きい投機を行うことを制限する法律やルールを撤廃させるべく、議会と政府に働きかけを続け、そのおかげですでに相当巨大化し高収益体質になっていた。そこに、自らの投機的行為のせいで二〇〇八年の暴落が起こり、納税者に救済してもらった後も、銀行はさらに大きく強力になった。その影響力はあまりに絶大で、将来の金融危機を阻止するための新しいルールをも骨抜きにしてしまうほどだ。

その過程で、ウォール街の主要な金融機関は互いの利益増大のために協力し共謀してきた。例えば二〇一四年、未公開株式投資大手のコールバーグ・クラヴィス・ロバーツ、ブラックストーン・グループ、TPGの三社は、目標企業の買収価格を低く抑えようと共謀したとの告訴を受け、これを示談に持ち込むため、三億二五〇〇万ドルを政府に支払うことに同意した。[64] 提出された証拠によれば、ブラックストーンがある企業に目をつけ、同社社長ハミルトン・E・ジェームズがコールバーグ・クラヴィス・ロバーツ社長のジョージ・ロバーツにあてて「君たちとは競合するのではなく協力したい。協力すれば我々を阻止できる者はいないが、競合するとお互いに高くつくではないか」と書き送り、ロバーツは「賛成だ」とそれに応じた。(65)

もっと大規模な共謀の実例として、本書執筆時点でまだ調査が続いている、いわゆる「ライボー・スキャンダル」を思い起こしてほしい。LIBOR《ライボー》とは、ロンドン市場における銀行間貸出金利の頭文字で、世界中の何兆ドルもの貸付において基準となる金利であり、主要銀行が借り入れる際の金利の平均値から算出される。(66)訴訟時の証拠によると、複数の金融機関がライボーを操作し、市場予測をインサイダー情報で武装して、地球規模の「金融カジノ」で賭けに出ることを可能にしたというのである。(67)このスキャンダルは当初、英国に本店を置くバークレイズ銀行だけに焦点が当たっていたが、バークレイズが単独でライボーを操作することはできない。(68)事実、バークレイズは、主要銀行はどこも同じ理由から同じ方法でライボーを設定していると抗弁している。

ウォール街の新興独占企業は、自社の利益のために金融市場を操作する。そしてここでも私たちがそのツケを払わされているのである。

保険業界のパワー

医療保険業界は米国経済のほぼ五分の一を占めており、ここにも似たようなパターンを見ることができる。[69] 医療費負担適正化法が構想される前から、医療保険会社も病院も医療システムも、すでにどんどん肥大化していた。保険会社は長年にわたって政治との強い連携関係を醸成していた。一九四五年、医療保険業界は議会に独禁法の適用除外を認めさせ、州の保険長官の規制を受けるという前提の下、業界が価格を設定し、市場を割り当て、保険適用範囲について結託できるようになった。[70] しかし一九八〇年代までに、彼らは州の規制を超える大きな存在となった。保険各社が二、三の全国規模企業に統合され、多くの州を横断して事業を行うようになったからだ。そしてそのことがいっそう、彼らにワシントン政界で影響力を持たせることになった。

統合によって保険業界は、報酬金額の決定におけるより大きな交渉力を、病院に対して持つことになった。これに対抗すべく、病院も保険会社からより高い報酬を得られるよう巨大病院システムを目指して統合を始めた。その結果、人々の保健医療支出が徐々に上がることになり、反対に医療の選択肢は減ることになった。一九九二年当時、米国の平均的な都市には四つの病院があったが、二〇一四年には二つになってしまった。

病院と保険会社双方における統合の進展は、彼らにいっそう大きな影響力を与えることになった。議会が医療費負担適正化法を審議する頃には、この二つのグループはワシントン政界で十分な力を持つようになっており、したがって法制は、保険会社と巨大病院システム双方の利益を確実に増やすものとなりそうだ。彼らは法案には賛成するものの条件を付け、誰もが保険に加入できるが、「パブリック・オプション」（[訳注] 民間保険に入れない無保険者層向けに検討されていた、選択可能な公的保険）は法案に含めないよう要求した。業界がこれを勝ち取るために要した金額は数千億ドルにも及んだ。そして、直接にせよ間接にせよ、それは私たちが負担させられるのだ。

独禁法の効用

独占禁止法が、従来型の独占企業を抑制できたようには、新興独占企業に効かないのはなぜなのだろう。一つには、独禁法の執行当局が当初の目的の一つ、経済支配力の集結によって過度な政治的影響力が生じるのを防ぐという点を見失っているからだ。

市場には、システムを損ねない範囲で、どの程度まで経済力を集中させてよいかを定めるルールが必要だ。だがそこに明確な「正解」はない。それは、大企業がもたらす効率のよさと大企業が価格を押し上げる力との比較、あるいは、共通プラットフォームや標準化によってもたらされるイノベーションと、そのことが他社のイノベーションを抹殺してしまう可能性とのバランス、さらには、いろいろなグループにどれくらい適切に経済力を割り振ることができるか、などによって定まっていくものだからだ。

その解はまた、もっと根本的なことにも依拠している。選挙で選ばれた公職者に集中する経済力や、公職者が指名または承認した検察官、検事総長、判事たちに集中する経済力の効果。反対に、指名や承認した人々が、先に述べたような市場のルールづくりに対して及ぼす影響力である。

今では人々はこのことを語らないが、経済力の集中による政治への影響の問題は、一九世紀終盤、議会が最初に独占禁止法を制定したときの重要な懸案事項であった。先述したように、当時「経済学」は「政治経済学」と呼ばれ、過度の権力が政治と経済の双方を弱らせかねなかった。当時は、アンドリュー・カーネギーやジョン・D・ロックフェラーやコーネリアス・ヴァンダービルトなど悪徳資本家の時代であり、彼らの製鉄所、油井《ゆせい》や製油所、鉄道などが米国の産業力の基礎を作ったのであった。彼らは自らの支配的地位を脅かすライバルは締め出したし、民主主義をも踏み付けにした。公職に自分たちの候補者を立て、厚かましくも役人を買収し、使いの者に議員の机の上にカネの入った袋を置かせることまでした。「法律なんて知ったことか[71]」ヴァンダービルトは悪名高い言葉を吐いたものだった。「俺には力があるのだ」と。一八六八年から一八九六年の間に閣僚ポストに就いた七三人のうち四八人が、鉄道のためにロビー活動をしたか、鉄道会社が顧客であったか、鉄道会社の取締役であったか、あるいは親戚が鉄道に関係する者たちであった[72]。

人々は、当時「トラスト（企業合同）」と呼ばれていた、経済と政治の力の合体に深い懸念を持った。一八七三年、ウィスコンシン州最高裁の主席裁判官であるエドワード・G・ライアンは、州立大学の卒業生に向かって「この国の事業体は、比類ないほどの企業資本を統合させて、経済的な支配のみならず、政治力を求めて大胆に闊歩している[73]」と述べ、「やがて問題が起こってくるだろう。私の時代にはそうでもないだろうが、諸君の時代には必ず出てくる問題だ。社会を支配するのは、富なのか人間なのか。主導するのは、カネなのか知性なのか。公営放送局を埋めるのは、教育のある愛国的自由人たちか、それとも企業資本に封建的に支配されている者たちなのか。そういう問題が必ず起こるだろう」と警鐘を鳴らした。
抑制の効かない経済力と政治力という双子の危険性は、人々の頭の中では明確に結び付いていた。金融業界が接着剤の役割を果たしたのだ。人民主義の改革者であるメリー・リースは一八九〇年に「農民連合」を代表して演説し、「ウォール街が国を支配している。もはや、人民の人民による人民のための政府とは言えず、ウォール街のウォール街によるウォール街のための政府になってしまっている」[74]と非難した。独占禁止法は、経済力と政治力の新しい統合という悪魔的なリンクを壊す手段だと考えられていた。ヘンリー・デマレスト・ロイドは名著*Wealth and Commonwealth*（富と共和国。一八九四年）で「自由は富を生み、富は自由を壊す」「新しい経済発展の炎が我々の周囲を巡り、我々は、競争が競争を殺してしまったこと、企業が国家よりも大きくなったことに気づき、そして我々の時代の直截な問題は、財産が下僕ではなく主人になりつつあることにあると知ったのだ」と述べた。[75]
オハイオ州選出の共和党上院議員ジョン・シャーマンが、一八九〇年に米国を脅かす集権的な産業力に対峙しようと同僚議員たちに行動を呼びかけたとき、彼は経済力と政治力を区別してはいなかった。力の形状が異なっても、それらは相互に区別できないものと見ていたのだ。「我々が国王を政治的権力として認めるつもりがないというなら、生産や輸送やいかなる生活必需品の販売についても、何者かの支配に甘んじるべきではない」とシャーマンは声を大にして主張した。[76]
国民からの要望を受け、シャーマンの独占禁止法は上院では五二対一で可決され、下院でも反対はなく速やかに通過、一八九〇年七月二日にベンジャミン・ハリソン大統領の署名を得て制定された。[77]しかし皮肉なことに、制定された当初、この法律は組織労働運動に対する武器として使われた。保守的な検察官や裁判官たちが、シャーマン法を労働組合を禁止するものと解釈したのである。それについては後で説明する。一九〇一年からの進歩党の時代には、歴代大統領はシャーマン法を、当初議会が意図したとおり経済力と政治力のリンクを断つために活用した。セオドア・ルーズベルト大統領は、「抑圧の対象であった労働者を痛めつけ、州の存在をも同じく危険にさらそうとしている『悪の大富豪』[78]」を酷評し、この法律を、他社と組んで北西部の交通機関を支配していたE・H・ハリマンの巨大トラスト「ノーザン・セキュリティーズ・カンパニー」に対して適用した。ルーズベルト大統領は後に、この訴訟は「米国を統治しているのは、ハリマンではなく政府なのだということをみなに知らせる効果があった」と詳述している[79]。独占禁止法はまた、デュポンやアメリカン・タバコ・カンパニーに対しても適用された[80]。ウィリアム・ハワード・タフト大統領は一九一一年、拡大しつつあったロックフェラーのスタンダード・オイル帝国を分割した[81]。ウッドロー・ウィルソン大統領も一九一三年の著作*New Freedom*（新しい自由）の中で、過度な経済力と政治力の危険な関係について「私は独占企業が自主的に抑制することは期待していない。もしこの国に政府を所有するぐらい力の大きな者がいたならば、彼らは米国をも所有するだろう」と述べた[82]。

しかしその後、独占禁止法は政治力に対する関心を失った。一九二〇年代の共和党の大統領たちは政府を支配するほど大きな経済力について、特には問題にしていなかった。なぜなら彼ら自身、大企業からの施しに依存していたからだ。一九二九年の大暴落の後、フランクリン・D・ルーズベルト大統領でさえ、企業に対して競合よりも協力を奨励したほどだ[83]（それも一九三八年までのことである。この年ルーズベルトはツールマン・アーノルドを司法省の独禁法部門責任者に任命し、アーノルドは大胆に独禁法の適用を解禁した）。第二次世界大戦後の独占禁止法は、もっぱら消費者の福利に焦点を当て、大企業やそのグループが物価を上げようとして過度に市場支配力を持つことを防いだ。巨大電信電話会社AT&Tベル・システムは一九八四年、独占による政治的・法的影響力への懸念ではなく、それが競争を妨げ高価格が固定化するとして解体された[84]。

私たちは今や、我が国初の独占禁止法が制定された頃の「金ピカ時代」にも似た、新しい富と権力による金ピカ時代にいる。経済力の集中による政治的効果の高さは、その当時と比べていささかも減っておらず、この問題に対応できない現代の独禁法の欠点は、間違いなくその経済力の横行に関係している。この新しい金ピカ時代にあって、私たちは制定当時の独禁法の本来の目的を思い出し、それを大胆に行使すべきなのだ。

第6章 新しい時代の契約の形

契約は資本主義の三つ目の構成要素である。それは、売り手と買い手との間で、何かと引換えに何かをすること、あるいは別の何かを提供することの合意書だ。所有権と市場支配力が資本主義の心臓部だとすれば、契約は血液である。取引を交わし、それを執行するための手段である。だが、所有権や市場支配力と同じく、契約も突然発生することはない。信用という評判は大切だが、約束は自動的に果たされるものではなく、契約それ自体に強制力があるものでもない。いかなる交換システムにおいても、そこで何が売買でき、どのような事態を詐欺あるいは強制とみなすか、また当事者が約束を履行できないときはどうするかについての取決めは必要だ。民主主義においては、これらのルールは、立法、行政、司法によって決められている。

ここでも「自由市場か政府か」の論争にとらわれると、ルールがどのように作られ、誰がその制定に最も影響力を持っているのかということが隠れてしまう。長年にわたる論争に妨げられて、本当に中心的な二つの問題、つまり、現在のルールは実際には誰の役に立っているかということや、それ以外の人々に役に立つルールとはどうあるべきかということについての理解も議論も進んでいない。特に昨今は基盤となるルール設定のプロセスがわかりにくくなっている。なぜなら、インターネットで流される連続テレビ番組や公債基金の持分のように、売買される多くのモノが「無形」だからである。新しい技術はまた、代理出産のための子宮の貸与など、倫理上やっかいな問題を引き起こすサービスを作り出したり、あるいは、お互い決して会うことのないような地球の裏側の売り手と買い手とを結びつけたりもする。こうした変化は次に、何が取引されるべきなのかなど、数々の新たな疑問を人々に投げかけてくる。皮肉なことに、情報が豊富になり複雑化したために、何が詐欺や強制にあたるかの定義が難しくなり、また契約が破られたり損失を公平に分担できない場合に、その責任が誰にあるのかの判定もしにくくなった。そのことが、新しい時代の契約にまつわるあらゆる事柄に、政治的な影響力が入り込む素地を作っている。

ルールの設定には社会的規範も一定の影響を与えている。例えば、医学の進歩やオンライン通信や輸送技術の進展によって、人間の臓器や血液、代理妊娠やセックスの売買が容易になっている。だからといってそれらの売買が合法というわけではない。臓器販売は米国では禁止されている(1)(この禁止は一九八四年にさかのぼる(2)。この年ヴァージニア州の医師H・バリー・ジェイコブスが、臓器を売りたいという、主として貧しい人々から腎臓を買い、臓器を買う余裕のある人々に売る計画を発表した。全米が震えあがり、議会は直ちにジェイコブス医師に止めさせた。他の数カ国も同様に臓器売買を禁じている)。米国では血液を売ることができ、[3] メキシコ、タイ、ウクライナ、インドでも可能だが、カナダと英国ではできない。米国のほとんどの州ではカネで子宮を貸すことができるが[4]（二〇一四年の代理妊娠費用の相場は二万から三万ドルであった)、欧州のほとんどの国ではできない（英国では代理母が実費を受け取ることは認めているが、それ以上の報酬は禁じられている)。

一九九九年、スウェーデンは性を売ることをもはや違法とせず、売春婦を罪人として扱うことをやめ、しかし、買春を違法であると定めた。スウェーデン警察によれば、いまだ買春が合法とされている隣国デンマークへ何千もの人が人身売買される一方で、スウェーデンへ身売りされる女性の数は激減したという。

身体の一部や血液、子宮の貸与や性の取引が禁止されている国々では、こうした取引を禁止しないと、貧しい人々が、より豊かな人々から、下品かつ危険なやり方で搾取されることもありうると考えている。金持ちはめったに腎臓や血液を売ることはなく、豊かな女性も自分の子宮を貸したり売春婦になったりすることはほとんどない。数々の調査研究から、売春婦のほとんどは貧困家庭出身で、一〇代の初めに成人男性によってそういう商売に引きずり込まれることがわかっている。[5] また、無防備であることも影響する。合法的な薬物であったとしても、薬について説明を受けても判断を下すことができない人々に薬を販売することについて、米国では懸念されている。二〇一二年、製薬大手グラクソ・

スミス・クラインは、三〇億ドルもの罰金を払って司法省との示談に応じたが、その合意内容は、一八歳以下の子どもに成人にのみ認められている抗うつ剤を売り込まないこと、別の二種類の抗うつ剤を性的機能不全の治療など承認されていない使用目的で販売しないこと、処方薬の販売促進目的で、医師に付け届けやコンサルティング契約料や講演料、はてはスポーツ観戦チケットなどの贈り物攻勢を仕掛けないことなどであった。[6]

何を取引してよいか、いけないかのルールには、異なるグループの地位や力関係に裏打ちされたさまざまな社会的な前提が隠れている。例えば、粉末コカインはエリート層の多くに好まれる薬物で、クラック・コカインは貧しい人々に好まれる。粉末もクラックも形状がだけの違う同じ禁止薬物なのに、二〇一〇年以前には、クラック・コカインを売買した者は、粉末を使用して捕まった者の百倍も重い刑が科せられていた。これが、アフリカ系アメリカ人の非暴力薬物犯が、白人の暴力犯と同じ期間服役させられていた理由の一つである。議会は二〇一〇年に公平刑期法を制定し、クラックと粉末との刑期格差を一八対一に減らした。[7]

社会全体にとっての害悪も考慮しなければならない。カナダや欧州のほとんどの国では銃は容易に売買できないが、全米ライフル協会は、米国人が速射機関銃でさえも購入できる「権利」を確保するためなら、いかなる苦労も惜しまなかった[8]（もっとも地対空ミサイルや原子爆弾へ進む手前で止まりはした）。

米国では票を売買することはできない。だが、選挙活動がどのように資金を得ているかを少しでも知っている人なら、この原則に対する国の責任に疑問を感じるかもしれない。二〇世紀以前はロビイングは公共政策に反するとして、公務員に対するロビー契約は締結できなかった。[9] 一八七四年の「トリスト対チャイルド」裁判を例に挙げよう。[10] 外交官だったトリストは、政府が彼に借りているカネを払うようチャイルドに議会への働きかけを依頼したが、議会がようやくトリストへの支払いを決めた頃になって、トリストはチャイルドへの支払いを拒否。このため、チャイルドはトリストを相手取って提訴した。最高裁は、この種の契約は汚職につながる可能性があるとして、トリストとチャイルドの間の契約の強制力を認めなかった。裁判所は、「もしこの国のいずれかの大企業が、私益目的で一般法の成立をもくろみ、ロビー活動で稼ごうとする野心家を雇うようなことがあれば、まともな考えの人であれば本能的に、雇った側も雇われた側も双方が汚職に染まっていると非難し、そのような雇用関係を恥ずべきものと糾弾するだろう」と主張した。[11] だが、この論理は八六年後の最高裁には通じなかった。現代の最高裁は、企業も憲法修正第一条の下では「人」であるので、何人でも野心的なロビイストを雇う権利を持つと決定したのである。[12]

確かに、契約したがっている当事者間の特定の契約を、社会的にいくら禁じても、いずれ闇市場で履行されてしまう。一九二〇年代の禁酒法は悪名高い失敗例であり、今日のマリファナの売買禁止も同様だ。違法な契約は、暴力もしくは暴力への恐怖によってのみ強制できるから、当然、闇市場はリスクが高く危険なものになる（この論法は、一部の熱心な購入希望者を魅了する商品が、一般の人々には最小限の害しか与えない場合に、その販売を一切禁止にするのではなく、規制して販売させる場合に使われる）。

一方、技術は絶え間なく新しい商品やサービスを創造し続け、「何を売ってよいのか」という疑問を投げかけ続けている。年季奉公は禁止されているが、学生が大学の授業料を立て替えてもらう代わりに自分の将来の収入の一部を売ろうとすることはどうなのか。[13] 便乗値上げも禁じられているが、荒天の日にウーバー（［訳注］携帯電話で無認可タクシーを手配するサービス）の運転手が通常料金の八倍を請求するのはどうなのだろう。[14] 超高速取引（アルゴリズム取引）は今や公開取引の半分以上を占めているが、そういう投資家が一般の投資家には利用できないような超高速通信システムを考え出して、ほかの誰よりもほんの何分の一秒だけ早く取引情報を受信することで利益を得るのは、公平なことなのだろうか。[15]

ウォール街の「法貨」

何をどのような条件で取引できるかを、政治的権力が判断するケースもますます増えている。例えば、一九三四年証券取引法が想定していた禁止事項は、株価に影響するであろうデータを一般の投資家よりも早く受け取った人々だけが取引できる、インサイダー情報による株式の売買であった[16]（証券取引法自体はそのようなやり方を禁じていなかったが、裁判所は禁止しているものと解釈した）。なぜなら、秘密情報に基づく取引が横行すると、内部者《インサイダー》が優位に立ち、また株式市場も、秘密を洩らした者たちに有利になるよう不当に操作されてしまい、それは他の投資家に対する詐欺行為になるからだ。証券取引委員会のコミッショナーや連邦検事や裁判官たちは、長い年月をかけて、私欲のために守秘義務違反を犯した人物からの情報であることを承知の上で取引を行うような投資家を、すべて対象とすべく、違法インサイダー取引を定義してきたのだ。[17]

しかし情報が瞬時に拡散する現代においては、他人よりコンマ数秒だけ早く情報を得ることによって大金が手に入るため、インサイダー取引を取り締まることも、定義することすらも容易でない。二〇一四年、ヘッジファンドのレベル・グローバル・インベスターズが、デル社員から入手したインサイダー情報に基づき、デル・コンピュータの株式を空売りして五四〇〇万ドルを儲けたとき、レベル・グローバルの共同創業者であるアンソニー・チアソンは、「自分は情報をどこから入手したかも知らないし、漏洩者が情報漏洩によって何らかの利益を得たのかどうかも知らない」と主張し、さらに、「ウォール街のトレーダーたちも彼らが使った情報の出処をほとんど知らないだろう。なぜなら、証券市場において秘密情報は（チアソンの弁護士によれば）『法貨』だからである」と抗弁した。[18] にもかかわらずチアソンは有罪判決を受けた。ところが同年一二月、控訴裁判所は、チアソンは情報源も、漏洩者が見返りに「十分な利益」を得たか否かも知りえなかったので、漏洩には関与していないと判断し、一審の有罪判決を覆した。これにより、裁判所は金融業界での不文律を公認したことになった。要するに、自分が誰と知り合いかによるということだ。例えば、ある会社のCEOがゴルフ仲間に自分の会社が乗り出そうとしているある秘密情報を漏らしたとする。ゴルフ仲間がその情報をヘッジファンドのマネジャーに漏らし、それでヘッジファンド・マネジャーがこっそり大金を得たとしても、それは全く合法ということになるのだ。

秘密情報はウォール街では「法貨」なので、ウォール街で儲けるカネの大部分は、普通の投資家では入手できない情報に基づいている可能性が高い。インサイダーたちは自分を利するよう市場を変えてしまうが、議会は、インサイダー取引を抑制すべく法律を変えることができるのだろうか。金融業界が議員や大統領に選挙資金の大部分を提供し続ける限り、可能性はゼロだ。対照的に、欧州では秘密情報に基づく取引は違法である。トレーダーが特定の情報が公知ではないことを知っていたか、あるいは公知でないと知るに足る理由がある場合には、その情報を使うことはできないのだ。

もし経済効率だけが目的であれば、インサイダー取引を禁止することはあまり意味がなく、欧州並みに厳しく規定する必要もない。秘密であろうとなかろうと、金融市場がすべての利用可能な情報に対応できるなら、市場効率も高まるのだ。いわゆる超高速取引では、特定のトレーダーが資金の流れる先を何分の一秒か早く知るため、市場はよりいっそう効率化する。しかし同時に、他の誰よりも大きくこれら高速トレーダーを利することにもなる。仮に、すべてのトレーダーが等しく入手できない情報に基づいた取引をすべてインサイダー取引とみなして禁止すると、市場の効率性は失われることになる。それでも、このような構造的な不平等性が、多くの人々にはまるで細工されたサイコロのように不公平なものと認識され、小口投資家が金融市場の統合性に寄せる信頼を傷つけているために、人々はインサイダー情報がウォール街の「法貨」であると言われても、納得のいかない思いをしているのだろう。

インサイダーが秘密情報に基づいて取引をした場合に不利益を被るのは、小口投資家だけではない。勤務先企業が出資している年金ファンドを通じて、株式市場に給料の一部を投資している従業員も、例えば、ファンドから通常よりも高い手数料を請求されたり、その高い手数料の余剰分が、別の金融商品の割引という形で会社のほうに払い戻されていたら、やはり損害を被る。[19] 企業が従業員と共有しない情報はやがて利益相反を起こし、詐欺も同然となる。だが、このやり方も全く合法なのだ。ここでも基本的な問題は、自由市場が政府よりも優れているかどうかではなく、官僚が市場をどう構築すべきか、それをどう決めているのか、そしてその決定にはどんな外部組織が最も影響力を持っているかである。繰り返しになるが、この数十年の傾向として、大企業、ウォール街の大銀行、個人資産家がかつてないほど大きな影響力を持っているのである。

強要される契約

別の例を挙げよう。締結を強要された契約は履行されないというのが、長らく法が支持してきたことである。これはまた道義の問題でもある。契約の当事者はその意志に反して約束をさせられることはないのである。誰であれ銃口を突きつけられて締結した契約を守る義務はなく、法もそれを強制しない。

しかし「強制」はどう定義されるのだろう。大企業が、知的財産や標準化やネットワーク・プラットフォームや弁護士やロビイストの軍団を使って、市場を封じ込めた場合、売り手にも買い手にも真の選択肢はない。このような状況下では、契約は当然ながら強制的もしくはそのように見える。しかも今日の契約には、従業員や借り手や顧客が意味のある選択を行うことを拒否するような条件が（通常細かな字で）たくさん付いている。その上大企業は、そういう契約を確実にする政治的・法的影響力を持っているのである。

近年一般的になってきた契約条件の一つに、基本的人権の侵害にかかわる苦情や主張は、仲裁人に申し立てるというものがある。多くの場合、仲裁人は会社が選任し、仲裁人による評決は、裁判所に控訴せずに受け入れなければならない[20]。明らかにこの条項は、標準契約書にこの一文を挿入した大企業を利するほうへゲームを変えてしまう。最近の研究によると、従業員の業務上の差別に関する苦情は、仲裁に付された場合わずか二一％しか救済されなかったのに対して、裁判所へ持ち込んだ場合は五〇～六〇％が救済されたという[21]。

似たような話として、多くの人気インターネットサイトでは、ユーザーがサイトによって失敗したとしても、サイトの所有者を（個別であれ集団であれ）提訴することを禁じるサービス契約に同意するよう求めている。ユーザーに利用条件を許諾するアイコンをクリックさせているところでは、ユーザーが実際に条件を読むことはほとんどなく、そのサイトを使うにはいずれにしても承諾しない選択肢はない。あるいは、利用許諾条件を示すページへリンクを張るだけのサイトもあるが、その場合は単にサイトを使用しただけで、ユーザーは利用条件に同意したとみなされる。その結果、多くのユーザーは自分が保持していると思っている法的権利をすでに放棄していたことを、後から知ることになる。例えば、ホテル数社とオンライン旅行代理店数社とが共謀して部屋代を固定化しようとしたとして顧客たちが提訴したとき、人気旅行サイトの一つトラベロシティの弁護士は、「そのサイトを使用した顧客は、すでに提訴しないことに『同意』しているため、訴訟には参加できない」と主張して、首尾よく会社を弁護したのであった。[22]

こういう条項があれば、中小企業側が「契約を結んだ大企業が業界を独占しているため、中小企業には契約を受け入れるしか選択肢がない」と陳述することすら、阻止できる。カリフォルニア州オークランドにある「イタリアン・カラー」という小さなレストランのオーナーが、アメリカン・エキスプレスがその独占的な力によって法外なレートを課してきたと告訴したとき、アメリカン・エキスプレスは「イタリアン・カラーが署名した契約書にある義務的仲裁条項により、そのような申し立ては禁止されている」と応じた。[23]この訴訟は最高裁まで行き、二〇一三年、（すべての共和党側の被任命人を含め）最高裁判事の過半数がアメリカン・エキスプレスを支持した。[24]だが、エレナ・ケイガン判事はこれに異議を唱え、「この判断は、中小企業を回復不可能なほど窮地に陥れる一方で、巨大独占企業に安易な逃げ道を与えてしまう」「独占企業は、犠牲者からすべての法的手段を効果的に奪うような契約を強要することにその独占的権力を使っている」と指摘した。[25]

購入者がひとたび「同意する」の項目にチェックすると、自分のプライバシーにかかわる権利さえも放棄することになるかもしれない。[26]個人データをアップルのiCloudに保存したいと思ったら、まず以下のような利用許諾条件に同意しなければならない。

お客様は、お客様のアカウントの秘密およびセキュリティの維持ならびにお客様のアカウント上でまたはお客様のアカウントを通じて生じるすべての活動について単独で責任を負い、……（中略）……Appleは、当社が合理的な技能および正当な注意義務を行使する限り、お客様がこれらの条件に従わなかったことによる、お客様のアカウントの不正利用に起因するいかなる損失についても一切責任を負いません。[27]

もしハッカーがiCloudからあなたの名誉を損なうような写真を手に入れて、それを世界中にばらまいたとしても、それはお気の毒にというだけのことなのだ。アップルには責任がない。機械的に考えれば、あなたにはアップルの利用許諾条件に同意しない選択肢はあった。だが実質的には同意しない選択肢はない。なぜならアップル以外の他のどのサービスも同じ条件を課しているからだ。

新しい時代の契約は、ほぼ同等の交渉力を持った二人の当事者間の協議によって成立するものではない。受け入れを強要する力を持った巨大企業が生み出す既成事実なのだ。住宅ローンに申し込むなら、借入資格を得るために山のような銀行側の条件に署名をしなくてはならない。その署名によって、貸出が搾取的だと裁判に訴える権利を失うことになるとしてもだ。低所得の借り手の場合は、期日までに返済し損ねると二ケタの利息と手数料を支払うことに同意しなければならないが、ほとんどの場合、そのような条件を受け入れたことには気づかない。学費ローンを受ける学生は、選択の余地なく一定の請求権を放棄させられる。小規模のフランチャイズ加盟者は、親企業がフランチャイズ店を些細な違反があっただけで閉店させて次の新規加盟者にフランチャイズ権をより高く売ることができるよう、詳細な義務を列記した契約書に署名しなければならない。

連邦議員や州議会議員たちはかつて、弱い立場の消費者や従業員や借り手を保護しようと、大企業や金融業者からの契約条件に一定の制限を設けていた。しかし近年は、企業や銀行からの政治的圧力で、そのような制限は徐々に撤廃されていった。例えばいくつかの州では、低所得の借り手数百万人が利用する個人ローンについて、貸し手が請求できる法定利率が引き上げられ、割賦払い融資の上限金利が三六%にまでなった。[28] 当座の一〇〇ドルから五〇〇ドルを必要とする人が、間もなくもらえる給料をあてにして、数週間以内に返済する前提でカネを借り、年率にして三〇〇%かそれ以上の利息に同意することも珍しいことではない。そのようなローンを提供している貸し手の一つ、シティ・グループ系のワンメイン・ファイナンシャルがこれで大いに利益を上げたことからも、シティ・グループや似たような貸し手が、州議会議員選挙にカネをつぎ込んでいることの説明がつく。[29]「法律を改正する理由など全くなかったのです。」上限金利の引き上げに反対したノースカロライナのリック・グレイジア州議会議員は、『ニューヨーク・タイムズ』紙に語った。[30]「あれは、自分の利益を増やそうとする特定の集団による、これまで見たことがないほどずうずうしい運動でした。」

一方、大企業の従業員も、競合する他社で職を得ることを禁止する非競争条項に署名しなければならないことが多く、そのために彼らの将来の転職見通しは下がってしまう[31]（カリフォルニア州とノースダコタ州では、限られた状況を除き、そのような条項は禁じられている）。雇用主が競合他社との間で引き抜き禁止契約を締結すると、従業員の転職の見通しはさらに悪くなる。例えば二〇一四年、連邦判事は、シリコンバレーのハイテク企業数社が互いのエンジニアを引き抜かないことに合意することで、それぞれの従業員に対する「包括的な共謀[32]」を行っていたことを見出した。裁判所の記録によると、二〇〇五年にグーグルがアップルの技術者グループを雇おうとしたとき、アップルのCEOであったスティーブ・ジョブズは「この中から一人でも雇ったら、戦争だ」と脅した[33]。グーグルは引き下がったが、それだけではなくジョブズはさらにグーグルに、アップルからの引き抜きを画策したグーグルの採用担当者を解雇させた[34]。非競争条項や引き抜き禁止契約を擁護する人々は、従業員は雇用主と同じ交渉力を持っているのだから問題ないと言う。しかしそういうケースはまれだ。

大企業が、売られているモノに対してだけでなく、契約が法的にどの程度許容され、どの程度強制可能かを決めることにおいてまで、不釣り合いまでに強大な力を持つとき、それに対して力を持たない人たちに選択肢はない。「自由市場」はこの意味で自由ではないのだ。現実的な選択肢を提供していないのだから。

第7章 新しい時代の倒産の形

一九八四年にトランプ・プラザがアトランティック・シティにオープンした日、ドナルド・トランプは黒っぽいコートに身を包み、彼の新たな投資先である、市内一、いやもしかしたら国内一美しい建物の落成を祝おうと、カジノフロアに立っていた。[1] 三〇年後、トランプ・プラザは倒産、一〇〇〇人ほどの従業員は失業した。[2] 当のトランプは、ツイッターで「アトランティック・シティに用はない」とつぶやき、投資引上げには「最高のタイミング」だったと自らを賞賛した。[3]

米国では大金を持つ人たちは、トラブルの兆候を感じたとたんに資産を現金化して、負けそうな賭けや大きな損失から簡単に逃れることができる。法的にも有限責任や破産法が守ってくれる。だが職を求めてアトランティック・シティなどの町へ移り住み、そこで家を買い、腕を磨こうとした労働者には、そのような保護はない。仕事がなくなり、家の価値は急落、磨いたスキルも突然無意味になって、彼らは窮地に陥る。破産とは、人が最初からやり直すために設計された仕組みだ。ところが今日では容易にやり直しが効くのは、破産法を自分に都合よく変えるだけの十分な政治的影響力を持つ、大企業や裕福な権力者や金融業者だけである。

倒産は市場の第四の構成要素だ。倒産は、他のさまざまな市場のルール同様、相反する目標が両立しないトレードオフの状況を示している。契約は、払うべきものを払えない場合にどう対処するかを取り決めることによって成立する。買い手や借り手、債務者たちがあまりにも容易に難局から抜け出せるようでは、将来自分が負うことになるかもしれない義務への注意を怠るかもしれない。さらにそんな軽率な態度が安易に社会に伝播していくかもしれない（こうしたモラル・ハザードは、ウォール街の大銀行にまで波及しうる）。しかし債務を払えない者が監獄に収監されるなど懲罰を受けるようでは（一九世紀半ばではそれが一般的であった）、彼らには返済金を稼ぐ手段すらないことになってしまう。

このことは国家財政にも当てはまる。過剰な債務状態に陥った国は、社会全体をより深刻な経済的、社会的な危機に陥れ、国家がさらに深い闇へと落ち込んでいく可能性がある（歴史家の多くは、第一次世界大戦後のドイツに課せられた賠償金がナチズムの台頭を許してしまったと主張している）。一九世紀後半、複数の巨大鉄道会社が苦境に陥って債務を払えなくなったとき、債権者たちは線路をスクラップにして売り払えと脅した。(4) そこで老獪な金融マンたちは、債権額を減免することを債権者たちに同意させ、鉄道会社が営業を続けることによって借金の全部とまではいかなくとも大部分を返済させるほうがよいともくろんだ。

「倒産」は、破産裁判所判事の厳正なる監視の下で、すべての債権者に公平に損失を配分しつつ、債務者の負債を支払い可能なレベルまで減免するための適正なバランスを見出す仕組みとして、資本主義国のほとんどで採用されている。中心にある考え方は、「犠牲の分かち合い」である。犠牲を分かち合うのは、債務者も債権者も含めた全員であったり、あるいは個々の債権者の間であったりする。倒産のメカニズムにおいても、あらゆる種類の問題について「判断」が求められ、それは、往々にして裁判所の判決や行政指導、法律の下位条項の中に隠されている。例えば、誰に倒産が適用されるのか、どのような債務のためか、どうすれば債権者の間で損失を公平に配分できるのか、倒産が適用できないとどうなるのか。これらの問いやその他の何百もの問題に対し、何らかの「解」を見つけなければならないのだ。だが、「自由市場」そのものは解を与えはしない。その答えはほとんどの場合、強力な利権が提供している。

合衆国憲法（第一章、第八条、第四項）は、「合衆国全土に適用される統一的な破産に関する法律を制定する権限[5]」を議会に与えており、一八〇〇年、一八四一年、一八六七年、一八七四年、一八九八年、一九三八年、一九七八年、一九九四年、二〇〇五年と、これまで幾度も議会は法を判定してきた。近年においては、大企業とともに金融業界や大手クレジットカード業界がその制定に大きな役割を果たしている（クレジットカード業界は二〇〇五年法案に関するロビー活動に一億ドル以上を費やしたが、大手銀行は、すでに莫大な選挙資金を寄付することで有利な立場にあったので、これほど多額のロビー費を使わなくて済んだ[6]）。

逃げ切るCEO

米国ではすべての大手航空会社が、過去二〇年の間に少なくとも一回は倒産を経験している。たいていは労働組合との間で締結していた契約を反故にする目的であった[7]。破産法では（繰り返すが、この法律の大部分はクレジットカード会社と銀行とで巧妙に作りあげたものだ）、従業員の給与を定めた労働協約は、誰が先に支払いを受けられるかということにおいては、優先度が低い。ということは、倒産の兆しそのものが、組合員に協約で定めた賃金を諦めさせるための有力な武器になりうるのだ。二〇〇三年、アメリカン航空ＣＥＯドン・カーティーは、同社の主だった組合（［訳注］米国では同一企業内に複数の組合があることが多い。）から二〇億ドル近い譲歩を引き出すために「倒産の危機」を利用した。カーティーは「犠牲の分かち合い」の必要性については説明したものの、彼がひそかに補完的な幹部向け退職プランを作り、プランの資産を「信託」にして閉じ込め、倒産したとしてもそれに指一本触れることができないようにしたことは隠したままだった[8]。カーティーはその秘密プランのおかげで、約一二〇〇万ドルを手に同社を辞したのである。

従業員の譲歩にもかかわらず、二〇一一年、アメリカン航空は倒産した。すると同社は直ちに以前の労働協約から継続していた条項を拒絶して、従業員の年金プランを凍結してしまった[9]。だが、二〇一三年に倒産から立ち直ったとき、債権者たちは同社から全額返済を受け、それには利息まで付いていた。株主でさえ、出資時より破産後のほうが豊かになったのである（同じ年のUSエアウェイズとの合併により、アメリカン航空の株価はさらに上昇した）[10]。挙句の果てに、破産を進めたCEOトム・ホートンは一九九〇万ドル以上の退職金を手にした[11]。つまり、アメリカン航空では、従業員を除くすべての人が得をしたのである。従業員は失業せずに済んだものの、給与や手当の大部分を失った。「犠牲の分かち合い」も万事休すだ[12]。

破産できない住宅ローン

二〇〇八年、返済の滞りの極めつけ、リーマンショックが起こった。金融はほとんど崩壊に近かった。ウォール街の巨大銀行はどこも、サブプライム・ローンや債務担保証券や不動産担保証券など、何千億ドルにも上るリスクの高い金融商品を購入していた。銀行はそれらの多くを不用意な投資家に転売していたが、銀行自身も多くを額面で帳簿に載せていた。債務バブルがはじけたとき、銀行と投資家の手元には、ほとんど価値のない借用証書が残ったのだった[13]。（私自身を含め）コメンテーターの中には、銀行は破産を視野に自らの問題に専念すべきと指摘する者もいたが[14]、実際はそうはならなかった。リーマン・ブラザーズが二〇〇八年九月に破綻したとき（資産六九一〇億ドル以上とそれをはるかに上回る負債を抱え、歴史上比類ない大規模なものだった）、ウォール街が受けた衝撃があまりに激烈であったため、退任間近だった財務長官のヘンリー・ポールソン・ジュニアは、他の大銀行を救済するため数千億ドルの資金投入を議会に認めさせた[15]。銀行はまた連邦準備制度理事会から八三〇億ドルもの低金利ローンも受け取った[16]。ポールソンと彼の後任ティム・ガイトナーは「大きすぎて潰せない」と明確には言わなかった。むしろ大きすぎて、破産法による再編ができなかったのだ。

金融業界がメルトダウンに近い状況に陥ったことで、本当の重荷を背負うことになったのは、小口投資家と住宅所有者であった。住宅価格が急落したため、所有者の多くが自宅の価値を上回る負債を抱え込み、しかもローンの借り換えもできなかった。しかし、破産法のチャプター一三（それを起草したのは主として金融機関であった）では、住宅所有者は主たる住居用家屋を担保とする住宅ローンについては、破産を申し立てることは許されないのだ[17]。金融危機が起こったとき、イリノイ州選出のディック・ダービン上院議員らは、困窮した住宅所有者が破産申し立てができるよう、この条項を改正しようとした[18]。そうすれば銀行などローン提供者によって自分の家を抵当流れにされるのを阻止する、住宅所有者にとって強力な交渉の切り札となっただろう。債権者が同意を拒んだ場合は、その事案は破産判事の手にゆだねられるが、判事はそういう場合、機械的に居住家屋から住人を追い出すことはせず、おそらくは返済金額を減免しようとするはずだ。

改正法案は下院を通過したが、二〇〇九年四月下旬にダービンがこれを上院に提出したとき、金融業界は、住宅ローンのコストが著しく上昇するとの理由から（それについて説得力のある証拠は示されなかった）、成立阻止を目指して実力行使をちらつかせた[19]。上院では民主党が過半数を占めていたにもかかわらず、改正法案はわずか四五の賛成票しか獲得できなかった[20]。このことも災いし、困窮した住宅所有者たちに交渉力はなくなった。自宅を失った人は五〇〇万人に上り、二〇一四年までにさらに二〇〇万人が差し押さえに近い状況となった。この「犠牲の分かち合い」にもなす術がない。

解消できない学費ローン

ローンの借り換えのために破産を申し立てできないもう一つの借り手グループは、大学を卒業して学費ローンを返済中の人たちだ。金融危機のあおりで求人状況が改善しない中、多くの大卒者には仕事がない。だが、学費ローンの返済は重くのしかかっていた。ニューヨーク連邦準備銀行によると、二〇一四年までに学費ローンは米国の債務全体の一〇%を占め、[21] 住宅ローンに次いで二番目に大きく、自動車ローン（八%）やクレジットカードローン（六%）よりも多かった。だが学費ローンの債務を、破産法の庇護の下で解決することはできないのだ。[22] 債務者が返済できない場合、貸し手は給料を差し押さえることができるのである[23]（仮に退職して隠居することになってもまだ学費ローンが残っている場合、社会保障給付金の小切手さえも差し押さえることが可能だ[24]）。学費ローン業界のたっての依頼で制定された一九九八年の法律によると、卒業生が学費ローンの負担を減らす唯一の方法は、ローンの返済が自分と扶養家族に「不当な困難」をもたらすことを、別の裁判で証明することだ。[25] これは破産裁判所が、博打による債務を減らそうとする博徒に課すよりも厳しい条件だ。[26]

議会やそのパトロンである銀行が大卒者が学費ローンを返済しようともせず、簡単に破産を宣言するのではないかと懸念するのもわからなくはない。[27] しかし、「犠牲の分かち合い」の精神に基づくもっとよい対策は、（二ケタの利率など）ローン条件が明らかに不合理である場合や、卒業後に就職できる可能性が低い大学に通うためのローンについては、破産制度の利用を認めることだろう。

富めるデトロイト、貧するデトロイト

厳密には「自由市場」の一部とは言えないが、破産状態に陥った自治体も、その損失を割り当てるための市場をどう構成するかについて、大きな影響を与えうる。デトロイト市は二〇一三年当時、破産手続きによる保護を求めていた中では最大の都市で、債務のうち七〇億ドルを削減して、一七億ドル分の公共サービスを復活させることを目指していた。この破産手続きは、同じ苦境に立たされた他の自治体にとって、モデルケースになると見られていた。デトロイトが犠牲を分かちあうことを求めた債権者の中には、市が何年も前に支払いを確約した年金や健康保険給付金を頼りにしていた退職者と、二〇〇五年に市が発行した証券を買った投資家が含まれていた。二〇一四年秋、債務を配分してデトロイト市を再建する計画を、承認するか拒否するかを決める裁判では、二つのグループはいずれも、自分たちは不当に負担を押し付けられていると主張したが、結局、二〇〇五年証券を持つ投資家は大きな損失を被り、引退した市職員も年金を大幅に削られ、健康保険給付金も大きく削減されてしまった。[28]

それなのに非常に裕福な大規模グループが、無傷のまま残された。住民のほとんどが黒人のデトロイト市よりもはるかに裕福な、郊外のオークランド郡では、住民の多くが白人だが、彼らは痛みの分かち合いを求められなかったのだ。オークランド郡は、全米の人口一〇〇万人以上の郡のうち、最も豊かな都市の一つであった。事実、オークランド郡近郊を含むデトロイト都市圏は、国内有数の金融センターで、ハイテク産業の雇用者数で上位四地域の一つでもあり、エンジニアリングと建築業界への人材供給源としても二番目に大きい地域だった。[29] 世帯収入の中央値は年間五万ドルに近く、[30] デトロイトの市境を越えたところにあるミシガン州バーミンガムでは、世帯収入の中央値は九万九〇〇〇ドル、[31] 同じく圏内にある近郊のブルームフィールド・ヒルズになると、ほぼ一四万八〇〇〇ドルに達する。デトロイトの郊外は裕福で、評判の良い学校や対応の迅速なセキュリティ体制や美しい公園などが整っているのだ。

四〇年前のデトロイト市には富裕層も中間層も貧困層もみな混在していた。だが、二〇〇〇年から二〇一〇年までの間に、中間層の四分の一がいなくなり、白人たちは郊外に出て行ってしまった。[32] 同市が破産する頃には、全体が貧しくなってしまっていた。[33] 世帯収入の中央値は約二万六〇〇〇ドルで、[34] 子どもの半数以上が貧困状態にあった。[35] 地価は落ち込み、近隣地域は荒れ放題、建物は無人になり、学校も老朽化した。街灯の四割は故障し、[36] 五年間で公園の三分の二が閉鎖となった。[37] 二〇一四年時点で、デトロイト市の月額水道料金は全国平均より五割も高く、当局は、料金の払えない一五万世帯の水道を止め始めた。[38]

もしオークランド郡とデトロイト市の公式な境界線が互いに重なりあっていたなら、より豊かなオークランドの住民にも（そして銀行や債権者たちも）この問題に対処すべき責任が多少はあり、デトロイト市のほうも必要な経費を賄い、十分な公的サービスを提供できていた可能性が高い。しかし、貧しい中心部が複合的な問題を自ら解決しなければならなくなったために、白人の多い裕福な郊外地区やそこで営業していた銀行は責任を逃れることとなった。事実、彼らにもいくらか責任があるかもしれないということをちらりと示唆されただけで義憤を招いた。オークランド郡の幹部L・ブルックス・パターソンは、「今になって、しかも突然、彼らの町に問題が起きつつあるから、責任の一端を郊外にも負ってくれというのですか」と冷笑した。[39]「善人ならなんとかしてくれなんて言われても説得されませんよ。痛みを分かち合えだって？　笑っちゃうね。」

犠牲は分かち合えるか

堅苦しい破産法の奥には、政治的かつ倫理的な根本課題が埋め込まれている。「私たち」とはいったい何者なのか、そして「私たち」の他者に対する責任とは何なのか。アメリカン航空とは株主と役員のことだけを指すのか、それともそこに従業員は含まれるのか。大銀行も住宅所有者も両方とも破滅へ向かわせる「金融危機」は、両者に共通の課題といえるのか、それとも別個の問題なのか。大学を卒業した人が学費ローンを返済できない場合、貸し手には全く責任がないといえるのか。大卒者という高学歴の労働力から多くの恩恵を受けていながら、社会には少しの責任もないのか。デトロイト市が破綻した場合には、自治体やその職員、引退した元職員や貧しい住民だけが犠牲を払わなければならないのだろうか。それとも、デトロイト市の衰退とともに、豊かな郊外へと逃げ出した裕福な住民や銀行も、破綻の責任を担うべき集団に含まれるのだろうか。

「倒産」や「契約」は、そうした疑問を都合よく隠してしまう。契約の一方の当事者が単にもう一方の当事者に対する義務を果たせない状態とみなしたほうがはるかに簡単であり、そのために、そこで問われる唯一の問題は、義務をどのように償うかということになるのである。「自由市場」ではそれ以上何も求められることはない。そして、根底にあるメカニズムの問題は、そのまま残ってしまうのだ。

第8章 執行のメカニズム

市場の五つ目の構成要素は「執行」だ。財産は保護されなければならないし、過剰な市場の支配力は抑制されなければならない。契約の合意内容は執行（もしくは禁止）されなければならないし、破産による損失は割り当てなければならない。市場というものがある限り、これらはすべて絶対に必要なことであるし、この点については広く意見の一致を見ているといってよい。だが、細部においては判断は異なっている。どの「財産」が保護するに値するのか、どのような市場支配力を「過剰」とみなすのか、どのような契約が禁止され、あるいは執行されるべきか、契約の当事者が支払い不能の場合はどうすべきか――。議会や行政や裁判所がもたらす「解」は必ずしも恒久ではない。事実、それらの「解」は、議会で法改正が審議されたり、訴訟で前例が覆されたり無視されたり、行政法や規定が変更されたりして、何度も再検討されていく。

そのプロセスのあらゆる節目で、既得権益が影響力を行使する機会がやってくる――。そして彼らは、常に影響力を行使する。彼らはまた、決まったルールをどう執行するかにおいても、影響力を発揮する。多くの点で執行メカニズムは最も見えにくい。なぜなら、何を執行するかではなく、「しないか」についての判断は公表されないからだ。「執行」するための限られた資源をどう使うか、正確に評価することは難しい。しかも、科せられた罰則が十分なものかどうかという判断も難しい。その上、経験豊富な弁護士を多く雇える豊かな個人や企業のほうが、そういう余裕のない普通の個人や中小企業に比べ、システムとしても持久性からしても有利である。

まず、問題が生じたとき、誰に責任があるのかという問題を取り上げよう。大きな政治的影響力を持つ業界は、告発に対する免責を勝ち取ってきた。例えば一九八八年、医薬品業界はワクチン製造会社と医師を有害な副作用の責任から守るため、「全国ワクチン障害保障プログラム」を創設するよう議会を説き伏せた。[1] 銃器製造業界も彼らの製品の使用に起因する身体障害の責任を免責されている。二〇〇四年、ワシントンDC近郊で発生した狙撃事件で、裁判所は事件に使われた銃の製造元と販売店に対し、被害者八人の家族に二五〇万ドルを支払うよう命じた。すると全米ライフル協会が行動を起こした。[2] 二〇〇五年、議会は「武器の合法的取引の保護に関する法律[3]」を制定、これにより銃器の製造元、卸売業者、小売店は、販売した銃器に起因するいかなる実害に対しても、その責任を大幅に縮減されたのである。

すべての業界がこのように成功したわけではない。数十年前、自動車業界は車は安全だからシートベルトは不要だと主張し、タバコ産業はタバコには健康上の利点があるかのように喧伝していた。だが自動車事故や喫煙による死亡者が数万人に上り、損害賠償を数億ドル払ったのち、彼らは主張を変え始めた。今日、自動車はより安全になり、喫煙者の数も減った。

資金力のある個別企業も、大目に見てもらえるよう議会議員の後援会や監督官庁の役人を説得して、責任逃れをすることが可能だ。例えば、二〇一一年に福島第一原発の放射性物質で太平洋が汚染されるよりはるか前、ゼネラル・エレクトリック社（GE）は、この発電所で使われていたマークI沸騰水型原子炉を売り込んでいた。この原子炉は、米国の発電所一六カ所でも使われていたが、小さくて低価格の容器を用いるため、競合する原子炉よりも廉価な選択肢であった。しかし、マークI原子炉にまつわる危険性はよく知られていたのだ。[4] 一九八〇年代半ば、原子力規制委員会のハロルド・デントンは、事故で燃料棒が過熱され溶融した場合、爆発する可能性は九〇％であると警告していた。[5] 同委員会が招集した研究グループによるその後の追跡調査報告では、「マークIは、故障後数時間で炉心溶融を起こす可能性が高い」ことが明らかになった。[6]

では、なぜ原子力規制委員会はGEに対してマークIの安全性改善を要求しなかったのだろう。一つ考えられるのはGEが持つ絶大な政治的、法律的影響力だ。例えば大統領選挙のあった二〇一二年、GEの幹部と政治活動委員会（PAC）は選挙活動に約四〇〇万ドル（二万七六六社のうち六三位）、ロビー活動には約一九〇〇万ドル（四三七二社のうち五位）を使った。[7] しかも同社が抱える一四四人のロビイストのうち一〇四人が天下りであった。[8]

似たようなケースはまだある。二〇一〇年、メキシコ湾に原油が流出した事故のとき、国の事故調査委員会は、BP（旧ブリティッシュ・ペトロリアム）が、深海での油井設置についてハリバートン・カンパニーを十分に指導していなかったことを突き止めた。[9] しかもBPは、ハリバートンには噴出防止のためのセメント強度試験の経験があまりなく、事故以前の類似の試験も適切に実施されていなかったことを知っていたのである。要するに、どちらの会社もセメント強度試験を的確に実施するためにしっかりと費用をかけていなかったのだ。さらに内務省の鉱物管理局（現在は海洋エネルギー管理規制執行局となっている）は、これらの企業と馴れ合い状態であり、石油大手や石油サービス会社を十分に監督してこなかった。[10] 規制する側とされる側との間の回転ドアには十分油が差してあったというわけだ。似たような癒着ぶりには、道路行政をつかさどる運輸省高速道路安全局がある。彼らは車のドライバーや同乗者を守ることよりも、自動車業界の要求を満たすことに腐心してきた。[11] ミシガン州選出のジョン・ディンゲル下院議員率いる自動車産業の族議員たちが、何十年にもわたりそうした蜜月関係を確実なものにしていたのである。

ウォール街の銀行を監視する立場にあるニューヨーク連邦準備銀行を見てみよう。金融機関がほとんど破綻した後でさえ、銀行の法的手腕と政治力で、ニューヨーク連銀から派遣された検査官たちのやる気を削いだのであった。連銀の上級幹部が部下の検査官に対し、大手金融機関には手心を加え、あまり深く突っ込まなくてもよいと指示していた。二〇一四年に明らかになった話では、ゴールドマン・サックスの幹部が、連銀検査官たちとの面談中、「顧客が大金持ちになった時点で、ある種の消費者保護法はもはや彼らには当てはまらない」と語ったという。面談に同席していた一人の検査官が、この発言に驚いて連銀の上司に報告したところ、その上級幹部は「そんな発言は聞かなかったことにしろ」と言ったという。[12]

執行体制の空洞化

裕福な利権グループが、自分たちの気に入らない法律を潰すために使うもう一つの手は、議会がその法律の執行に必要な予算を割り振れないようにすることだ。例えば、二〇一三年、テキサス州ウエストで化学肥料工場が爆発し一四人が死亡、二〇〇人以上が怪我をしたが、この工場には、ほぼ三〇年もの間十分な立ち入り検査がされていなかった。[13] 労働省労働安全衛生局（ＯＳＨＡ）と州レベルでの労務担当部署には検査官が合わせて二二〇〇人しかおらず、[14] それで全国八〇〇〇万以上ある職場で働く一億三〇〇〇万人の勤労者の安全を守らねばならないようになっていた。つまり働き手五万九〇〇〇人につき検査官が一人という計算だ。近年、議会のＯＳＨＡへの予算配分はさらに減少傾向にあり、この役所は組織として空洞化していた。同じことは高速道路安全局にも当てはまる。二〇一三年度予算は一億三四〇〇万ドルであり、これで年間三万四〇〇〇の交通事故死に取り組むことになっているが、これは同じ年に駐イラク米国大使館の三カ月分の警護費用として支出された額よりも少なかった。[15]

内国歳入庁（ＩＲＳ）もすでに空洞化している。幽霊会社やタックスヘイブン（租税回避地）を使ってマネー・ロンダリングしたり、最も税率の低い国に利益を移転させるなど、考えうる限りの税金逃れをもくろむ富裕層や大企業が増えているにもかかわらず、ＩＲＳの二〇一四年度予算は二〇一〇年度より七％も少なかった。この間にＩＲＳは職員の一一％に相当する一万人以上を失っていた。[16] この予算削減は決して国家財政の節約にはなっていない。それどころかＩＲＳが執行力を失えば、税収が減ることになるのだ。ＩＲＳが課税業務に一ドル費やすごとに、失われた税金を二〇〇ドル回収できると言われている。[17] 反対に、課税執行が弱体化すると、富裕層や大企業がますます監査逃れをする可能性が高まる。

似たような話として、ドッド＝フランク法（金融規制改革法）が成立すると、金融業界はこれを執行すべき政府当局がその任を全うできないよう、予算縮減を確実なものにした。これにより、ウォール街がほぼ破綻状態に陥ってから六年経っても、そもそも金融業界を混乱に陥れたデリバティブ取引の一種を制限する「ボルカー・ルール」の大部分も含め、ドッド＝フランク法の一部は、依然、構想の段階に留め置かれていた。

自分たちの業界にかかわる特定の法律を望ましく思っていないが、明白に反対の立場をとって国民の反発を買うことは避けたいというような場合、業界は法の執行資金を潤沢に与えないよう動く。食品業界が食品安全近代化法に対してとったのがこの手法だった。[18] この法律は二〇一一年に何千人もの人が細菌感染で食中毒を起こしたことから制定された。その後、食品業界は議会にロビー活動をして、執行のための予算を非常に小さく抑えることに成功し、そのために同法はほとんど執行されなかったのである。

法の執行当局を空洞化させて法自体を骨抜きにする手法は、国民からはそんなことが起こっていること自体がわからないため、とても有効なのだ。法律は制定される時点では注目を浴びる。ホワイト・ハウスで署名式を行うことさえある。地方のテレビ局もきちんと報じる。しかし、法の執行当局に資金を回さない事実については、それが実質的に制定した法を無効とするに等しいことでありながら、ほとんど注目されない。

骨抜きにされる「法」

もっと密かに法律を無効にする方法は、事実上執行不可能になるほど多くの抜け穴や例外を法文に盛り込むことだ。抜け穴は、当局が法令にどんな意味を持たせ、何を禁止するかを決めようとする過程で仕込まれる。例えば、商品（コモディティ）の将来価値に賭けることを制限するドッド=フランク法の該当部分を考えてみよう。何年もの間、金融業界は食料や石油や銅などのコモディティの先物取引でうまく儲けてきたが、その投機的な売買によって、コモディティの価格も激しく変動した。金融業界は先物価格がどこへ向かうか、たいていは正確に予想して、そこに賭け、大金を手にするのである。しかし、それは消費者物価をも押し上げることになる。これが、中間・貧困層から富裕層へのもう一つの隠れた「再分配」である。ドッド＝フランク法では、商品先物取引委員会（CFTC）に、このような賭けを減らすための詳細なルールを定めるよう求めている。CFTCは一万五〇〇〇にも及ぶ、（主として金融業から寄せられた）パブリック・コメントを検討し、[19]規制によって金融業界が負担するコストと一般国民が受ける恩恵を比較しながら、さまざまな経済的・政治的分析を行った。

数年後、CFTCは規制案を発表したが、そこには金融業界が望んだ抜け穴や例外事項が含まれていた。しかし業界はそれでも満足しなかった。そこでCFTCは規制の執行を少なくとも一年遅らせることに同意し、ウォール街に異議を唱える時間を与えたが、それでも大手銀行にはまだ不十分だった。銀行の弁護団は、CFTCによる費用対効果の分析が不十分だとして、ルールを覆すべく連邦裁判所に提訴した。[20]これはうまい手だった。費用と効果は計測が困難だからだ。それにこの件を連邦判事の手にゆだねたことで、ウォール街の戦略は著しく有利になった。銀行には、CFTCが国民への福祉を過大評価し、金融業界が背負うコストを過小評価していると証明するために、複雑な方法論を展開する「専門家」と呼ばれる人たち（その多くは、しかるべきカネを払えばどんなことでも言う学界人だ）を雇う資金が無限にあるからだ。

大手銀行がこの手を使ったのは初めてではない。二〇一〇年、証券取引委員会（SEC）が、ドッド＝フランク法に従い、株主による取締役の指名をより容易にしようとしたときにも、金融業界はSECを提訴した。[21]そのときもSECによる新ルールの費用対効果分析が十分でないと主張したのだった。銀行が雇った弁護士や「専門家」だらけだった連邦控訴裁判所は、これに同意、役員指名において株主により強い権限を持たせようとの議会の努力は、少なくとも、いったんは阻止されてしまった。

もちろん、政府はいかなる重要な行為についても、その費用対効果を測るべきである。だが大企業や大銀行は、その計測において端から有利なのだ。彼らには、自分たちが望むやり方で費用と効果を計測してくれる専門家やコンサルタントを雇う余裕が十分にあるからだ。規制に関する訴訟の関係者の中で、自分たちに有利な主張をほとんど全面的に支持するような研究に資金が出せるのは、金融業界をおいて他にはほとんどない。

何より、金融規制の重要度を決定するのは、そうした何か一つ突出した費用ではない。決め手は国民の間で高まる経済システム全体への不信、ウォール街による度重なる規則の乱用を一つのきっかけとする人々からの不信である。ウォール街によるペテンが、アメリカ人の大部分に、この経済ゲームはいかさまだと確信させることになったのだ。

哀しいかな、資本主義は「信用」に依存している。そこに信用がなければ、人々は感知可能なリスクすら避けるようになる。そして大物たちが壮大なだまし方で逃げおおせるのなら、自分たちのような小物も、それなりの小さなだまし方で逃げられるはずだと考えるようになる。こうして、さらに多くの人々が経済システムを信用しなくなってしまった。しかも、経済ゲームはいかさまだと信じる人々は、いい加減な言説やばかばかしいアイデアで煽動する政治家からすると、格好の餌食なのだ。

こうしたすべてのコストを数え上げれば、莫大なものになる。ウォール街はこの国をシニシズムの妖気で包み込んでしまった。アメリカ人のほとんどはある程度妥当な理由をもとに、「金融業界は自らの政治力を使って、国民の税金による無条件の救済を受けたのだ」と依然信じている。だから、銀行は人々の抵当権を見直すよう求められなかったのだし、ウォール街の行き過ぎによる破綻のせいで、人々は何年もの間損失状態に置かれたのだ。だから、一般の納税者は、大富豪のウォーレン・バフェットがゴールドマン・サックス救済を支持して得たものとは比べ物にならないほどわずかしか、救済した銀行の株保有を得られなかったのだ、と。銀行が再び利益を上げるようになっても、納税者はその利益の多くを手に入れることはなかった。私たちは基本的に、彼らの損の穴埋めをさせられたのだ。

金融業界が持つ政治的影響力は、銀行幹部たちが危ないビジネスを行い過大なリスクを見過ごしてもクビにならなかったことや、告発や収監を免れたこと、そして今なお彼らが莫大な富をかき集めているという事実と無縁ではない。新たな金融危機の回避を目的とするドッド＝フランク法が骨抜きにされたことや、同法を施行するルールが、ウォール街の幹部がフェラーリで疾走できるほど大きな穴だらけであったこととも、彼らの政治力と無関係ではない。シニシズムのツケは、米国社会の奥深くまで浸潤し、それが人々の不信感や怒りとなって、やがて米国の政治を荒廃させていったのである。

痛くない罰金

罰金がきわめて少なかったり、和解内容が非常に穏やかなものであるなど、当局の規制を訴訟で骨抜きにすることは、業界にとって不都合な法律を事実上無効にする効果を持つ。最大手の銀行で、政治に口を挟むだけの大金を持ち、高給取りの弁護士軍団を抱えて自己の利益を守っているJPモルガン・チェースを例に挙げよう。二〇一二年、同行は企業債務にひもづいたクレジット・デフォルト・スワップ（信用リスクの移転を目的とするデリバティブ取引）の取引で六二億ドルの損を出しながらそれを公表しなかった。[22]しかも、のちに判明したのだが、そもそもこの取引を始めるために、賄賂も払っていたのである。この年JPモルガン・チェースは、クレジットカード債務をかき集めるのに不正を働いたこと、不動産担保ローンの抵当権実行に虚偽や誤解を招くケースがあったこと、取引を得ようと海外汚職行為防止法に反して中国の高官の子弟を雇ったことなど、多くの問題で非難を浴び、それをきっかけに司法省と証券取引委員会が多重的に調査を開始することになった。[23]

JPモルガンは、二〇一二年第四四半期の財務諸表で、法的なごたごたを小さい字で九ページにまとめ、それらすべてを解決するのに六八億ドルほどかかると予測した。[24]だが、総資産二兆四〇〇〇億ドル、自己資本二〇九〇億ドルの同行にとって、六八億ドルなどスズメの涙であった。[25]それが正に問題なのだ。この程度の罰金は、JPモルガン・チェースが法律を無視するのを抑止するほどではなかったのだ。大銀行も大企業も、逮捕されたり訴追される危険性がない限り、しかも、想定される罰金が手中にできるかもしれない利益を超えない限り、みすみす大きな利益を得るチャンスを逃すことはない。潜在的な利益に比べて罰金が小さい場合、それは事業を遂行する上での単なるコストとみなされてしまうのである。

JPモルガンは二〇一三年、金融危機の前に行った問題のある不動産担保ローンの不正販売に関し、司法省と和解して一三〇億ドル払ったが、そのことで同行の株価に見るべき変化は起こらなかった[26]。ちなみに二〇一四年、シティ・グループが和解額七〇億ドルを支払ったときも、株価に影響は出なかった[27]。二〇一四年、バンク・オブ・アメリカが払った記録破りの一六六億五〇〇〇万ドルもの和解金でさえも影響しなかった。事実、ウォール街がこのニュースでもちきりだった頃、バンク・オブ・アメリカの株価は、和解が決まるまでの期間に大幅に上昇したのだ[28]。理由は、これらの支払いの多くが課税控除の対象だったからである（控除対象になるかどうかは、その支払いが損害を受けた当事者に向けられるか否かによる。例えば、バンク・オブ・アメリカの一六六億五〇〇〇万ドルのうち、少なくとも七〇億ドルは住宅所有者と荒廃した地域の救済のためのものであり、和解金を受け取った人々の課税所得から当然控除されるべきものであった[29]）。しかも、和解金は、同行の利益に比べればわずかなものだった。バンク・オブ・アメリカの税引前所得は、二〇一二年の四〇億ドルから大幅に増え、二〇一三年は一七〇億ドルであった[30]。

二〇一四年、検事総長のエリック・ホールダーは、米国の富裕層の税金逃れをほう助しているとして、クレディ・スイス銀行の刑事責任を認める有罪答弁を行った。「本件は、いかなる金融機関であろうと、規模や海外展開の度合いにかかわらず、法の適用を逃れることはできないことを示している[31]」と、ホールダーは誇らしげに語ったものだ。だが、金融市場は二八億ドルの罰金を軽くあしらった[32]。この答弁が発表された日、クレディ・スイスの株価は上昇したのだ[33]。株価が上がった大手金融機関は、この日同行だけであった。有罪答弁の発表直後に行われた記者会見で、クレディ・スイスのCEOは次のように陽気に述べさえした。「顧客との話し合いをきわめてしっかりと安心できる形でやってきたので、我々としてはほとんど問題ないと考えている。[34]」彼がこう発言した背景には、司法省がクレディ・スイス側に、税金逃れをしている顧客リストの提出すら要求しなかったことも関係しているだろう。

罪と罰のアンバランス

法律に罰金の上限が記載されている場合、その額は通常かなり低い。実はこれも、業界としてその法律に反対しているとは思われたくないが、本音のところは法律を骨抜きにしたいという場合に使われる政治戦術の一つである。例えばゼネラル・モーターズ（GM）は二〇一四年、点火スイッチの不具合で、少なくとも一三件の死亡事故を起こしていたにもかかわらず、これに適切に対処しなかったことで厳しく非難されていた。点火スイッチについては、それまで何十年にもわたり苦情を受けていたのだが、GMは何もしてこなかった。そこで政府がついに動いた。運輸長官のアンソニー・フォックスは、交通・自動車安全法違反の罰金上限である三五〇〇万ドルを課して、「GMがしたことは違法行為だ。公衆安全に対する義務違反である[35]」と同社を叱責したが、一〇〇〇億ドル企業にとっての三五〇〇万ドルなど、取るに足らないわずかな額であった。故意の安全基準違反で死者が出ているというのに、法律にその刑事処分すら盛り込めないのだ。

二〇一三年、ハリバートンは、メキシコ湾のディープウオーター・ホライゾン油井で発生した原油流出事故時の証拠隠滅について、自らの刑事責任を認めた。刑事での罪状を認めたことは大きなニュースになったが、証拠隠滅の罰金額は、軽犯罪の上限額である二〇万ドルであった（ハリバートンは「全国魚類野生生物基金」に対して五五〇〇万ドルを「自発的に寄付する」ことにも同意したが、これは課税控除の対象であった[36]。）同社の二〇一三年の売上げは二九四億ドルであったから[37]、二〇万ドルの罰金は、売上げの端数を若干上回る程度にすぎなかったし、刑事責任を負ったとはいえ、ハリバートンの人間は誰も刑務所行きにはならなかった。

政府の役人たちは、憤慨した素振りでテレビカメラの前に立ち、法を犯した企業に重い罰金を課したかのように話す。しかし、憤慨したいのは国民のほうであって、罰金額も企業所得に比べればとても小さなものに過ぎない。罰金は裁判ではなく和解によって決まる。和解交渉では、企業は何らかの過ちを犯したと認めて折れることはなく、せいぜい曖昧な事実や、取るに足らないような事実に同意するだけだ。企業はそのようにして、損害を受けて法的手段に訴えようとする株主や、個人訴訟による裁判を回避するのである。

政府のほうも、わずかな予算では長期間にわたる裁判に耐えられないため和解を希望する。役所の弁護士たちは、ウォール街の大銀行や大企業に雇われている法律事務所のパートナー弁護士よりもはるかに少ない報酬しか得られないため、たいていは企業側弁護士よりもずっと若く経験も浅い。しかも、裁判に備えて書類や宣誓証言を集める補助職員などのスタッフも企業のように大勢いるわけではない。和解に持ち込めれば、裁判で負けるというバツの悪い状態を避けることができるため、和解は企業と政府の双方にとってウィン・ウィンなのだ。だがその和解によって、法執行メカニズムの弱体化は進んでしまう。

一方で、不正を指示したり看過してきた企業幹部は、往々にして無罪放免される。医薬大手ファイザーは、過去にも数件の和解や有罪判決を経験し、品行を改めると約束したが、その後二〇〇九年、認可外の鎮痛剤を処方するよう医者を収賄し、刑事責任を取って一二億ドルの罰金を払った。だが、ファイザーの上級幹部は誰も訴追されず、有罪も宣告されなかった。同じように、金融業界が破綻しかけてから六年経つが、無数のアメリカ人の貯金を吹き飛ばした罪について、ウォール街の幹部は誰一人有罪にならず、起訴もされていない。リーマン・ブラザーズの「レポ105」(何十億ドルもの債務を期末に帳簿からいったん落として、次の期首に再び戻すやり方)は、財務的に弱い体質であることを意図的に隠すのに都合よく設計されていた。裁判所が指名した検査官は、これを「注意深く仕組まれた詐欺である[38]」と詳述したが、リーマンの役員経験者で刑事訴追された者はいない。一オンスのマリファナを売った十代の若者が何年も収監されるという事実と、何と大きな違いだろう。

裁判官と選挙資金

州の判事や検事総長の大部分が選挙で選ばれていることにも触れなければならない。これがもう一つのビッグマネーとなって、市場のルールをどう解釈し、どう執行するかということに大きな影響を与えているからである。

州の最高裁や控訴裁判所、予審裁判所の判事選挙を行っているのは全米で三二州ある。[39]国全体で見ると州判事の八七％は選挙で選ばれている。ここは、判事が立法府の助言と同意によって指名される諸外国と大きく違うところだ。元最高裁判事のサンドラ・デイ・オコナーいわく、「判事を選挙で選ぶ国などほかにない。なぜなら、それでは公正で公平な判事は選べないことがわかっているからだ。[40]」

一九八〇年代までは、判事選挙は比較的地味だった。しかし一九九〇年代に入ると、選挙運動に費用がかかるようになり、話題も集めるようになった。二〇一〇年の「シティズンズ・ユナイテッド」裁判での連邦最高裁判決によって、選挙活動に対する企業献金の水門が開いて以来、部外団体からの判事選挙への支出も急増した。二〇一二年の選挙時には、二四一〇万ドルが支出されたが、これは二〇〇一年から二〇〇二年にかけて選挙で使われた二七〇万ドルの九倍に相当する。[41]二〇一三年のエモリー大学法学部のジョアンナ・シェパード教授の研究によると、判事は企業側からもらう金額が多いほど、企業に有利な判決を出す傾向があるという。[42]シンクタンク「センター・フォー・アメリカン・プログレス」の報告書でも、判事選挙に対する企業支出は元が取れているという。「ほんの数年という短期間で、大企業は、テキサス州最高裁やオハイオ州最高裁などの裁判所を、企業に責任を取らせようとする個人が険しいハードルに直面する討論の場へと変容させることに成功した[43]」と同報告書は述べ、オハイオ州の保険業界から献金を受けていた判事が、業界が好まない判決を覆す側に投票したことや、テキサス州のエネルギー業界から選挙資金を寄付された判事が、その後、法律をエネルギー企業にとって都合のよいほうに解釈したことを実例として挙げている。

訴訟によってルールを執行させる役割を担う、州の検事総長も選挙の対象であり、彼らも自分の選挙や再選のために企業から寄付を受けており、その金額はますます増えている。二〇一四年末に『ニューヨーク・タイムズ』紙が行った調査によると、大手法律事務所は、クライアント企業に対する調査を止めさせたり、クライアント企業に有利な和解交渉を進めたり、連邦当局に対し提訴しないよう圧力をかけることなどの協力を得ようと、企業献金支出を検事総長へも回していることが明らかにあったという。(44) 例えば、ユタ州の検事総長は、バンク・オブ・アメリカのロビイストで偶然にもやはり元検事総長であった人物とひそかに会った後、部下の反対を押し切って、係争中だったバンク・オブ・アメリカに対する訴訟を却下した。また、医薬品大手ファイザーは、二〇〇九年から二〇一四年までの間に複数の州の検事総長に数十万ドルを渡し、少なくとも二〇州で、認可されていない用法について医薬品を販売したとして同社が訴えられている事案について、ファイザーに有利な和解となるよう働きかけた。AT&Tも、州の検事総長への大口寄付者であったが、同社の課金方法について複数の州にまたがって調査が行われた後、検事総長たちは同社に有利になる措置を選択した。(45)

難しくなる集団代表訴訟

市場のルールを執行するのは、検察官だけではない。個人でも、企業でも集団でも、特許侵害や寡占、契約違反、詐欺など不当に扱われたと感じた者は提訴可能だ。だが、そのような訴訟は費用がかさむ。損害賠償による成功報酬が期待できるような傷害事故の訴訟でない限り、多くの中小企業や普通の人々は、弁護士費用を負担できない。

このことは、自分に代わって提訴したり弁護してくれる弁護士を雇うことができるという意味で、巨大企業や富裕なトップ層に特有の強みをもたらす。モンサント、コムキャスト、グーグル、アップル、GE、シティ・グループ、ゴールドマン・サックスなどの金持ち企業が訴訟戦略を駆使して、そのような法的資源を何ら持たない新規企業の参入を阻止するのである。訴訟によって、いや、単に訴訟をちらつかせるだけでも、熱意ある零細企業のオーナーや起業家をけん制することができる。個人資産家も弁護士軍団を配備して、起こりうるあらゆる種類の苦情から我が身を守り、ほんのささいな挑発に対してすら提訴をほのめかして脅すのである。略奪的な訴訟も、経済的支配力が法的・政治的権力をもたらすもう一つの例であり、これがさらに経済的支配力を強固にし拡大させるのだ。

つい最近まで、中小企業と普通の個人が協働して集団代表訴訟を起こすこともできていたが、そうしたことは近年ますますやりにくくなっている。すでに見てきたように、多くの契約に含まれている（企業側が指定する仲裁人にのみ苦情を申し立てることができるという）義務的仲裁条項が効いて、訴訟しにくくしているのだ。その上、共和党が判事の過半数を占める連邦最高裁も、彼らの指名を後押ししてくれた企業の利害への気配りをゆるがせにすることはなく、せっせと集団訴訟を締め出している。二〇一一年に、コンセプション夫妻が集団訴訟でAT&Tモビリティを訴えた際、最高裁は、企業が消費者と交わすサービス利用契約書の中で集団訴訟を禁じることは法的に可能であるとの判断を示した。[46] 法務コンサルティング会社カールトン・フィールズ・ジョーダン・バートの調査によると、この判決の翌年、契約書に集団訴訟禁止を盛り込んだ大企業が倍増したという。[47] その後、二〇一三年にベーレンド氏が集団訴訟でコムキャストを訴えた裁判では、連邦最高裁の五人の共和党系判事が、下級審ではフィラデルフィア地域の契約者が、コムキャストが競争を排除して過剰請求したとして勝ち取っていた八億七五〇〇万ドルの損害賠償を棄却した。[48] 判決文を書いたアントニン・スカリア判事は、原告は、彼らが主張するコムキャストの不正が、集団全体に共通するものであること、したがってその損害賠償が個人に対してではなく、集団全体にとって適切な救済であることを証明することができなかったと述べた。

こうした判決によって、消費者グループ、あるいは従業員や零細企業が、法執行を求めて団結する力が削がれることになった。AT&Tやコムキャストのような巨大企業の、個別の消費者や従業員の声を押さえ込む力は、計り知れないほど大きいのである。

第9章 まとめ——市場メカニズム全般

ここまでの議論をまとめよう。国家や政府は人間が作ったものであり、法律も企業もそして野球だって人間が作ったものだ。同じように市場も人間の産物である。他のシステムと同じく市場の構築の仕方にもさまざまな方法があるが、それがどう作られようと、人々のやる気は市場のルールによって生まれてくる。理想的には、ルールによって人々が働いたり協力しあう気になり、生産的で独創的でありたいと動機づけされるのが望ましい。つまり、ルールが人々が望む暮らしの実現を手助けするのである。ルールはまた、人々の倫理観や、何が良くて立派で、何が公平かについての判断基準をも映し出す。そしてルールは不変ではなく、時間の経過とともに変わっていく。願わくば、ルールにかかわる人のほとんどが、より良くより公平だと思う方向へ——。だが、常にそうなるとは限らない。ある特定の人々が自分たちを利するようにルールを変える力を得たことによっても、ルールは変わりうるからだ。これがこの数十年の間に、米国や他の多くの国々で起こったことである。

私的所有、独占への制限、契約、不履行に対処するための破産などの手段、ルールの執行といった事柄は、いかなる市場にも必須の構成要素だ。資本主義と自由企業体制にはこれらが必要なのだ。だがこの要素の一つひとつを、多くの人々ではなく、ひと握りの人々を利するように捻じ曲げることも可能である。すでに見てきたように、これら五つの要素はいずれも、国会議員や官庁の長や裁判官による広範に及ぶ各種の決定によって機能する。彼らは社会事情が変化したり技術が進歩したり、新たな問題が起こったりして、従来の解決策が流行遅れになると、決まりを変えていく。このことは政府の大小や政府の介入とは全く関係がないし、政府がどれぐらい課税し、どれだけ支出するかということとも無縁だ。ともかく、市場は決まりなしには機能できないというだけのことである。政府の相対的な規模とは関係なしに、立法府も行政も裁判所も決断しなければならないのだ。

では何がその決断を導くのだろう。「公益」という抽象的な概念は役に立たない。何が公益かについてのコンセンサスがないことが多いからだ。「効率の向上」も実際的な指針にはなりにくい。そのことによる効果と費用が計測しにくいからだ。しかも、何かを決めることで、他者に苦役を課すことなく一定の人たちを豊かにできるとしても、もしそれがすでに最も豊かな人々の一部であったとしたら、決断によってかえって不平等が助長される可能性もある。理想的なのは、そのような決断が人々の大半の価値観と意志に応え、民主的に決定権を付与された人々による「最善の判断」を反映したものであることだ。

しかしここ数十年、実際の決断は、巨大企業や大銀行や、自分の主張を聞かせるための十分な資産を持った個人資産家たちからの偏った影響を受け、密室で行われている。彼らの資金は、ロビイスト、選挙資金、ＰＲ活動、専門家や研究者の軍団、弁護士部隊、将来の転職先の密約に使われる。

これまで示してきたように、直接的で素早く効果が出るのは議員に対する資金提供である。選挙で選ばれる判事や検事総長に対してもそうだ。法を制定し執行する立場にある政治任用による公務員にも、直接的ではないが効き目はある（過去には、自分を指名した大統領とは意見を異にする最高裁判事もいたが、近年はほぼ予想どおりの党派性を帯びている）。

こうして物事を取り決めるメカニズムが悪循環を生み出し、自律的にそれを持続させてしまう。経済的支配力が、政治的権力を増大させ、政治的権力がさらに経済的支配力を拡大させる。大企業と富裕層が市場を構築する政治の仕組みに影響を与え、彼らがその政治的決定によって最も恩恵を受けるという状況は加速するばかりだ。こうして彼らの富は増強され、その富によってますます、将来発生する決断事項への影響力を得ていくのである。

ここまで述べてきたことは汚職とは異なるものだ。直接賄賂を要求したり受け取っている政府の役人は、いたとしてもごく少数だろう。誘惑はもっと微妙でわかりにくい。役人にとっては、ロビイストや委託した専門家や有能で経験豊富な弁護士たちが注意深く敷いた道を選ぶほうが、権力者たちが脅威に感じるような領域で我が道を行くよりも、はるかに安全なのである。さらに、選挙献金や身入りのよい転職先というニンジンが、好ましい道をさらに魅力的にしているのだ。

確かにグローバル化と技術革新によって、教育程度が高くコネを持つ層が恩恵を受け、そうでない層は不当な扱いを受けてはきたが、拡大する富と所得の不平等は単にグローバル化や技術革新のせいではない。またこの不平等は、企業や富裕なエリートが、より安い税金を求め、法律により大きな抜け穴を開け、より多くの補助金を得ようとして展開するロビー活動がもたらしているわけでもない。これまで指摘したように、税金や政府補助金はこの問題の全体像の中では小さな一部分に過ぎないのだ。それよりも、拡大する不平等は「自由市場」の構成要素そのものにしっかりと焼き込まれている。グローバル化と技術革新がなくても減税や補助金がなくても、国民総所得のうち、企業と、企業収益に自分の所得が連動する重役たちや投資家に振り分けられる割合は、労働者層に向かう割合よりも、相対的に増加している。こうして悪循環が勝手に成立していくのである。

二〇一四年の（課税前）企業利益は、少なくとも過去八五年の中で、米国経済全体において最大割合を占めた[1]。これは一九四二年、第二次世界大戦で利益が押し上げられて記録したのと同レベルである（もっとも当時そのほとんどは法人税として持っていかれたが）。二〇〇〇年から二〇一四年の間に、企業の四半期の利益（課税後）は五二九〇億ドルから一・六兆ドルに増加したが[2]、これは資本に対するリターン増を反映しているのではなく、増大する企業経済力によるものだ。これから示すように、この企業経済力が株式市場をかつてないレベルに高め、それが裕福な投資家を豊かにし（彼らのほとんどは、すでに富裕層の上位に属していた）、その間労働者層への分配は減少した。二〇〇〇年時点の農業以外のセクターの労働分配率は六三%であったが、[3] その後、年間七五〇〇億ドルが労働側から資本側へ移動したことにより、二〇一三年には五七%に下がった。[4] ここで重要なのは、所得不平等の拡大が低下する労働分配率の中で起こったという点である。高給取りの報酬は、安月給の人の報酬から出ていたのである。（図2、図3を参照）。

私が説明してきたことは、経済学者トマ・ピケティがその著書『二一世紀の資本』の中で、資本主義が不平等の拡大に向かう傾向にあると述べた難題を解明するのに役立つと思う。ピケティは、資本に対する利益が経済成長率を長期的に上回る限り、一国経済における資本のシェアは拡大し続けると推測している。[5] しかし、彼は資本に対する利益が、なぜ時を経ても減少しないのかについては説明していない。通常、富が蓄積されるにつれ、そこから高い利益を上げることは困難になってくるはずだ。それにピケティ論文は、少なくとも米国では、最近の超富裕層のほとんどが相続ではなく自ら働いて富を築いた事実を考慮していない。考えられる説明は、増大する富のシェアを支配する者が、市場を機能させるルールに対する大きな影響力を獲得したということであろう。

この悪循環は不可避でもなければ、不可逆でもない。社会全体で繁栄を共有することでより包摂性のある政治の仕組みを作り出す好循環を作り、それによって成長の果実をより広範に行きわたらせ、さらなる機会を生むような市場を構築することは可能なはずだ。米国などいくつかの国は、第二次世界大戦後の三〇年間に、かなりこれに近い経験をしている。この本の第3部では、どうすれば再びこれを達成できるかについて論じる。

図2　税引き後の企業利益（対GDP比）

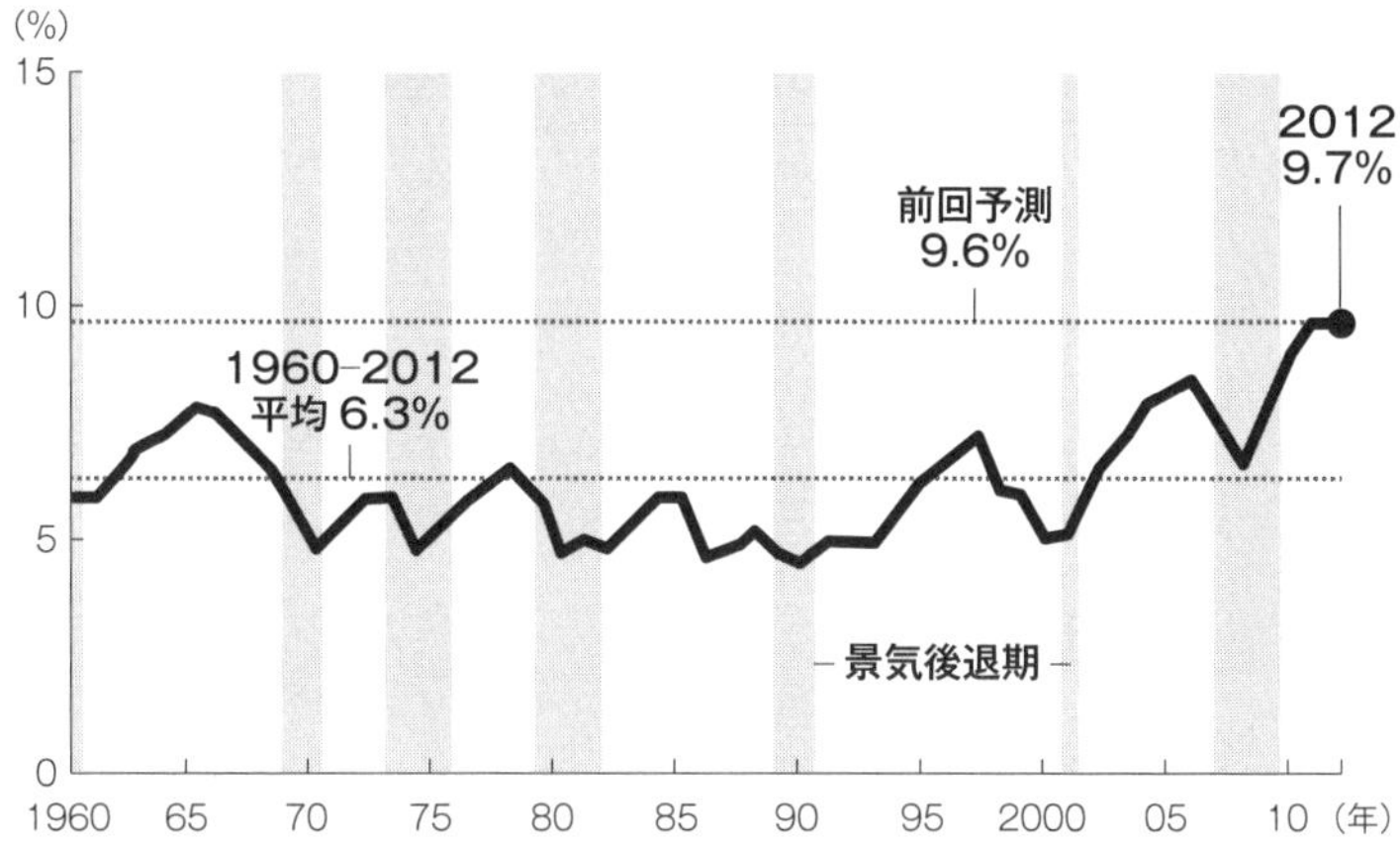

（出所）　米国経済分析局.

図3　個人の賃金・給与所得（対GDP比）

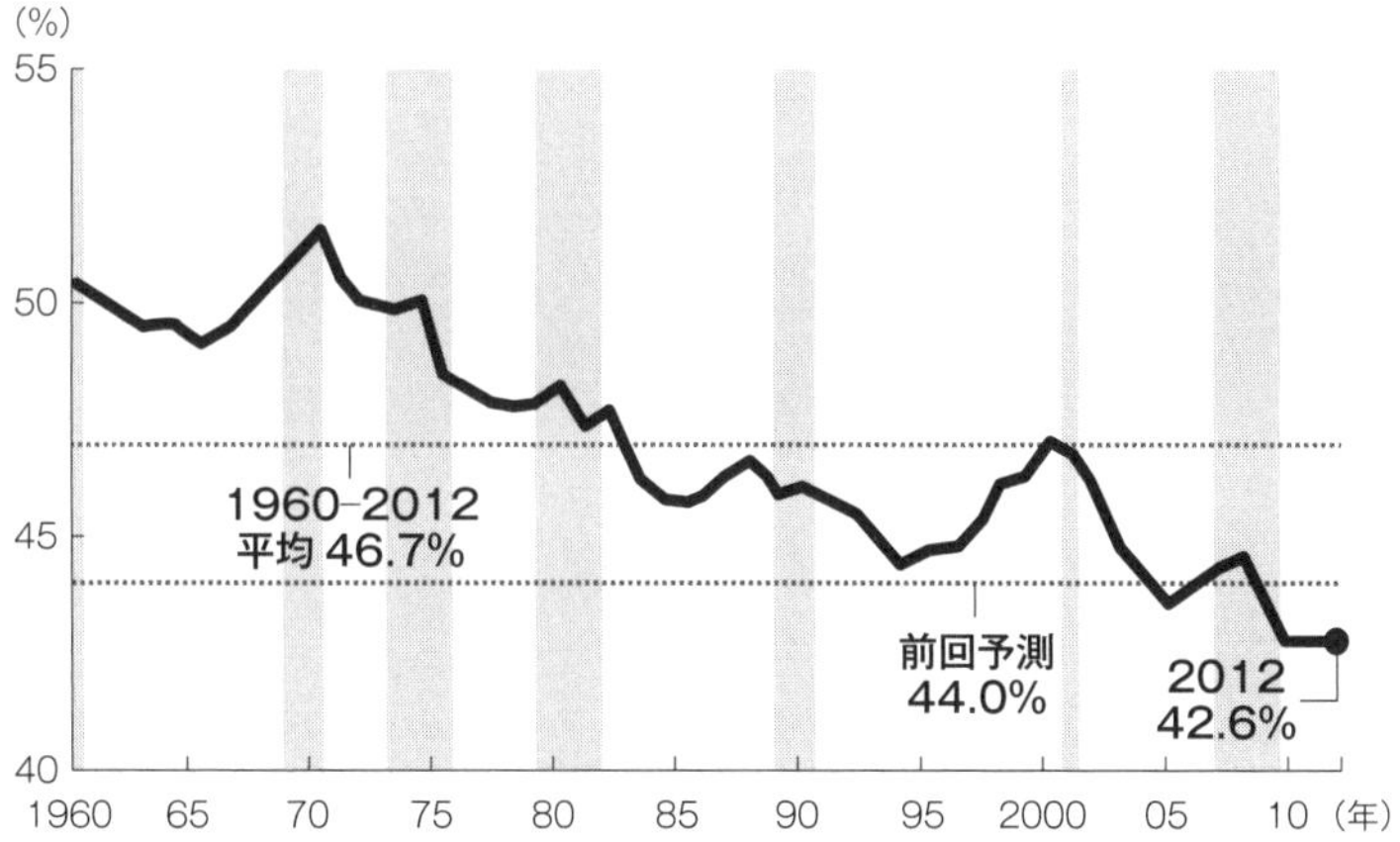

（出所）　米国経済分析局（ヘイヴァー・アナリティック社）.
グラフは『ニューヨーク・タイムズ』紙のフロイド・ノリスより提供.

政府か「自由市場」かという思考方法は、市場メカニズムがつまびらかになることを望まない人々にとっては、格好の隠れ蓑として機能してきた。彼らはこの思考方法において最大の影響力を持っていたのであり、こういう対立の構図を持続させておきたいのである。対立の神話は、彼らの権力を隠してくれるものとして大いに利用価値があるのだ。したがって、悪循環を逆回転させる最初のステップは、市場メカニズムがどうなっているかを理解することであり、それが本書第1部の目的であった。

これから進める第2部では、誰が何を得るかという市場メカニズムがもたらす結果と、私たちが公平で必要だと考えている事柄との乖離について見ていく。現在の最富裕層が持つインセンティブ（報酬）は、彼らが今行っている仕事を履行する上で必要なものだろうか。彼らのインセンティブは、他の人々の仕事の価値と比べ、彼らの仕事の価値を公平に反映しているだろうか。今、中間層が持つインセンティブは、彼らが求める生活水準をもたらすに十分な額だろうか。一生懸命に働けば彼らとその子どもたちの暮らし向きがもっと良くなるという確かな希望を与えているだろうか。貧しい人々が持つインセンティブは、人間としての尊厳を保つ手段を提供し、社会が彼らに期待する仕事をするのに十分な額だろうか。こうした問題についてこれから明らかにしていくが、これらの問いに対する答えはすべて「ノー」である。

Part 2
Work and Worth

第2部　労働と価値

第10章 能力主義という神話

数年前、私は、ある発電所で働く従業員向けに講演を頼まれた。当時この発電所で働く従業員たちは、労働組合を作るかどうか検討しているところだった。組合結成に反対票を投じようとしていた一人の若者が、自分は今もらっている一四ドルの時給が妥当で、それ以上もらえるような仕事はしていないと言い出した。「何百万ドルも稼いでいる人たちは、本当に素晴らしいと言いたいです。自分も学校に通って、お金を稼げる頭脳があれば、そのぐらい稼げたのではないかと思うけど、自分は学校にも行かなかったし、頭も良くないので、肉体労働をやってるんです。(傍注1)」

この青年は、米国の民間部門の労働人口のうち三割以上が労働組合に加入していた一九五〇年代を全く知らないのであろう。組合のおかげで、当時ブルーカラーと呼ばれる労働者たちは、現在価値に換算して時給三〇ドル相当（平均値）を要求する交渉力を持っていた。ブルーカラーの多くが高校すら卒業していない時代にである。彼らは、頭が良かったから時給三〇ドルを勝ち取ったのではない。彼らの持つ交渉力がそうさせたのである。だがこの頃を境に、時給アップのための賃金交渉力は明らかに弱まっていった。

加えて、自分の給与は自分の「価値」に応じて決まるという考え方があまりにも深く人々の意識に刷り込まれてしまったため、稼ぎの少ない人の多くが、そうなったのは自分のせいだと思い込んでいる。そして、知識の不足や性格の悪さなど、自分で自分の欠点だと思い込んでいるものを恥じてもいる。同じ考え方は莫大な収入を得ている人々にもあり、彼らは自分はとても賢く、勇敢で、優秀であると思っている。そうでなければ、あれほど成功することはなかったはずだ。そのように強く確信することによって、巨万の富のみならず、自らの社会的ステータスをも正当化していると思われる。彼らは、自分たちのカネを、彼ら富裕層が市場のルールが自らに有利になるよう強く働きかけたことによって得た「賞金」であるとは考えていない。おそらく、一般の人々にもそんなふうに思われたくないはずだ。

大手ヘッジ・ファンドの創業者スティーブン・A・コーエンの二〇一三年の収入は二三億ドルであっ

【傍注1】
このときの会話の模様は、サンダンス映画祭で審査員特別賞を受賞した映画『みんなのための資本論』（監督：ジェイコブ・コーンブルース。制作：72プロダクションズ。二〇一三年）に収録されている。

た。SACキャピタル・アドバイザーズを率いて二〇年の間に、コーエンが築いた富は一一〇億ドルに上ると言われている。(1) では、彼には本当にそれほどの価値があるのだろうか。いささかトートロジーになるが、それだけ稼いだのだから、彼にはその価値があるはずなのだ。ワシントンDCにあるケイトー研究所のダン・ミッチェルはコーエンの収入について、公開の場で私からの質問にこう答えた。「民間のヘッジファンドは、多くの人々が自らの意思でヘッジファンドに資金を託すことには意味があると考えているからこそ、金儲けができるのです。(2)」

人々が自らの資金をスティーブン・A・コーエンに託そうと決めるのには、理由があるはずだ。それはコーエンの「価値」についての深い問いを投げかけている。二〇一三年の司法省の刑事告訴状によると、コーエンが経営していたSACキャピタルで起こったインサイダー取引は「取引額が巨額で、社内全体に蔓延しており、ヘッジファンド業界でもかつてない規模であった。(3)」この事件では、元社員を含むSACキャピタルの従業員九人が内部情報を利用したことを認めた。SACキャピタルも自社の有罪を認め、一八億ドルの罰金を払った。何年にもわたってSACキャピタルに資産運用を託してきた投資家たちは、同社が巨額の投資収益を上げられるのは内部情報を利用しているからかもしれないと感じていた可能性もある。もっと早い段階で、内部情報による売買スタイルが明るみに出、もっと早くに起訴されていたら、投資収益がこれほどになることなかったし、投資家もこれほどの巨額を同社に託さなかったであろう。コーエン自身の資産も、一一〇億ドル(マイナス罰金一八億ドル)にまで膨らむことはなかったはずだ。(4)

別の言い方をすれば、労働組合が今なお六〇年前のように強ければ、私と話したあの労働者は、時給一四ドルではなくて、六〇ドル稼げた可能性があるのだ。逆にもし、インサイダー取引の規制がもっと厳しくしっかりと施行されていれば、コーエンは一一〇億ドルを稼ぐことはなかっただろうし、彼の顧客が「自発的」に、自らの資金を彼に託すことに「価値」があると判断するには至らなかったであろう。

労働市場においては、人には対価分の「価値」があり、したがってその価値に見合うだけの金額を市場がその人に支払う。だがこの理屈を、人にはその人となりにふさわしい報酬額があるのだというふうに道義的に曲解してしまう人もいる。経済について広く受け入れられている暗黙の了解の一つに、個々人は自らの努力や能力の分だけ報酬をもらえるというのがある。つまりこの世は能力主義というわけだ。(傍注2) しかし少し考えてみれば、個人の収入を決定づけているのは、その人の能力以外の多くの要素であることがわかる。相続した金融資産やコネの有無や先入観などだ。先入観は、人を外見や運や

【傍注2】

「能力主義（メリトクラシー）」という言葉は、英国の社会学者マイケル・ヤングが一九五八年に著した風刺的著作『メリトクラシーの法則』（伊藤慎一訳、至誠堂新書、一九六五年）で初めて使われた。本書でヤングは、人々が人間の知能計測の標準化を求めすぎるあまり、生まれつき優れた才能や能力に恵まれた人々を無視してしまう一方、テストの成績が良い人々の性格的弱点を見逃してしまう状況を描いた。しかしその後、この言葉は、誰であれ、天与の知性や勤勉さ、向上心、勇気といった素質を活かすことで自らの長所を発揮することができる社会、あるいは、個人の能力や努力に応じて金銭的報酬が得られる社会といった肯定的な表現として使われるようになった。Stephen J. McNamee and Robert K. Miller, Jr., *The Meritocracy Myth* (Lanham, MD: Rowman & Littlefield, 2009).

婚姻などによって良くも悪くも区別する。おそらく最も大きい先入観に、その人の属する社会的環境がある。かつて、経済学者ハーバート・サイモンはこう述べた。「非常に大目にみても、アメリカ人が実質的に稼いでいるのは、せいぜい収入の五分の一程度であろう。残りは、彼らが米国というきわめて生産的な社会システムの成員だからこそ継承できた分け前のようなものだ。（訳注1）」

だが、その「きわめて生産的な社会システム」(5)が稼ぎ出した所得の、相当大きな割合が最上位層へと向かっている。今や上位〇・一％層に富が集中しており、過去八〇年で最大の占有率となった。この極端な富の偏在は、これまで権力が社会のどこに配分され、それがいかに使われてきたかを如実に表している。権力が適切に配分されていないと想定したとしても、だからといって人には道義的にその人にふさわしい報酬額があるという話にはならない。

金持ちに偏る利益

これまで述べてきたように一九八〇年代初めから、大企業とその重役たち、ウォール街の金融機関や富裕層の人々は市場の機能や役割に対して不相応なまでに強い影響力を行使してきた。その結果、資本主義に不可欠なさまざまな要素が資本を所有する者たち（企業とその株主や重役たち、ウォール街のトレーダーやヘッジファンド・マネジャー、プライベートエクイティ・マネジャー）に有利に働き、平均的な労働者には不利に働くようになった。このことは、賃金の中央値が下落している中で、なぜ株価が上昇しているのかという疑問への答えを示唆している。

株価が上昇すると所得上位層の収入や富はかなり増加する。(傍注3) 一九九四年から二〇一四年にかけての上昇相場で(二〇〇八年から二〇一一年に落込みがあったにもかかわらず)、米国のお金持ちは驚くほどの利益を手にした。二〇一〇年までに、上位一%層が自分の年金プランを通じて、直接・間接に保有した米国企業の株式は三五%に上る。(6) 上位一〇%層で見ると保有率は八〇%以上に及ぶ。だが、大部分のアメリカ人はこの上昇相場の恩恵を受けていない。株式に投資するほどの資金を持っていなかったからだ。下位九〇%層が直接・間接に保有している株式はたった一九・二%である。二〇一四年には、国民の三分の二が「その日暮らし」の状態にあった。(7)

市場のあり方を統制するルールが、社会の多様な役割や職業による恩恵を十分に考慮に入れたもの

【訳注1】

Herbert Simon, "Public Administration in Today's World of Organizations and Markets," *PS: Political Science & Politics* 33, no.4 (2000): 749-756. 引用部分の文脈は、国力の差が一〇倍、一〇〇倍ある途上国で同じ仕事に従事する人と比べ、米国のような先進国で働く人には、膨大な物的・知的資本が社会に蓄積されていることによってもたらされる「過大な分け前(generous allotment)」があると述べている。

【傍注3】

「所得」は通常、年間収入で計られる。「富」は年間収入のうち、消費されなかった収入の蓄積を示す。富は一般的に株式や債券、不動産、その他資産の形式で保有される。また、富はそれ自体が収入を生み出す。つまり、貯蓄や投資の利子や配当や不動産からの賃貸収入などである。

であったなら、一部の人々は今よりもはるかに多くの収入を得ているはずだ。社会福祉、教育、看護、高齢者介護、幼児保育といった職業は、最も低賃金の専門職とされている。だが、これらの職に従事する、有能で献身的な人々が生み出す社会的な恩恵は、彼らに支払われている給与の額を大きく上回る。ある研究によれば、優秀な教師は生徒の生涯所得の現在価値を一クラス当たり平均二五万ドル増加させるという。[8] 教員の給与が現在の水準よりも高ければ、このような優秀な教師がもっとたくさん出てくるはずだ。

一方で、CEOやヘッジファンド・マネジャー、投資銀行家、超高速取引のトレーダー、ロビイスト、大物顧問弁護士といった人たちが社会に対して生み出す価値は、彼らが市場から得る価値よりも小さいであろう。彼らがやっていることを一言で言えば、人々の懐に入っているカネを別の人々の懐に移して、ゼロサム・ゲームを加速させているのである。例えば、超高速取引のトレーダーはほんのコンマ数秒だけ競争相手よりも早く情報を得て利益を出すため、ほんのわずかな優位性を感知する電子取引システムに莫大な投資を必要としている。同じように、企業弁護士軍団も顧客企業から莫大な報酬をもらっている。なぜなら、競合企業も同じように弁護士たちに高い報酬を払って、競合相手を攻撃したり自社を弁護したりするからだ。

こうした職種の人々は、社会を変革するような発見や人類の知見を深め豊かにするような芸術作品を創造するわけではない。彼らにとってのイノベーションは金銭的で芸術的だ。例えば、従業員などある特定の「資産」からより多くのカネを捻出する仕組みであるとか、他者の資産や収入から奪い取るための新しい手法だ。だがこの種のイノベーション競争は、米国随一の高等教育を受けたその才能がもっと社会的な利益のために発揮されたかもしれない。また一部の若い人々の、時間と労力をいたずらに使い果たしてしまうことにもなる。

金融危機が起こる直前、ハーバード大学を卒業した学生のおよそ半数が金融業界に就職していた。危機の間この割合は大きく低下したが、二〇〇九年以降再び上昇している。社会学者ローレン・リベラの調査によると、ハーバード大学四年生のおよそ七〇%が判で押したように金融機関や経営コンサルティング会社に履歴書を送るという。(9) 別のアイビーリーグの大学でも似たようなものだ。プリンストン大学では金融危機前の二〇〇六年に記録した最高値の四六%からは低下したが、二〇一〇年の卒業生の約三六%が金融機関に進んだ。企業向け経営コンサルティング会社への就職を含めると、その比率は六〇%を超えている。(10)

これらエリート校が持つ大規模な寄付基金は、裕福な卒業生からの控除可能な寄付によってさらに増大していく。裕福な卒業生の多くは、寄付によって自分の子が母校に進学する可能性を高くしたいと考えており、そうやって彼らの子どももまた、裕福な銀行家や経営コンサルタント、企業の重役になっていくことを望む。私は個人的には、納税者が社会的意義のある職業をもっと強く支援する方法として、社会福祉や幼児保育、高齢者介護、看護、法律相談、教育などの職業を選択した卒業生については、その学費ローンを免除するのがよいと考える。

給料がその人の価値で決まるとの暗黙の了解は広く知れわたっている。だが、そんな了解はトートロジーであり、市場を定義づける法や政治の仕組みを見落としている。何より権力の存在を無視している。無視することによって、疑うことを知らない普通の人々を「労働市場が決めている以上、報酬を変えることはできないし、すべきでない」という思考へ誘い込んでいるのである。

ゲームのルールを変える人々

この論理でいけば、現在、最低賃金で働く労働者は、その分だけの価値しかないので、最低賃金を引き上げるべきでないということになる。もし、最低賃金の労働者たちにそれ以上の価値があるのなら、彼らにはもっと多くの賃金が支払われているはずというわけだ。だから、従業員にもっと多く給料を払うよういくら雇用主に要求しても、解雇されるだけだろう。また下位九〇%の人々の賃金の中央値は過去三〇年間ほとんど動かないばかりか、二〇〇〇年以降は低下すらしたが、これも同じ論理に従うと、中間層の労働者の価値が、新しいソフトウェア技術やグローバル化の進展で、彼らの職の多くがダブつく前に比べ減少したからだということになる。[11] 彼らがより多くの収入を得るための唯一の方法は、さらなる技能を得てもっと価値のある人になることだ、というわけだ。

さらにこの伝でいけば、大企業のCEOを担う人には、その報酬に見合うだけの価値があるということになる。だがCEOの報酬は、五〇年前に一般社員の給与の二〇倍であったのが、現在ではおよそ三〇〇倍だ。[12] だからCEOになる人は、それほどの価値に見合う人でなければならないし、そうでないならこんな大金をもらうべきでないということになる。CEOの報酬を減らしたり制限したりしては、彼らの勤勉かつ有能なる勤労意欲が減退してしまって、彼らに依存しているすべての人たちに不利益をもたらすかもしれない。同様にウォール街の人間も、毎年数億ドル、数千万ドルをもらう価値がある人に違いない――。人々が高額報酬を払いたがるほどの人たちなのだから。したがって、彼らの報酬に上限を設けることは彼らのやる気を削ぎ、金融市場を歪め、金融システムを広範かつ長期にわたって非効率なものにしてしまいかねないということになる。

そこでこの根拠の薄い論理をよりわかりやすく検証してみよう。これまで私が示してきたように、大企業は、「自由市場」(所有、市場の力、契約、破産、法執行)に伴う基本的な「ルール」に影響力を及ぼすことで、自社の利益を増やし株価を上げてきた。大企業の重役やウォール街の銀行家、ヘッジファンド・マネジャー、プライベートエクイティ・マネジャーなど、所得上位一%層のさらに上位、つまりトップ〇・一%層の収入の大部分は、企業利益の増加と株価上昇に依拠しており、その傾向は年々強まっている。[13] 大企業の重役やウォール街のトレーダーや経営者の経済力には、さらに政治的影響力を加えなければならない。彼らは不正や利益相反、インサイダー取引、有限責任など、自らの報酬にも関わる事象にまつわるルールに、その政治力を駆使して影響を与えている。彼らの税引後所得を分析したところ、実際に支払う実効税率に彼らが大きな影響を及ぼしていることが明らかになった。しかし私が注目したのはそのことよりも、経済ゲームの基本的なルールに対して彼らが果たすもっと間接的で不明瞭な役割のほうである。ここで私がはっきりさせておきたいのは、超富裕層に与えられている高額のインセンティブは、彼らにその職務をしっかりやらせることには全く関係がない上、報酬が高額だからといって、超富裕層が従事する仕事の社会的価値が、ほかの職業の価値よりも高いわけではないということである。

第2部ではまた、富裕層の政治力や経済力が強まるにつれ、中間層の政治力や経済力が弱まっていくことをも示していきたい。さらに、中間層に対して支払われるインセンティブでは、人々が望む生活水準を維持するには不十分であり、その上、「勤労に励めば家族でより良い生活が送れるだろう」という希望を抱くことも無理であることを説明する。

第2部の最後では、一部の国民が貧困にあえぐ一方で裕福に暮らす国民がいる状況を容認する「能力主義」の対極にある、二つのグループについて検証する。それは、ワーキング・プア（低収入労働者）とノンワーキング・リッチ（働かないお金持ち）だ。ワーキング・プアが現在受け取っているインセンティブでは、彼らの尊厳をある程度保ちつつ、しかも社会が彼らに対して期待する仕事に従事してもらうには十分でない。逆にノンワーキング・リッチがもらう高額のインセンティブは、彼らが行う様々な社会貢献の度合いに比して、どう見ても大きすぎる。

第11章 CEO報酬の隠れた仕組み

人々の給料がその人の価値で決まるというのなら、過去三〇年間で大企業のCEO報酬が、従業員の平均賃金に比べてうなぎ上りに増加した事実（一九六五年のCEO報酬は平均賃金の二〇倍、一九七八年は三〇倍、一九九五年は一二三倍、二〇一三年は二九六倍、そして今では三〇〇倍以上である）に対して、納得のいく説明を施さなくてはならない。[1] 結果としてCEO報酬は一九七八年から二〇一三年の間に九三七％上昇したが、同時期の労働者の賃金上昇はわずか一〇・二％であった。

一九九〇年代半ば以降、大企業のCEO報酬はとても魅力的なものになっていった。一九九二年を例にとると、米国で最も報酬の高かった上位五〇〇人の企業役員の平均報酬総額は八九〇万ドル（二〇一二年米ドル換算）であった。[2] これらの報酬の大部分はストック・オプションを行使したことや株式報酬によってもたらされた「値上がり益」（キャピタルゲイン）である。この点については後ほど詳しく説明する。あれから二〇年を経て、平均報酬総額は値上がり益を含み三〇三〇万ドルに膨れ上がった。大恐慌以来といわれる景気後退期が底を打った二〇〇九年時点でさえ、CEOの平均報酬は物価調整値で一九九二年の二倍の水準であった。

CEOの報酬だけでなくCEO直下の役員クラスの報酬も大幅に増えた。第1部でその経済力と政治力について検証したケーブルテレビ大手コムキャストを例に取ろう。同社の二〇一三年の委任状によると、ブライアン・L・ロバーツに対するCEO報酬総額は二九一〇万ドルであり、米国で一〇番目に高額であった。[3] 同社では高額報酬者はロバーツだけではなかった。子会社であるNBCユニバーサルの社長兼CEOスティーブ・バークは二〇一三年に二六三〇万ドル、コムキャストの最高財務責任者（CFO）マイケル・アンジェラキスは二三二〇万ドル、コムキャスト・ケーブル・コミュニケーションズの社長兼CEOニール・スミットは一八三〇万ドル、コムキャストの上級副社長デビッド・コーエンは一五九〇万ドルの報酬を受け取った。

最も報酬の高い役員上位五名に対する報酬額が、その企業の法人所得に占める割合は、一九九三年には平均五％であったが、二〇一三年には一五％を上回る水準となった。[4] 企業はこの間に増えた報酬分をR&D投資や求人増、労働者の平均賃金の上昇に回すこともできたはずだ。さらにこれらの報酬のほとんどは法人所得税から控除されていたため、残る普通の人々が所得のわりに高い税金を払い、税収の穴埋めしてきたわけである。[5]

一方で、CEOや役員の仕事は株主価値の最大化であり、役員在職中に株式市場が上昇したのだから、それ相応に高額な報酬を受け取る価値が彼らにはあるという理屈がある。彼らは自らの使命を果たしているというわけだ。例えば、ハーバード大学教授で経済学者のN・グレゴリー・マンキューは「CEOに対する高額報酬を率直に解釈すれば、よきCEOの価値は非常に高いということなのだ」と述べている。(6) しかし、たとえ彼らの目標が株主価値の最大化だと仮定しても（この点については再び触れる）、だからといって現在のCEOの価値が、過去のCEOのそれよりも高いということにはならない。この間、株式市場全体は高騰していた。つまり、CEOが自分の部屋に三〇年間閉じこもってずっとオンラインゲームに興じていたとしても、企業価値は大幅に増加していたはずなのだ。会社の業績が株式市場のパフォーマンスを上回らない限り、CEOが高騰する報酬にふさわしい経営手腕を発揮したとは言えない。

またすでに述べたように、株式市場の上昇によって、さまざまな規則が大企業や大手銀行を利するよう改変されていった。例えば、所有権――特に知的財産権の強化や保護期間の拡大、あるいは、市場、特にプラットフォームやネットワークの標準化における大企業の影響力の増大である（一方で、自分たちを代表して交渉してくれる強い組合組織を失った平均的労働者の市場への影響力は減退した）。また、従業員や債務者、顧客、フランチャイズ加盟店などを束縛する大企業のほうに有利に働く契約の強制、小口投資家に不利益をもたらすインサイダー取引もそうだ。ほかにも、従業員や小口債務者よりも大手銀行や大企業に有利な破産法、業界トップ企業やウォール街の金融機関に甘い法の執行など枚挙にいとまがない。CEOの中には、ロビー活動や政治活動を通じてこういう状況を作り出すことに寄与してきた者もいるはずだ。政治家に多額の献金をしたり、役人に天下り先を用意したりしたかもしれない。だがそれが、巨額報酬を正当化するほどのCEO本来の業務とは言えない。

CEOや役員が自社の企業価値を高めるために直接的な貢献をしていないにもかかわらず、なぜCEO報酬は急騰したのであろうか。一つの理由として、CEOには自分のやり方に確実に賛成する取締役を任命するという大きな責任があることが挙げられる。取締役は年に三、四回開催される取締役会に出席するだけで十分な報酬が支払われるため、誰しも自然に「大企業の役員」という心地よい立場に留まりたいと思うようになる。米国では取締役会の役員とは最高のパートタイム職なのだ。二〇一二年のS&P五〇〇インデックス（[訳注] スタンダード・アンド・プアーズ総合五〇〇種株価指数に採用されている企業）の役員報酬の平均額は二五万一〇〇〇ドルであった(7)。取締役に仲間意識の強い他社のCEOが含まれている場合、その報酬はさらに大盤振る舞いになる。取締役会は通常、役員報酬について助言を得るための、俗にいう「報酬コンサルタント」を雇う。その役割は世界で最も古い職業のようだ。報酬コンサルタントは他社のCEO報酬をもとにベンチマークを構築する。その他社もCEO報酬の算定のためにコンサルタントを雇っている。取締役会では誰もがCEOに対してよいところを見せたいし、金融機関のアナリストにも業績のよいところを示したいから、役員報酬は年々じわじわと高額になっていく。この実体のない報酬競争こそ、CEO自身の利益のためにCEOによって演出され、展開されているのである。

会社法ではCEO報酬に関する助言の役割を株主に与えている。二〇一〇年のドッド＝フランク法（金融規制改革法）において、報酬に関する決議への投票が義務づけられたが、その投票結果に拘束力はない。[8] オラクルのCEOで億万長者のラリー・エリソンは二〇一三年に七八四〇万ドルの報酬を受け取ったが、その金額があまりにも高額だったために、オラクルの株主たちは報酬案を否認した。[9] だがそれでも何も変わらなかった。理由は、エリソンが取締役会を支配していたからだ。対照的なのはオーストラリアで、企業の二五％以上の株主が二年連続でCEO報酬に反対した場合、株主は取締役会全員を再び選任手続きにかけるよう求めることができるのである。[10] この規制によって近年のオーストラリア企業のCEO報酬の伸びは、米国のそれに比べて緩やかになっている。二〇一三年、オーストラリアのCEO報酬は平均的労働者の報酬の七〇倍程度であった。[11]

ストック・オプションという報酬

米国の取締役会では前述のようなえこひいきが何十年にもわたって当たり前のように行われてきた。これだけでもCEOの高額報酬の理由がわかろうというものだが、それだけでは、なぜ近年になって報酬が高騰したのかについての説明がつかない。これを理解するにはまず、一九九〇年半ば以降、CEO報酬に占める自社株の割合が大きくなってきている事実を知る必要がある。[12] 取締役会は、CEOや役員に対するストック・オプション（予め定められた株価で株式を購入できる権利）やストック・アワード（株式がある株価に達すると売買取引ができる権利）をせっせと増やしてきた。株価が下がったときは、取締役会が直ちに追加のストック・オプションやストック・アワードを提供して、損失分を補塡する。逆に、株価が上昇すれば（たとえそれが一時的なものであったとしても）、CEOは莫大な値上がり益を獲得できるのである。

CEOにとってこの報酬の仕組みは、短期間で自社の株価を上昇させるための強い動機づけになっている。そういう株価上昇は、長期的には企業価値を損なう可能性があるにもかかわらずである。マサチューセッツ大学ローウェル校のウィリアム・ラゾニック教授は株価上昇をもくろむ企業がどんな方策をとるのか実証した。それによると企業は株価を押し上げるため、収益や借入金を使って自社の株式を買い戻す。これにより市場で一般に流通している自社株の数を減らして株価を上昇させているのである。供給を減らせば市場に残っている株式の価格は難なく上昇する。近年、このような自社株の買い戻しは企業支出の主要項目となっており、二〇〇一年から二〇一三年にかけて、S&P五〇〇インデックスに採用されている企業による自社株の買い戻し額はおよそ三・六兆ドルに上った[13]。

企業は取締役会が自社株を買い戻すことや買い戻し金額を承認した場合には、そのことを情報公開しなければならないが、買い戻し時期については公表の義務はない。買い戻しはその企業が委託する証券会社を通じて匿名で行われるため、投資家にすれば、それが自社株の買い戻しだとは全く知らない間に株価が上昇することになる（そのような操作を知っていたら、その企業の株に投資したり保有を続けたいとは思わないだろう）。だがCEOなら、いつどのくらいの規模で買い戻しをするかという内部事情を、自らが保有する株式の売却やストック・オプションの行使のタイミングを計ることに利用できるのである。彼らは自社株が一時的に上昇するときを見計らって、自分が保有する株式で何度も取引していると推定される。

こうした行為がインサイダー取引、あるいは株主に対して信認義務を負うCEOによる利益相反のように見えるとしたら、それももっともな話だ。一九三四年から一九八二年の間、証券取引委員会（SEC）は、自社株の買い戻しを株価操作などの不正に利用される危険があるとみなしていた。[14] このためSECは企業に買い戻しの規模の公表を義務づけるとともに、任意の一日における時価総額の一五％以上の買い戻しを禁止していた。ところが一九八二年、ロナルド・レーガン大統領に任命されたジョン・シャドSEC委員長がこれらの規制を撤廃、それ以来、CEOは自社の株価を吊り上げる方策として買い戻すことができるようになったのだ。

さらにSECが一九九一年に行った決定によりストック・オプションはより魅力的なものとなった。[15] SECは、企業の役員が、厳密には買い戻しのタイミングという内部事情を知るインサイダーであるにもかかわらず、情報公開なしにストック・オプションを行使し現金化してもよいことにしたのだ。さらに一九九三年にクリントン政権は、役員報酬が企業業績に連動しているのであれば一〇〇万ドルを上回る役員報酬分について法人所得から控除することを認めた。[16]「企業業績に連動」とはつまり、一〇〇万ドル超の部分がストック・オプションやストック・アワードであればという意味だ。当然ながらこれを機にストック・オプションはブームになった。

企業の自社株買い戻しは、役員が株価を吊り上げてストック・オプションで儲けることができる手軽な手段として頻繁に行われるようになった。二〇〇三年から二〇一二年にかけて、自社株の買い戻し額が最も多かった上位一〇社（その総額は八五九〇億ドルに上った）のCEOは、報酬の六八％をストック・オプションもしくはストック・アワードで受け取っていた[17]。二〇一三年だけを見てもS&P五〇〇インデックス企業による買い戻し総額は五〇〇〇億ドルで、キャッシュフロー総額の三分の一に相当し、過去最高であった二〇〇七年の米国バブル期の買い戻し総額に迫る勢いであった[18]。

自社株の買い戻しは、その時期や規模を知らされない小口投資家を犠牲にしてCEOや役員たちを金持ちにしているのみならず、その企業が研究開発や長期的成長、従業員の再教育や賃金向上などに活用できたかもしれない資金を枯渇させる。CEOたちが買い戻しによって値上がりした株価で自社株を「現金化」するため、さらに買い戻すにはより多くの企業資金が必要となるからだ。買い戻しが企業の優先事項に逆行していることは明白だ。第二次世界大戦後の三〇年間、米国の主要企業はその収益を当たり前のように内部留保したり再投資に回していたが、一九八〇年代に入ると、自社株の買い戻しに充てられる収益が確実に増加していった。

二〇〇三年から二〇一二年にかけて、S&P五〇〇インデックス企業は純利益の大半を株価を上げるために自社株の買い戻しに使い、それに呼応するようにCEOの報酬も大幅に増加した[19]。例えばIBMはかつて、従業員の終身雇用と将来の科学技術を見据えた長期投資を誇りとしていた。しかし一九九〇年代に入ると、優先事項は従業員の解雇や研究費の削減、借入の増大や自社株の買い戻しの活用へとシフトしてしまった。二〇〇〇年から二〇一三年において、同社の売上げはほぼ横ばいであったにもかかわらず、一〇八〇億ドルもの自社株の買い戻しを行って株価を吊り上げていた。[20]そして二〇一四年には買い戻しゲーム終焉の兆しを見せるようになった。ついに株価が下降局面に入ると、『ニューヨーク・タイムズ』紙は「IBMは『株主に好意的な』策略の数々によって、醜《みにく》い真実を隠していた。同社の近年の好調な業績は、事業実績ではなく金融エンジニアリングによってもたらされたものだったのだ」と報じた。[21]にもかかわらず、この策略で同社のCEOは十分に報われた。二〇〇三年から二〇一二年の間にIBMのCEOが得た報酬は、総額二億四七〇〇万ドルで、その大半がストック・オプションとストック・アワードであった。[22]

ヒューレット・パッカード（HP）も同じようなパターンをたどった。ここも終身雇用の方針をとっていたが、一九九〇年代後半には従業員を解雇するようになった。[23]二〇〇四年から二〇一一年にかけて、自社株の買い戻しに同社全体の利益よりも多い六一四億ドルを費やしたが、翌二〇一二年には一二七億ドルの赤字に陥ってしまった。HPのCEOは、二〇〇三年から二〇一二年の間に総額二億一〇〇〇万ドルの報酬を得たが、そのうちストック・オプションとストック・アワードの割合は三分の一を超えていた。[24]アップルは二〇一三年、一七〇億ドルを借り入れてその大部分を自社株の買い戻しに費やした。[25]同じ頃、CEOのティム・クックは二〇一三年の報酬として七三八〇万ドルを得たが、そのほとんどはストック・オプションであった。[26]自社株の買い戻しで株価が最も有利なときにストック・オプションを行使して現金化したのだろう。

今では、ストック・オプションと条件付きの株式供与は、CEO報酬の最も大きな割合を占めるまでになった。[27]タイム・ワーナーCEOのジェフ・ビュークスの二〇一三年の報酬は、一五九〇万ドル相当のストック・オプションとストック・アワード、それに加えて、ささやかな二〇〇万ドルの基本給であった。[28]ビュークスとタイム・ワーナー社の雇用契約は二〇一七年まで延期されたが、その任期満了時の条件もとても好待遇だ。しかしそういう意味では、フェイスブックのマーク・ザッカーバーグの報酬は表彰ものだ。二〇一三年、彼は三三億ドル相当のストック・オプションを現金化したが、この年の彼の基本給は一ドルであった。[29]

皮肉を込めて言えば、CEOが保有する株を現金化しようとする直前には、必ずその企業の株価が上がるのだから（二〇〇八年の暴落直前の二〇〇七年にはよくあったことだ）、CEOはその報酬に「値する」だけの人物ではある。一九二九年の大暴落の直前も、株価はおそるべき高さまで上昇した。だがもっと核心にある問題は、CEOたちの報酬額と、彼らが経営する企業の長期的な収益性との関係（その有無も含め）である。

最近、ある研究が一つの答えを導き出した。ユタ大学教授のマイケル・J・クーパーとパーデュー大学教授のフセイン・グレン、ケンブリッジ大学教授のP・ラガヴェンドラ・ラウは、一九九四年から二〇一一年にかけて大企業一五〇〇社を対象に三年ごとの企業業績を調査した。[30]さらにそれを同業種の別の複数の企業業績と比較した。その結果、高額のCEO報酬を出している上位一五〇社の株主収益率は、同業他社よりも一〇％低いことがわかった。事実、CEO報酬が高額になればなるほど企業業績は悪化していた。CEOへの待遇が非常によい企業（CEOは報酬の多くをストック・オプションで受け取っていた）の業績は、同業他社に比べ平均一五％劣っていた。クーパーは、「CEOへ高額報酬を払っている企業の株価収益率は、そうでない企業の三分の一ほどである」とし、「この無駄な費用が株主価値を損ねている」と分析する。さらに悪いことに、高額報酬のCEOの在任期間が長くなればなるほどその企業の業績が悪化することもわかり、研究者たちは「企業業績は、在任期間の長さとともに悪化する」と結論づけている。

理論上、長期にわたって業績が悪化している企業が、自社の株価が上昇していた時期にCEOが現金化したストック・オプションやストック・アワードを返済させることは可能だ。これまでにもそのような実例は存在する。二〇一三年、前年度の業績が悪かったことから、ソニーのCEO平井一夫とその重役たちはおよそ一〇〇〇万ドル分のボーナスを返上した。[31] しかし、このやり方が標準的な慣行となることはないだろう。二一世紀の米国では、これとは正反対の伝統がすでに散見される。すなわち、CEOが何ら優れた実績を残さないまま何百万ドルもの報酬をかき集めて去っていくのだ。そういうCEOリストの筆頭はマーティン・サリバンだ。AIGのCEOであった彼の在任時に株価は九八％も下落、同社を救済するために全国の納税者が一八〇〇億ドルを負担した。[32] だがAIGを辞する際、サリバンは四七〇〇万ドルもの解雇手当を手にしたのである。次はトーマス・E・フレストン。バイアコムのCEOであったフレストンは、解雇されるまでの在任期間がたった九カ月であった。しかしフレストンは解雇手当として一億一〇〇〇万ドルを得た。その次はアバークロンビー・アンド・フィッチの

CEOであったマイケル・ジェフリーズ。二〇〇七年に同社の株価が七〇%を超えるほど下落したにもかかわらず、二〇〇八年にジェフリーズが受け取った報酬は六〇〇万ドルの残留特別手当を含む総額七一八〇万ドルであった。ほかにはウィリアム・D・マグワイア。二〇〇六年にストック・オプションの不正疑惑でユナイテッド・ヘルスのCEOを辞任させられたが、その解雇手当として二億八六〇〇万ドルを得た。次はハンク・A・マッキンネル。彼がファイザーのCEOとして在任した期間、同社の時価総額は一四〇〇億ドル減少した。だがマッキンネルは退職手当として約二億ドルを現金支給され、さらに終身医療費保障と六五〇万ドルの年金プランも受け取ったのである（二〇〇六年のファイザーの株主総会のときには、「退職金を返せ、ハンク！」という垂れ幕を吊るした飛行機が人々の頭上を飛んだ）[33]。次はダグラス・アイベスター。コカ・コーラのCEOであったアイベスターは二〇〇〇年に辞任したが、彼の在任中コカ・コーラの成長ペースは鈍化し減益が続いていた。それでもアイベスターは退職手当として一億二〇〇〇万ドルを手中にしたのだ[34]。そして、ドナルド・カーティー。すでに述べたように、アメリカン航空の元CEOであったカーティーは、二〇〇三年に同社が倒産寸前に陥り従業員に給与の引き下げを要請中であったにもかかわらず、秘密裡に信託基金を設立して自分と重役たちの賞与を確保しようとした[35]。このように経営に失敗してもCEOが報酬を得る事例が増えてきている[36]。二〇一一年九月、ヒューレット・パッカードから辞職を促されたCEOのレオ・アポテカーは退職手当として一二〇〇万ドルを得た。このような厚顔無恥のCEOのリストは、枚挙にいとまがない。

甘いキャピタルゲイン課税

そうこうする間も、読者や私のような多くの納税者たちがすべての下支えをさせられている。なぜなら企業はCEO報酬を法人所得税から控除するため、残る私たち一般国民が税収の穴埋めとして割高な税金を負担させられているからだ。一例にすぎないが、スターバックスのCEOハワード・シュルツは二〇一三年に一五〇万ドルの給与と一億五〇〇〇万ドル相当のストック・オプションとストック・アワードを得た(37)。これによりスターバックスは八二〇〇万ドルの税金を払わずに済んだ。役員報酬が「業績」に連動していれば、一〇〇万ドルを超える役員報酬を法人所得から控除することを認めた一九九三年の規定は、すぐにザル法となった。上院財政委員会の共和党委員長であったチャールズ・グラッスレイでさえ、二〇〇六年にこの規定の持つ意図を見抜いて次のように述べた。「この規定は善意で作られたのであろうが全く機能しなかった。企業はこの法律の抜け穴を容易に見つけてしまったが、そこにはスイスチーズよりも多くの抜け穴が開いていた。さらにこの規定はオプション取引業者を活気づけたようだ。彼らのような事情通は、スイスチーズのように抜け穴だらけの規定をスイス製時計のような緻密さで利用するだろう(38)。」

その一つが、自社株が上昇することを前提に「業績連動の賞与」をストック・アワードとしてCEOに株式で支給することだった。そうなると、CEOは他社のCEOと同じく、自社株の推移を見るほかに果たすべき役割がなかったはずだ。経済政策研究所（ＥＰＩ）の試算によれば、二〇〇七年から二〇一〇年の間、総額一二一五億ドルの役員報酬が企業収益から控除されていたが、その約五五％は努力のいらない「業績連動型」報酬であった[39]。

それだけではまだ足りないとばかりに、税制も給与所得者よりも資産家に対して好意的だ。キャピタルゲインは通常の所得税よりも税率が低い[40]。この税制で最も恩恵があったのはストック・オプションや賞与が自社の株価と連動しているＣＥＯで、彼らが自社株を現金化して得た利益はキャピタルゲインとして扱われる。二〇一〇年から二〇一四年にかけての上昇相場では、課税後ですら信じられないほど多額の利益をＣＥＯたちにもたらした。

もし株式を公開している企業の所有権が株主にもあるならば（実際に株主が所有しているならば、ということなのだが、この点については改めて触れる）、ＣＥＯの報酬を決めるのは株主であるべきだろう。ＣＥＯのほうも、株主に対し株主から預かった資金をどのくらい政治活動に費やしたかを開示するべきだ。「業績に応じた報酬」という概念がＣＥＯと株主の間の契約として実際的な意味を持つならば、ＣＥＯは会社の長期的な業績にも責任を持つべきであろうし、自社の株価が短期的に上昇したことで得た報酬は、会社に返金するべきだ。倒産の手続きが公平になされていれば、破産管財人の目を盗んで役員報酬をプールするようなことなどできるはずがない。所有権や倒産など、市場を構成する仕組みがＣＥＯ寄りに運用されるようなことがなかったなら、ＣＥＯが自社株の買い戻しで株価を上げたり、ストック・オプションを行使して現金を得るようなことは、ＳＥＣがかつてそうしていたように禁止されていたはずだし、報酬にしても、たとえ業績に連動していようとも一〇〇万ドル超過分を法人所得税から控除することなど認められたりはしなかっただろう。もし市場を構成するこれらの仕組みが大企業を偏重していなければ、企業はそもそも莫大な収益を上げることはなかっただろうし、CEOなど経営陣に豪華な報酬を払うこともできなかったはずだ。

だが、こうした「たられば」は実際には起こりそうにない。大企業のCEOたちには、それを阻止するに十分な政治力があるからだ。政治献金全体のうちCEOからの献金が占める割合は高い。彼らの多くは、関連会社の役員たちからの寄付のまとめ役でもある。CEOが直接政治に献金したり献金を取りまとめたり、政治活動委員会（PAC）に対して影響力を働かせたり、ロビイストを使ったり、政府の役人に天下り先を口利きしたりすることを通して、彼らは経済ゲームを仕切る数々の決定事項に対する大きな発言権を得ていくのである。

さて、これでCEOの報酬と彼らの価値を同じに考えることは、非常識なトートロジー以外のなにものでもないことがおわかりだろう。客観的な分析がそれを如実に物語っているのだ。

第12章 ウォール街の高額報酬のカラクリ
Chapter 12
The Subterfuge of Wall Street Pay

大企業のトップの人々は価値が高いから高い報酬をもらえるのだといまだに考えるなら、金融業界を見てみるとよい。ウォール街の人間の多くは大企業の重役よりもさらに多くの報酬を得ているからだ。二〇〇八年に「大きすぎて潰せない」として救済されたウォール街の金融機関に、隠れた補助金が流れていることはおくとして、それでも高額報酬を受け取る価値がウォール街の銀行家にはあるのだろうか。彼らが金融崩壊寸前に至ったのは過剰なリスクを取ったからだ。直後に続いた金融危機の間、これらの銀行大手は倒産を回避するため、他の中小銀行よりも多額の資金援助を政府から受けていた。ここで重要なことは補助金がいまだに続いているという点だ。大手銀行は依然として大きすぎて潰せないからだという。

第2部 労働と価値

では、どのように隠れた補助金が機能しているのか説明しよう。大手銀行に資金を預けている人々の預金や融資の金利は、中堅や中小の銀行よりも低く設定されている。中小銀行は、経営不安が起こってもほぼ確実に救済される大手銀行より、資金の預け先としてリスクが高いためである。そのためウォール街の大手金融機関は、国内の中小よりも競争優位な立場にある。最上位の大手銀行ともなれば一段と高い収益を上げることができる。収益が上がれば大銀行はさらに大きくなる。金融危機時に、彼らが大きくて潰せない金融機関であったというのなら、現在に至っても絶対的に大きい以上潰せない。前にも触れたが、二〇一四年までにウォール街の五大銀行は全米の銀行の総資産の四五％を握るまでになった。[1] 二〇〇〇年には二五％にすぎなかったから大幅増である。大きすぎて潰せず、大きすぎるから刑務所送りにもできず、大きすぎるから切り売りすることもできないのである。

隠れた補助金とはどの程度の規模なのであろうか。国際通貨基金（ＩＭＦ）の植田健一研究員とマインツ大学ベアトリス・ウィダー・ディ・マウロ研究員が試算したところ、〇・八％という数値であった。[2] こう聞くとそれほど大きくないように感じるかもしれないが、ウォール街の十大銀行に預けられている資産総額と掛け合わせると、莫大な金額であることがわかる。[3] 二〇一三年、隠れた補助金は八三〇億ドルに上った。この試算値はＩＭＦと米会計検査院（ＧＡＯ）の研究者たちが行った別の試算ともほぼ一致している。[4] また、ニューヨーク大学、バージニア工科大学とシラキュース大学の経済学者たちが、中小銀行のマネー・マーケット口座が提供する金利と、大手銀行が連邦預金保険公社（ＦＤＩＣ）に保証された口座で提供する金利とを比較したところ、大手銀行のほうが一％以上も低い金利で預金を提供していることがわかった。このことは実際の補助金が試算よりも高かったことを示している。[5]

巨大すぎて潰せないという理由でウォール街の銀行が甘受している隠れた補助金を計算するのは、ロケット科学者や銀行家が必要なほど複雑なことではなく、二〇一三年の金融業界の賞与総額二六七億ドルの約三倍であった。補助金がなければ、この賞与すら出すことはできなかったはずだ。補助金の大半にあたる六四〇億ドルが上位五行（ＪＰモルガン、バンク・オブ・アメリカ、シティ・グループ、ウェルズファーゴ、ゴールドマン・サックス）に向けられたが、その額はこの五行の年間利益の総額とほぼ同程度であった。[6] 言い換えれば、補助金がなければ賞与の原資はおろか利益のすべてが失われていたのだ。

ウォール街の金融機関で働く人々が、二〇一三年に二六七億ドルもの賞与を得ることができたのは、彼らが他の大多数のアメリカ人よりも一生懸命働いたわけでも、彼らが優秀だったからとか洞察力があったからというわけでもない。彼らが賞与をもらうことができたのは、たまたま米国の政財界において特権的な立場にある企業で働いていたからだ。大手銀行に向かった補助金はそもそも読者や私など米国の納税。金融危機のときに大手金融機関の救済に充てられた公的資金は、私たちが納めた税金だ。そしておそらく将来の救済にも国民の税金が投入されることになる。

ドッド＝フランク法（金融規制改革法）では、ウォール街の大手銀行は再び債務不履行とならないよう「生前遺言」を用意することが求められている。生前遺言とは、大手銀行が不振に陥った際にその他の金融システムに影響が及ばないようにしながら業務を巻き返していくための青写真である。だがこれを信用してはいけない。連邦準備制度理事会（ＦＲＢ）とＦＤＩＣの監査官が、これらの生前遺言を入念に確認したところ、「非現実的」なものばかりであったと報告している(二〇一四年八月)[7]。FDICのトーマス・ホーニグ副会長は、各行の計画では「不十分」であるし、その理由を「いずれの計画も、自行が経営不安に陥った場合に、金融危機を引き起こさずに破産手続きに入れるよう、いかなる障壁をも克服できると確信させるものには至っていない」からであるとした[8]。これまでの私の主張を見れば、なぜ大銀行が生前遺言を非現実なものにしておきたがるのかわかるだろう。さらなる救済を回避するような現実的な計画を作れば、救済によってもたらされる隠れた補助金も、補助金から生まれる競争優位も、競争優位を具現化する賞与をも、すべて喪失するからである。

連邦準備制度理事会が、大銀行の自己資本比率を引き上げる方向で動きだしたため、これにより大銀行もいくらか自制するようにはなるであろう。しかし議会や行政機関が、大銀行に対して現実的な生前遺言計画を提出するよう求めたり、資産規模を縮小させたり、分社化を求めたり、隠れた補助金と同額の特別税を課したりといった措置を迫るかどうかは疑問だ。これまで述べてきたように、大手銀行が米国の政財界で特権的な位置を占めているのは、金融業界が連邦議員の選挙資金や二大政党の大統領候補への政治献金の大半を担い、その潤沢な資金がワシントン政界への回転ドアにもつながっているからである。中小銀行の経営者たち、ましてや大半の国民は、このような特殊な能力は持ち合わせていない。多額の政治献金をするほどの財力はないし、政府の役人に魅力的な転職先を提供することもできない。これが、中小銀行の行員の多くが、そして大半の国民が、高額の賞与をもらうことができない理由の一つである。

二〇〇三年に大手銀行が行員に支払った総額二六七億ドルの賞与があれば、同じ年に最低賃金で働く一〇〇万七〇〇〇人の正規労働者の賃金を倍以上にすることもできたはずであった。[9] 大銀行のための補助金八三〇億ドルの残りの額は、政府が勤労所得控除（EITC）で二八〇〇万人の低所得労働者とその家族に支給した賃金補助総額よりも、二〇〇億ドルも多かった。[10]

トレーダー報酬の正体

しかしこの隠れた補助金によって、例えば二〇一三年に二三億ドルの報酬を得たスティーブ・A・コーエンのような、別の人々の巨額報酬をすべて説明できるわけではない。この年、ヘッジファンド・マネジャーの所得番付上位二五人の報酬は平均で一〇億ドルであった。[11] 大手ヘッジファンドのごく普通のポートフォリオ・マネジャーでさえ平均二二〇万ドルの報酬を得ていた。[12] 経済学者の中には、彼らがこのような高額報酬（通常、年間の運用報酬の二％分と、あらかじめ定めたベンチマークの超過収益の二〇％）をほしいままにできる理由は、ヘッジファンド・マネジャーやポートフォリオ・マネジャーが、預かった多額の運用資金の一部を着服したくなる誘惑に屈しないようにと投資家が望むからだと説明する人もいる。運用を担当するマネジャーたちは、高額報酬を合法的に手中にできるなら、それを失う危険を冒してまでピンハネという違法行為をするはずはないとの理屈だ。経済学者エリック・フォルケンスタインは「ポートフォリオ・マネジャーは一番よい価格を知っている。部外者はそれを知らない。それだからこそ彼らは高い報酬を得ているのである。流動性のある市場と流動性に乏しい証券（例えば、不動産担保証券）の世界では、実際にどの程度のお金が手元に残っているのか正確にはわからない。だが、個人のレベルで、眼前にニンジンがぶら下げられればみな自らの利益のために行動するのである」と述べた。[13]

この理屈は、ウォール街の投資銀行家やトレーダーたちにも当てはまるだろう。ヘッジファンド・マネジャーの収益は投資家からの賄賂であるとは言い得て妙である。だから、彼らは投資家からカネを巻き上げようとはしないのだ。ヘッジファンド・マネジャーが運用する資産が増えれば増えるほど、投資家からの「賄賂」も増えていかざるをえない。

だがこの理屈の問題点は、賄賂を与えたからといって、ヘッジファンド・マネジャーやポートフォリオ・マネジャーが、投資家の資産の一部を裏取引やリベートを通して自らの懐に入れない保証はないという点だ。実際に、コーエン率いるSACキャピタルのポートフォリオ・マネジャーが捕まったのは、まさにこの行為であった。他のマネジャーやトレーダーたちも似たようなことをしていると思われるが、彼らはまだ捕まっていないだけと見るのが妥当だろう。これまで述べてきたように、一九三四年に連邦議会はインサイダー取引を禁止したものの、SEC委員や連邦検事や連邦判事に、幅広い解釈を許す裁量を与えてしまった。コーエンの錬金術はウォール街で長年よく知られていた手口だ。SACキャピタルが運用する資産規模は非常に大きかったので、同社の売買発注は常にニューヨーク証券取引所の一日平均売買代金の三％、ナスダック証券取引所の一％を占めていた。[14] その結果、同社は年間一億五〇〇〇万ドルを超える手数料を金融機関に支払っていた。これらの金融機関はコーエンやSACキャピタルの同僚にとって非常に価値のありそうな情報を持っていた。儲け話というのは、このような関係から生まれてくるのである。起訴される一〇年ほど前の二〇〇三年の『ブルームバーグ・ビジネス』誌の記事によれば、SACが普段金融機関に支払う手数料は「コーエンたちの強大な情報マシーンの潤滑油となった。」「コーエンは、売買やアナリスト情報を他者に先駆けて入手できるような影響力を得ることができた」という。またあるアナリストはこう語ってもいる。「ある企業についての分析やちょっとしたニュースがあるときはスティーブに電話で連絡していました。私は彼がその情報を元にすぐに売買をするだろうと思っていました。」SACキャピタルの元トレーダーの一人が語るには、同社の信条は、いかなるときでも「誰よりも早く情報を得る努力をせよ」であったという。

しかし、コーエンの会社のポートフォリオ・マネジャーら九人はインサイダー取引で有罪判決を受けたのに、コーエン自身の刑は予想以上に軽いものであった。彼の会社の罰金は一八億ドルであったが、連邦検事との和解交渉では、彼が積み上げてきた残りの利益については追及されなかった。[15] また、刑務所に送られることもなかった。おそらくコーエンが代理人として雇った高級弁護士軍団が、残る利益を法的に立証することの難しさやその作業が長期にわたることを示したからだろう（その意味では、この事案においては、彼の雇った弁護士は報酬に見合う価値があったというわけだ）。しかし、彼が巨万の富の大半を築き上げた二〇〇〇年から二〇〇八年頃、司法省長官とSEC委員長は共和党系であり、その共和党の大物献金者の一人がコーエンであったという事実や、二〇〇八年の大統領選挙の際にはSACとコーエンがオバマ候補の有力支援者であったという事実も、この処分に関係していたと思われる。[16]

アンソニー・チアソン（彼はSACキャピタルの元社員だ）の弁護士が二〇一四年、チアソンが別のインサイダー取引で起訴されたとき（控訴裁判所は一審の有罪判決を覆して無罪とすることに同意した）に主張したように、ウォール街では極秘情報は「法貨」であるというなら、SACの行為が特段異常というわけではない。[17] ヘッジファンド・ビジネスの下で大量の資金が流動していること、そこに極秘情報があること、そしてそれらの情報を活用した取引で莫大な利益がもたらされていることから、この業界はすべてとは言わないが、極秘情報を前提にしているとみなしても過言ではないだろう。ヘッジファンド・マネジャーはこのような法貨を容易に入手し、それを堂々と現金に換えることが可能な立場にある。そのため彼らの巨額の報酬は、異なる二種類の大金を反映することになる。一つは、投資家がだまされないことを願って払う合法的な賄賂、もう一つは極秘情報を利用した取引を通して投資家からもらう非合法な（百歩譲って法的に問題のある）手数料だ。少なくとも当事者間ではウィン・ウィンの状況である。こうして稼いだ資金のわずかな分け前を、政治家候補やロビイストや弁護士グループに捧げれば、インサイダー取引で逮捕されたり起訴されたりするリスクやコストを最小限にできる。スティーブン・A・コーエンがよい例だ。

彼らはまた、これまで述べたように、他の人々には使えない税制の抜け穴も活用できる。ヘッジファンド・マネジャーやプライベート・エクイティ投資のマネジャーは自らの所得を、通常の所得税よりも税率が低いキャピタルゲイン課税を使って納税することができる。この抜け穴に理論的な裏付けは全くない。しかも彼らは決して自分自身の資金を危険にさらさない。他人の資金を投資しているからだ。二〇〇七年、ミシガン州議員サンダー・レビンが、こうしたいわゆる「成功報酬」を通常の所得として扱うよう提案したところ、この年のヘッジファンド業界の政治関係支出は著しく急増した。[18] 当然ながら、その後、この法案が検討されることはなかった。

報酬に見合う価値

ウォール街の人々には、大金をもらうだけの「価値」があるのだろうか。人には誰しもその収入に見合う価値があるという型どおりの言いぐさはさておき、大きくて潰せないからといってもらえる隠れた補助金や内部情報を利用した取引など、彼らが収入を得る特殊なメカニズムを突き詰めてみると、大半が納税者や小口投資家の資金が当人も知らない間に業界に持って行かれていることがわかる。ウォール街の人々は市場のゲームのルールに影響を及ぼすことができるほどの富を持ってはいるが、彼らにその報酬に見合う、言葉どおりの意味での「価値」があるとはとてもいえないのである。

第13章 弱まる中間層の交渉力

前にも述べたが、私が子どもの頃、父は工場で働く労働者の奥さんたちにドレスやブラウスを販売していた。一九四〇年代終わりから一九五〇年代にかけて、工場の労働者たちの給料が増えたため父の商売も順調で、最初の店からそれほど遠くない町に二店目をオープンすることができた。私たち家族は裕福ではなかったが、いわゆる中間層としての生活を送ることができた。

第二次世界大戦後の三〇年間、米国の労働者の平均時給は、生産性の上昇と歩調を合わせるように上昇した。(1) 私の家族のような何千万の労働者が恩恵を受けるほどの好循環であった。米国経済が成長し、中間層が拡大し、購買力が上昇するにつれ、経済成長が加速して新しい投資やイノベーションを生み出し、それがさらに中間層を増やし豊かにしていった。

図4　米国における不平等の本質――生産性から乖離する賃金
純生産性と製造業・非管理職労働者の実質時給（1948–2012年）

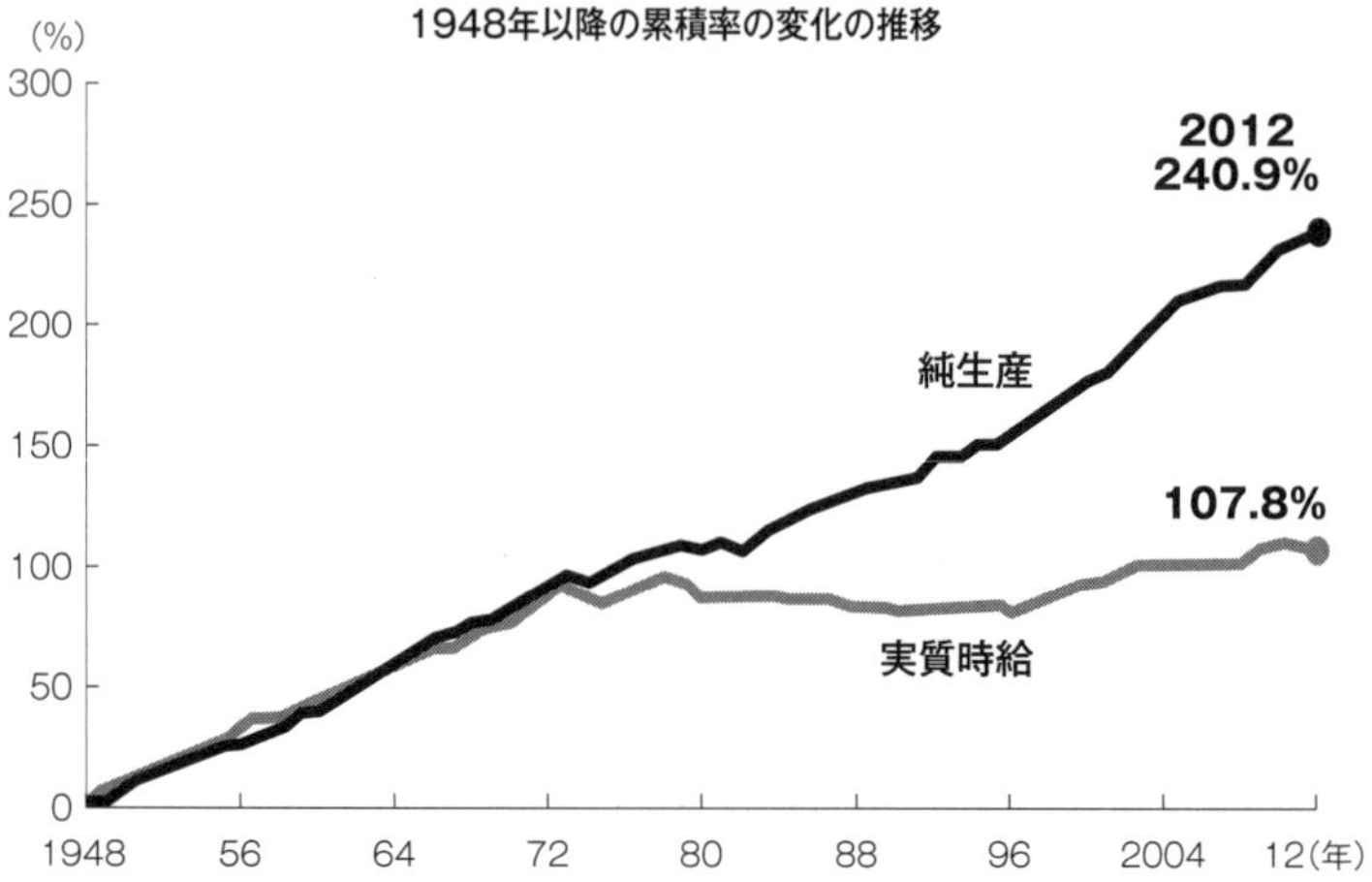

（注）　数値は民間部門の製造業・非管理職労働者の報酬（2012年時点）．純生産性は全産業を対象に算出，労働時間1時間当たりの製品およびサービスから，減価償却分を差し引いた生産量の成長率．
（出所）　米国労働省および商務省の統計をもとにした経済政策研究所（EPI）による解析．go.epi.org/2013-productivity-wagesより転載．

しかし一九七〇年代終盤に入るとその好循環は止まってしまった。生産性は以前と同じようなペースで上昇を続け米国経済も成長を続けていたが、賃金の伸びが止まって横ばい状態になったのだ（図4参照）。一九八〇年代初めになると、物価調整後の世帯収入の中央値の伸びも同じように止まってしまった。二〇一三年の典型的な中間層世帯の収入は五万一九三九ドルで、これは二〇〇七年の大不況（グレート・リセッション）に入る前よりも四五〇〇ドル少ない。[2]二〇一三年まで、平均世帯収入は四半世紀前の一九八九年よりも少ない状態が続いた。米国の労働人口の就労率の低下に見られるように雇用の安定性も悪化した。[3] つまり米国の中間層の大半が貧しくなったのだ（父が店をたたんだのも、このことと無縁ではない）。

二〇一三年の中間層の世帯収入は一九九八年よりも少なかった（物価調整値）し、全世帯の平均収入は二〇〇七年よりも八％も減少した。[4] 労働者の時給の状況も似たようなものだ。二〇一四年九月の労働者の平均時給は二〇・六七ドルで、物価調整するとこの金額は一九七九年の労働者の購買力とほぼ同じ水準で、一九七三年一月期よりも低い[5]（二〇一四年に換算すると一九七三年一月の購買力は二二・四一ドル程度だろう）。

通説では、こうした賃金や収入のUターン現象は、「市場力学」のせいで起こったと言われている。特にグローバル化と技術革新が労働者の競争力を削いでしまったというのだ。米国の労働者の仕事は非常に安い賃金でメキシコ、次いでアジアの労働者に外部委託されたか、あるいは国内にとどまったとしてもオートメ化やコンピュータやロボットが廉価に代替してしまった。いずれのケースも、米国の労働者はかつての好待遇のゆえに、自らを労働需要から押し出してしまったのだ。だからもし本当に仕事がほしいなら低賃金と不安定な雇用環境を受け入れるしかない。つまり「市場の思《おぼ》し召しのままに」というわけだ。

この解釈は実際に起こった事象と関連はあるものの、これでは説明がつかないことも多い。なぜこのような変化が短い年数の間に突然起こったのか、あるいは、なぜ同じような市場力学にさらされた他の先進国では、そのプレッシャーに簡単には屈しなかったのか（例えば、二〇一一年まで、ドイツの平均収入は米国のそれよりも増加ペースが速かった。ドイツの富裕上位一％層が税引前の国民総所得の一一％を受け取った一

図5　大学新卒者の男女別平均実質賃金（時給）2000-2014年＊

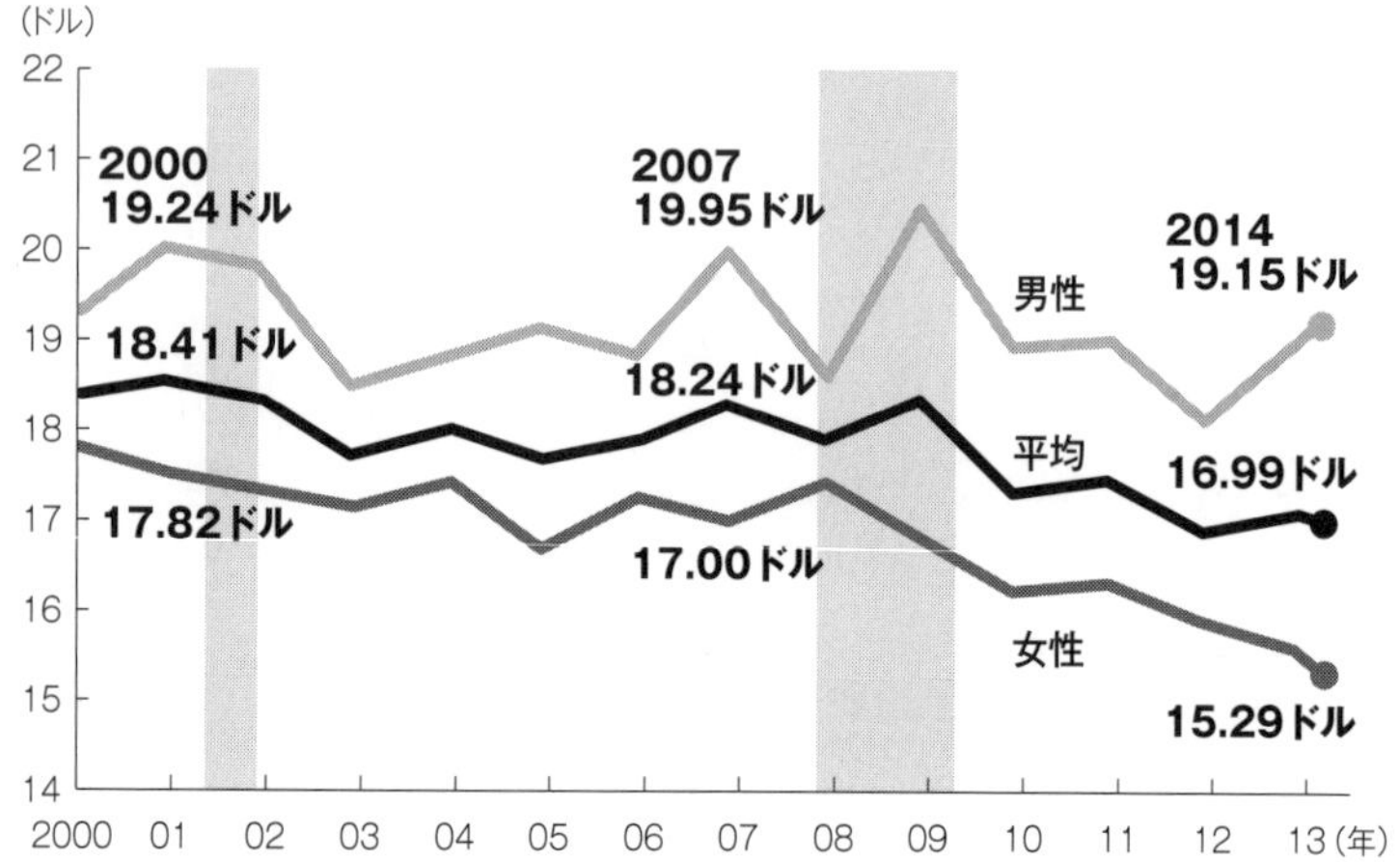

（注）　数値は，21歳から24歳の学部卒業生で，さらに上位の教育や学位を受けていない者のもの．網掛けは景気後退期．
＊2014年の数値は2013年4月から2014年3月までの12カ月の平均．
（出所）　米国労働省の統計に基づく経済政策研究所（EPI）による解析（http://stateofworkingamerica.org/chart/swa-wages-table-4-18-hourly-ewages-entry/）．

方で、米国の最上位一%層は一七%以上受け取っていた(6)。また、二〇〇七年に始まった大不況後の景気回復期の最初の六年間において、なぜ下位九〇%の平均所得が下落したのかについても説明できない(7)。

大学を卒業したばかりの若い労働者の平均賃金の伸び（物価調整値）が止まってしまっているという衝撃的な事実についても、グローバル化と技術革新では説明できない。大卒労働者はそうでない若者よりも高い賃金をもらえてはいるが、金額は伸びなくなった。二〇〇〇年から二〇一三年にかけて、大卒の一時間当たりの平均実質賃金は低下している(8)（図5参照）。ニューヨーク連邦準備銀行によると、二〇一四年の大学新卒者が大学の学位を必要としない職業に就いた割合は四六%

であった。[9] 既卒を含めた大卒者全体が、大学学位を必要としない職業に従事している割合は三五％である。『ニューヨーク・タイムズ』紙はこのキャリア形成において、「職にも展望にも行き詰まって身動きが取れない」状態にある、高等教育を受けた若い職業人を「リンボー世代（宙ぶらりんの世代）」と名付けた。[10]

中間層に何が起こったのかをさらに理解するには、大企業や金融業界の利益が増える一方で中間層の交渉力や政治的影響力を弱めることになった、市場の構造変化を精査する必要がある。構造変化は結果的に富の再分配を所得の上位層にもたらした。だが、この「再分配」は一般的に定義されている意味ではない。政府は中間層と貧困層に課税はしなかったが、彼らに再分配されるはずの所得の一部を、富裕層に移し替えたのだ。政府（そして政府に大きな影響力を有する人々）はゲームの仕組みやルールを変えながら、直接手をくださずに上位層への再分配に取り組んだのであった。

変わるCEOへの期待

まず最初に、企業の所有権に抜本的な変化が生じたことを検証してみよう。これまで述べてきたように一九八〇年代に入るまで、大企業は実質的に株主の権利を正当に行使する株主たちによって所有されていた。早くも一九一四年には、人気コラムニストで著名な哲学者であったウォルター・リップマンが、米国企業の役員たちに、アメリカという国の「幹事役」を担うよう呼び掛けている。「［大企業］に関わる人々は、公人のように振る舞うことが期待されているということを忘れてはならない。（中略）

知的レベルの高い大企業の幹部ならばこのことを理解しており、これまで以上に彼らの『責任』と『幹事役としての責務』について語り合っている。[11]」

続いて一九三二年には、弁護士アドルフ・A・バーリと経済学者ガーディナー・C・ミーンズがその著名な研究書『近代株式会社と私有財産』において、米国の巨大企業の役員たちは、株主に対する説明責任など考えていなかったことを報告している。それどころか、「自らの利益のために経営し、……会社の資産の一部を私的に使っていた[12]」。バーリとミーンズが結論として述べた解決策は、大企業の行動によって影響を受ける従業員や消費者など、関係する国内のあらゆるグループの力を強化することだった。筆者たちが思い描いていた未来の役員像は、投資家や従業員、消費者、一般市民などの言い分を冷静に比較し、それにしたがって自社の利益を公平に分配するプロの管理職だ。「企業システムというものが存続するためには、社会を構成する様々なグループの要望をうまく調整しながら、企業収益を私利私欲ではなく公共政策に基づいて各グループに振り分けて、大企業の『支配力』を、中立的な経営の専門技術によって発展させていくべきである」と述べた。

この企業統治の考え方は、第二次世界大戦が終わる頃には広く受け入れられるようになった。スタンダード・オイル・オブ・ニュージャージー会長のフランク・エイブラハムが一九五一年に行った演説は、当時の企業経営者たちの心構えを如実に表している。「経営の仕事とは、企業経営で直接影響を受ける様々な団体……株主、従業員、顧客、そして広く一般社会の要望や要求に対して公正な態度で調整していくことである。企業の経営幹部は、他の職業のプロたちが自覚的に負っているのと同じような社会的責任が自らの経営業務にも存在することを根本のところでは理解しているのだから、彼らもプロ経営者という地位を獲得しつつあると言える。[13]」

一九五〇年代初頭、『フォーチュン』誌は、CEOは「産業界の指導者たれ」と鼓舞したが、実際さまざまな意味で当時のCEOたちは、社会全般に行きわたるような繁栄を導く経済活動をしようと指導者としての役割を果たしていた。[14]『タイム』誌は一九五六年一一月号で、企業のリーダーたちは企業財政的な「損益のみならず、地域社会にとっての損益をもとに、自らの行動を判断する」ことに前向きであると指摘している。同誌によれば、ゼネラル・エレクトリック（GE）は、すべてのステークホルダーにとって「バランスのとれた最善の利益」を追求することで有名であったという。紙・パルプ業界の大物J・D・ゼラーバックも同誌に対し、「アメリカ人の大多数は、私企業制度を支持している。それが天与の権利だからではなく、自由社会で事業を行う上で最も実用的な手段だからである。（中略）一般の人々は、企業経営をスチュワードシップ（受託責任）と捉え、すべての人々の利益になるような経済を期待して国民から託される職務であると考えているのである」と述べた。[15]

しかし一九七〇年代後半から八〇年代前半になると、会社の保有に関して全く異なる見解が出現した。この見解は敵対的買収を仕掛ける企業の乗っ取り屋の登場とともに広がった。乗っ取り屋は高利回りのジャンク債を巧みに使って株主に株を売却させようとした。彼らはレバレッジド・バイアウトで買収先企業の株式を買い占め、「産業界の指導者」たちを相手に委任状争奪戦を繰り広げた。[訳注1]乗っ取り屋に言わせると、本来株主に帰すべき富を「産業界の指導者」たちが奪っているというのである。彼らは、株主こそが正統な企業所有者であり、企業の果たすべき唯一の目的は株主利益を最大化することだとみなしていた。

この変化は偶然起こったわけではなかった。それは企業と金融市場をめぐる法や制度の体系が変化したことによる産物であった。これを推進したのが企業利権とウォール街だ。一九七四年、年金基金や保険会社や金融業界からの強い要請により、連邦議会は従業員退職所得保障法（ＥＲＩＳＡ。エリサ法）を制定した。エリサ法が施行される以前は、年金基金や保険会社が投資できるのは、年金受給者や保険契約者との契約の下での信認義務により、投機的でない社債や政府債のみであった。エリサ法により年金基金や保険会社も運用資産を株式市場に投資できるようになり、莫大な資金がウォール街に出現したのだった。[16]一九八二年には別の巨大資金がやってきた。連邦議会が、地方の住宅ローン市場の基盤をなす貯蓄貸付銀行に対し、自行の預金をジャンク債（低格付け社債）や高利回りを謳うリスクの高い事業などに投資することを認めたのだ。[17]しかも都合のよいことに、損失が出た場合に政府が貯蓄や預金を保証していたことも、こうした投資をいっそう魅力的なものにした[18]（結局、貯蓄貸付銀行の多くがその後倒産し、その救済のため約一二四〇億ドルを納税者が負担することになった）。その間、レーガン政権は銀行や金融に関わる規制をほかにも続々と緩和し、同時に証券取引委員会（ＳＥＣ）の職員を削減して法の執行力を低減したのである。

このような状況は、企業の乗っ取り屋たちに買収資金や法的な承認を得やすくさせ、敵対的買収の件数は増えていった。一九七〇年代は一〇年間を通じて、時価総額一〇億ドル以上の企業の敵対的買収は一三件のみであったが、一九八〇年代には一五〇件に上った。一九七九年から一九八九年の間に、金融ビジネスを興した起業家により二〇〇〇以上のレバレッジド・バイアウト・ファンドが立ち上がり、それぞれが二億五〇〇〇万ドルを超える規模であった[19]（このLBOの宴は、乗っ取り屋のアイヴァン・ボウスキーがインサイダー取引と市場操作で逮捕され、その後司法取引が成立して政府の情報提供者になったために一時中断となった。ボウスキーは、株価操作と顧客に対する詐欺行為にマイケル・ミルケンとミルケンのジャンク債を扱っていた有力投資銀行ドレクセル・バーナム・ランバートが関わっていると密告した。ドレクセルは有罪となり、ミルケンはインサイダー取引や詐欺を含む九八の罪で起訴され、刑務所に入ることになった[20]）。

人件費の削減と株価上昇

乗っ取りにさらされないとしても、CEOたちは自らの会社が標的になる恐れから、株主利益を最大にしなければとプレッシャーを感じていたため、株価を上げることが自らの主要な役割だと考えるようになった。コカ・コーラのCEOロベルト・ゴイズエタは新たな哲学を雄弁に語ったが、それは数十年にわたって企業の指導者たちが唱えていたこととは明らかに異なっていた。「経営者の仕事はただ一

【訳注1】 レバレッジド・バイアウトとは、買収先の企業の資産を担保にして資金調達を行い、その企業の株式を買い占めること。LBOと略されることが多い。

つ、会社の所有者たちのためにフェアなリターンを生み出すことです」とゴイズエタは述べたが、彼の言う「フェアなリターン」が「可能な限り最大」のリターンを意味することは誰もが理解していた。[21]

この新しい哲学に沿って手っ取り早く業績を上げる方法はコスト削減だ。特に、ほとんどの企業において最大の支出項目である人件費の削減である。一九五〇年代から一九六〇年代の「企業指導者」たちは、一九八〇年代から一九九〇年代には「企業解体屋」に取って代わられてしまった。解体屋の仕事は、当時の表現を借りれば「肉を落とし」「骨までしゃぶる」ような大ナタを振るうことであった。ジャック・ウェルチがGEのトップに就いた一九八一年、同社の時価総額は一四〇億ドルに満たなかったが、ウェルチが退任した二〇〇一年には四〇〇〇億ドルになっていた。[22]これが達成できたのは人件費の削減が大きい。彼が就任する前は、従業員の多くは定年までGEで働いていた。しかし一九八一年から八五年の間に従業員の四分の一（合計一〇万人）が解雇され、ウェルチは「ニュートロン・ジャック（中性子爆弾ジャック）」との異名をとることになった。[訳注2]ウェルチは業績がよいときでさえ、GEの競争力を維持するために、幹部の部長クラスに毎年部下の一割を入れ替えるよう推奨していた。

経営者の中にはウェルチを凌ぐ者もいた。製紙業大手スコット・ペーパーのCEOで「チェーンソー」の異名をとるアル・ダンラップは、本社スタッフの七一％を含め、合計一万一〇〇〇人の従業員を解雇した。[23]ウォール街はこのリストラを評価し、同社の株価は二二五％上昇した。ダンラップは、一九九六年にサンビーム社に移るや否や、同社の社員一万二〇〇〇人の半数を解雇した（ダンラップ本人にとっては不運なことに、サンビーム社が粉飾決算をしたため、彼は逮捕された。SECはダンラップを詐欺罪で起訴、ダンラップは今後上場企業の経営幹部や取締役に就任しないことに同意し、五〇万ドルの罰金を支払った[24]。先に述べたIBMとヒューレット・パッカードも、以前は終身雇用と高い給与水準の方針を持つことでよく知られていたが、変化が起こってからは、大ナタを振るったのだった。

その結果、すでに述べたように、株価は急伸し、それに伴ってCEOの報酬も急増していったのである(図6を参照)。

理論的には、各種の経営資源をより高度により効果的に活用したことになるので、株価上昇は、効率性の向上がもたらしたものと評価された。しかしこの変革における人的損失は甚大なものであった。ごく普通の労働者は解雇されるか、給料を減らされてしまい、多くの地域社会も見捨てられてしまった。効率性によってもたらされた恩恵は、広くは共有されなかったのだ。労働者の企業との交渉力が徐々に奪われていくにつれ、生産性と労働者の収入との間の連関も断ち切られてしまった。一九七九年以降、米国の生産性は六五%上昇したが、労働者の平均報酬の上昇はたった八%であった[25]。生産性上昇のほとんどすべての恩恵が、富裕上位層に向かったのだ。前述したように、今日の平均的労働者は三〇年前の労働者に比べ、物価上昇を考慮するとほとんど生活レベルが変わらない。むしろ多くは経済的に不安定

【訳注2】 建物は破壊せず、中にいる生命体のみを破壊する中性子爆弾になぞらえ、ウェルチが会社という構造を維持して人材を切ることからこう呼ばれた。

図6　ダウ・ジョーンズ工業平均株価

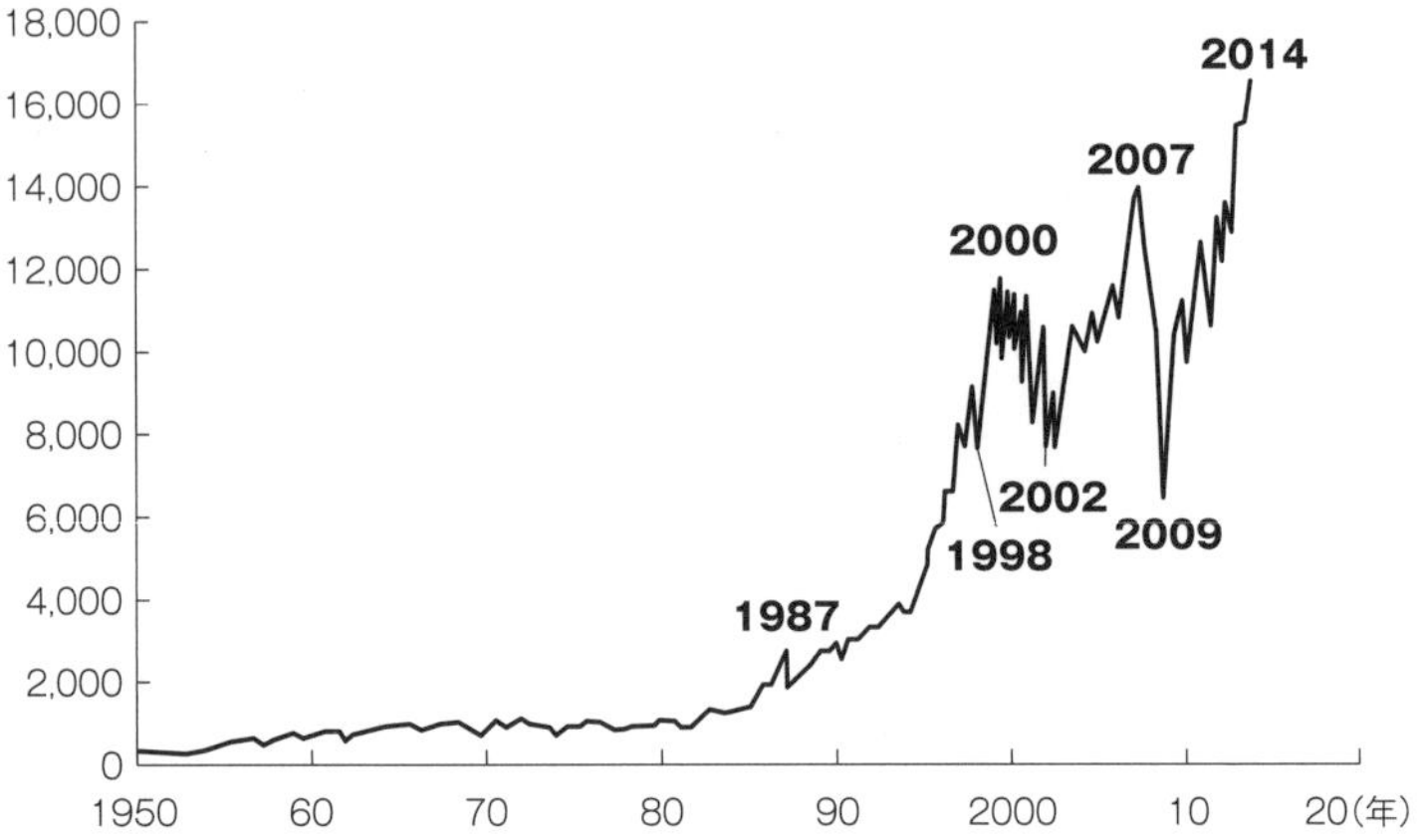

（出所）　e-wavecharts.com.

な状態に追い込まれている。当然ながら、株を持っている人などほとんどいない。

低迷する労働者

労働者は、現在の職を失うことを恐れて低賃金（もしくは物価上昇率分すら上がらない給料）を受け入れ、自ら賃金を押し下げてしまった。ここで再び、政治判断がこの傾向に重要な役割を果たすこととなった。雇用不安が拡大した一因は、米国企業に海外へのアウトソーシングを促した貿易協定にある。すでに述べたように、政府による「保護主義」に対抗するものとして、「自由貿易」と「自由市場」を同一視する従来の見解は間違っている。いかなる国家の市場も、それをどう構築するかにおいてその国の政治的な判断が入っている。現に「自由貿易」協定には、異なる市場システムをどうやって統合するのかという複雑な国家間交渉が伴う。このような交渉において最も重要な局面は、知的所有権や金融や労働などの分野に現れる。そしてこの交渉過程で、知的所有権や金融資産を完璧に保護することを求める大企業や金融業界が持つ権益が、労働価値を死守しようと願う平均的な労働者たちの権益を徐々に侵食していくのである（個人的な告白をしよう。クリントン政権の労働省長官だったとき、私は、政権の一員という制約の中で北米自由貿易協定（NAFTA）に反対の論陣を張っていたが、その懸念を世間に公にはしなかった。なぜなら、NAFTAにせよ、中国の世界貿易機関（WTO）加盟などこれに関連する他のホワイトハウスの決定にせよ、それらに断固反対を貫いて辞任するよりも、政権に留まっていれば、内側からもっとよくしていけると考えていたからだ。その後の数年間、私はそれが正しい判断であったかどうか考え込むことがあった）。

失業率が高いことも労働者が低賃金を受け入れざるをえない一因だ。そしてここでもまた、政府の政策が重要な役割を担った。景気刺激策や失業対策よりも財政赤字削減を重視して、FRBが金利を引き上げ、議会も緊縮財政に舵を切ると、そのせいで増えた失業によって平均的労働者の交渉力が弱まり、賃金の低下が起こった。FRBと議会が逆のことをすれば、雇用増と賃金上昇につながったはずだ。クリントン政権下では失業率が大幅に低下したために、時間給ベースで働く労働者は、賃金を引き上げる交渉力を得ることができた[26]。それは、一九七〇年代後半以降で初めて、時間給労働者の賃金が持続的な上昇を示した時代であった。

しかし企業幹部やウォール街は、多くの労働者が低賃金を受け入れることを望んでいた。そのようにすれば会社は増益となり株主へのリターンが高まるからだ。さらにこのことは直接・間接的に、企業の役員やウォール街の人間たちのリターンが高くなることにつながる。長期的には、このやり方では勝ち目はない。なぜなら高い利益を出すには、売上増が伴わなければならないが、そのためには生産財を買うだけの購買力を持つ巨大な中間層が必要だからだ。しかし、世界で事業を展開する大企業のCEO、あるいはウォール街の投資銀行家やファンドマネジャー一人ひとりが持つ限られた視座からは、長期的な利益よりも、次の四半期決算で生み出す株主へのリターンのほうがもっぱらの関心事となるため、低賃金政策は魅力的に映るのである。低賃金はまた、企業の保有資産の価値を損ないかねないインフレーション時に、リスクを軽減する効果があるとも考えられている。

中間層の交渉力を弱めることは、経済の変化で生じるリスクを中間層に負わせることにもなった。ニューディール政策や第二次世界大戦時の公共政策は、厳格な雇用契約、社会保障制度、労災補償、週四八時間労働と時間外労働に対する五割増し賃金、企業が提供する医療給付（戦時中の価格統制下では、昇給の代わりにこうした非課税の福利厚生を増やすことが奨励された）などを通じて、リスクのほとんどを大企業側に負わせていた。大企業の大多数の従業員は生涯そこに勤め、給料は年功や生産性や生活水準、業績の向上に伴って着実に上昇していった。一九五〇年代まではこうした雇用関係がきわめて一般的であったため、従業員は自らの職と会社に対する所有権を有していたといっても過言ではない。

しかし一九八〇年代にジャンク債と企業買収への熱狂が高まると、このような雇用関係は崩壊してしまった。数十年間同じ会社で働いていた正社員が、今や解雇手当も再就職先の斡旋も、医療保険もなしに、一夜にして職を失うのである。米国では五人の労働者のうち一人は非正規雇用だ。(27) 派遣労働者、フリーランス、自営の請負業者、コンサルタントなどの数は増えており、これらの職業の収入や労働時間は、毎週あるいは毎日のように異なっている。二〇一四年時点で、アメリカ人の六六％がカツカツの生活を送っている。(28)

年金がないまま年を取っていくというリスクも増加している。一九八〇年当時は大企業や中堅企業の八〇％以上が、従業員に確定給付型退職手当制度を提供していた。(29) これは、定年後に毎月決まった金額が支給される制度であるが、今やその割合は三分の一を切ってしまい、代わりに確定拠出型が提供されている。確定拠出型は年金資金の運用で生じるリスクを従業員に転嫁する仕組みである。二〇〇八年のように株式市場が暴落すると、四〇一（k）プランの運用成績も同様に下落する。今日、退職手当制度に加入している労働者の三分の一は掛金を払えていない。したがって彼らの雇用主である企業も、マッチングで負担すべき事業主掛金を払っていない。(30) 年収五万ドル未満の労働者に限ってみれば、掛金を払っている割合はさらに低くなる。全体として、雇用に伴う年金に加入している労働者の割合は一九七九年では五割を上回っていたが、現在は三五％を下回っている。(31) メットライフ社の二〇一四年の従業員アンケートでは、四〇％の従業員が会社側はさらに年金の給付額を下げてくるだろうと予想している。(32)

一方、突然収入を失うリスクも増え続けている。ミシガン大学の収入動態に関するパネル調査（ＰＳＩＤ）によると、すでに二〇〇八年の金融危機以前の段階で、どの任意の二年間を取ってみても、約半数の世帯が何らかの形での収入減少を経験していた。そしてこの傾向はしだいに悪化している。(33) 一九七〇年代の平均的な家計減収はマイナス二五％だった。(34) 一九九〇年代末までには減収率は四〇％となった。

二〇〇〇年代半ばまでの家計収入の増減の振幅は、一九七〇年代半ばのそれと比べて倍ほどもあった[35]。経済的に不安定な労働者は、高い賃金を要求する立場にない。彼らは機会を得ようという前向きな気持ちではなく、不安な気持ちのほうに引きずられて行動してしまう。これが政治力を使って自らの思いどおりにしようとする人々によって作られた。米国資本主義の紛れもない現実なのである。

労働組合のゆくえ

中間層の力が弱くなっていることを示す三つ目の要因は労働組合の崩壊だ。五〇年前、ゼネラル・モーターズ（GM）は米国最大の雇用主だった。典型的なGMの従業員は、現在価値に換算して時給三五ドルを稼いでいた。二〇一四年、最大の雇用主はウォルマートになり[36]、従業員の平均時給は一一・二二ドルだった（二〇一六年二月から、ウォルマートは最低時給を一〇ドルに引き上げる予定である）[37]。だがこれは、半世紀前にGMで働いていた従業員が、二〇一四年にウォルマートで働く従業員よりも、三倍「価値」が高いという意味にはならない。GMの従業員はウォルマートの従業員に比べ、よい教育を受けたわけではなかっただろうし、特段労働意欲が高いわけでもなかったろう。本当の違いは、五〇年前のGM従業員は、強い労働組合をバックに、自動車製造に関わる従業員全員が団体交渉力を発揮して、企業収益のかなりの部分を従業員に向けさせるべく闘えていたことだ。また、全米の労働者の三分の一を上回る人々が労働組合に加盟していたため、組合と企業とで妥結した条件が、非組合員の賃金や手当の引き上げにもつながっていた。[38] 労働組合のない企業も、労働組合を持つ他社が妥結した労働組合協定とほぼ同じ雇用条件にしなければ、早晩、組合が結成されるとの懸念を持っていた。

現代のウォルマートの従業員は、よい条件を求めて交渉する労働組合を持っていない。彼らはそれぞれ個人で交渉を行っている。現在、民間企業の従業員で組合に加入している人は七%にも満たないため、全米の大多数の雇用主は、労働組合協定に準じていなくても問題を感じないのである。[39] そしてこれが組合員を抱える企業にとっては不利に働き、「底辺への競争」が起こってしまった。

米国の労働組合の凋落は、単に「市場の力」がもたらした結果に過ぎないという人たちもいる。しかし、ドイツなど他国では同じように「市場の力」にさらされながら、いまだに労働組合が強い存在感を示している。そして、これらの労働組合が、中間層に経済成長の分け前の多く（それは米国の中間層が得る割合よりもはるかに大きい分け前だ）を要求できるような強い交渉力を与えている。アメリカ人の多くが賃金がほとんど上昇しない数十年間を送ってきたのとは対照的に、ドイツの一時間当たりの実質賃金は一九八五年以降、三〇%上昇した。[40] 前述したように、米国の富裕上位一%層に向かう国内総所得の割合は一九六〇年代の一〇%から、二〇一三年には二〇%を超えるまでに上昇したが、ドイツの富裕上位一%層が得る国内総所得の割合は一一%の水準まま、ほぼ四〇年間変わっていない。[41]

なぜこのような違いが起こったのだろうか。労働組合にかかわる政治的駆け引きと権力の使われ方を見てみよう。ここでも、資本主義の構成要素として私が述べてきた市場の力と、それに制約を課す政府の役割とを考えてみるのが有効だろう。シャーマン独占禁止法施行後の最初の数十年間は、労働組合が主な標的の一つであった。一八九四年に鉄道員がストライキを行ったとき、連邦裁判所は独禁法に則り「取引を違法に制限している」としてこれを認めなかった。[42] グルーバー・クリーブランド大統領は二〇〇〇人の軍隊を派遣してストライキを中止に追い込んだが、その結果十数名が亡くなり、設立間もない「米国鉄道労働組合」は解散を余儀なくされてしまった。[43] 組合運動は多くの財界リーダーたちから国家に脅威を与えるものとみなされ、組合の目的は経済原理に反すると受け止められていた。一九〇三年、全米製造業者協会の会長は次のように警告を発した。「労働者はたった一つの法しか知らない。それは力づくの法であり、フン族とヴァンダル族の掟であり蛮人の掟だ。学のある者ではなく筋骨隆々とした者が集められ、革命を心から信奉するリーダーたちによって指導されている。組織化された労働力が経済学の自然の法則と真っ向から対立するのも無理はない。[44]」

しかし、平均的な労働者が政治力を獲得するに伴い、彼らは組合活動を正統化し、経済活動における重要な要素として確立させた。進歩党の時代、議会は一九一四年にクレイトン独占禁止法を可決した[45]が、ここでは「人間の労働は農産物や商品ではない」として同法の対象から労働組合が除外されていた。一九二一年に最高裁判所は同法をやや反抗的に解釈し、労働組合を非合法化した（このとき、ホルムズ判事、ブランダイス判事、クラーク判事は異議を唱えた）が、議会は一九三二年のノリス＝ラ・ガーディア法でついに労働組合を永続的に合法とした。[46] 一九三五年の全国労働関係法ではさらに範囲が広まり、労働者に組合を組織する権利を保証し、雇用主に対して労働組合と交渉するよう法的な義務を課した。[47]

一九三〇年代後半から一九四〇年代にかけて労働組合は経済力とともに政治力をも増強させ、それによってさらに労働者の交渉力を拡大させていった。一九五〇年に締結された伝説的な「デトロイト条約」において、大企業と大労働組合は労働者の平和を保障することと引き換えに、ともに生産性向上に取り組むことで合意した。[48] 組合組織率は急増し、賃金と福利厚生も同じように増加した。このことが、一九五〇年代までに米国の民間部門で働く全従業員のおよそ三分の一の人々が労働組合に加入していた理由であり、平均賃金が生産性の伸びと並行して上昇した理由である。

「労働権州」の登場

一九七〇年代になると、この一連の流れは後退を始めた。組合員数は減少し始め、すると労働者の交渉力や影響力が落ちて、組合の経済力や政治力も弱まっていった。減退の理由にはこれまでに述べてきたような変化が関わっている。すなわち、労働に代わる技術とグローバル化、さらに企業の使命が株主利益の最大化に移行したことである。だがここには労働組合の持つ経済的な影響力を弱めようとする政治的・法的な判断が関わっていた。その結果、組合が自らの崩壊を阻止するために保持していた政治力までもが弱まった。ロナルド・レーガン大統領がストライキを決行しようとした国家航空管制官を大量解雇した悪名高い出来事（とはいえ、管制官にはスト権がなかったのだから大統領には解雇する権限があったわけだが）は、米国の労使関係が新たな時代に入ったことを大企業の経営者たちに知らしめることとなった。[49] 組合員を多く抱える企業の経営者は、雇用の維持を条件に賃金面での譲歩を従業員に強く要求するようになった。多くの企業が、自社施設を「労働権法」を持つ州に移転させたり、移転させると脅かした。同法では組合加入や組合費の支払いを雇用の条件としないことが認められていたため、非組合員を雇用することができたからである。

二〇一三年にアメリカン航空が実際にやったような、労働協約を破棄するために戦略的に倒産を利用する慣行は一九八〇年代に始まった。航空業界の組合員にとって繰り返される悪夢の発端となったのが、一九八三年、コンチネンタル航空のCEOであったフランク・ロレンゾが、資金繰りが悪化した同社を倒産させ、雇用契約を破棄して数千人の従業員を解雇したケースだ。[50] ストライキ中のパイロットと客室乗務員たちに代わる要員を雇用し、新たな従業員には以前の雇用契約に基づく給与の半分だけを保証し、しかもより長時間働くよう求めた。一九九三年にはノースウェスト航空が倒産の危機に陥り、客室乗務員と整備士に対し賃金面での譲歩を迫った。[51] それから一〇年後、ノースウェスト航空の四〇〇〇人以上の整備士がストライキに入ると、同社は整備士の仕事の大半を外部委託することにした。[52] ユナイテッド航空は二〇〇二年に倒産（その際、パイロットと客室乗務員に九・五%から一一・八%の給与カットを受け入れるよう要求した）したが、その後二〇〇六年に倒産から立ち直ったときには、かつてないほどの高収益体質となっていた。[53]

一九七四年のタフト＝ハートレー法（労使関係法）によって「労働権」が認められると、組合費を払わない労働者が払っている労働者よりも有利になる状況が起こり、組合に参加する動機が損なわれてしまった。[54] しかしこの法律は一九八〇年代までは米国南部と西部の複数の州で適用されていただけであり、多くの産業の中心が北部と中西部であったことから、その影響は限定的なものであった。だが企業が株主や投資家に対して高いリターンと人件費の削減状況を示さなければならない状況になると、経営者は「労働権州」に魅力を感じ始めたのであった。二〇一二年には、古き良きアメリカ産業の中心地であるインディアナ州とミシガン州までもが労働権法を適用、二〇一五年にはウィスコンシン州も加わった。(55)

弱体化する組合

地方に住んで、小売業やレストラン、施設管理、ホテル業、高齢者や児童の介護・養護事業、病院、運輸など小規模なサービス業に従事する労働者たちは、それぞれの業界大手との競争に直面していた。地元経済で働く人々が従事する仕事は、海外に外部委託できないし自動化にも適していないため、職を失う危険は少なかった。実際、地元経済におけるサービス業雇用者数は増え続けている。だが問題はこれらの職種の賃金が非常に低い水準にあるということである。福利厚生が付帯していることはまれで、昇進もほとんどない。由々しきことに、彼らのほとんどは労働組合に加入していない。彼らが組合員であれば雇用主との交渉においてより有利になったかもしれないのだ。

ウォルマートや大手ファストフード・チェーン各社は、断固として反労組であった。従業員が労働組合を結成する可能性ありと見るや、結成の是非を問うための従業員投票を手続き面で妨害したり、結成手続きを進めようとする従業員に報復的に遅延作戦を用いたり、他の従業員に反対に投票するよう

図7　労働組合員数の減少に伴う中間層の所得割合の減少

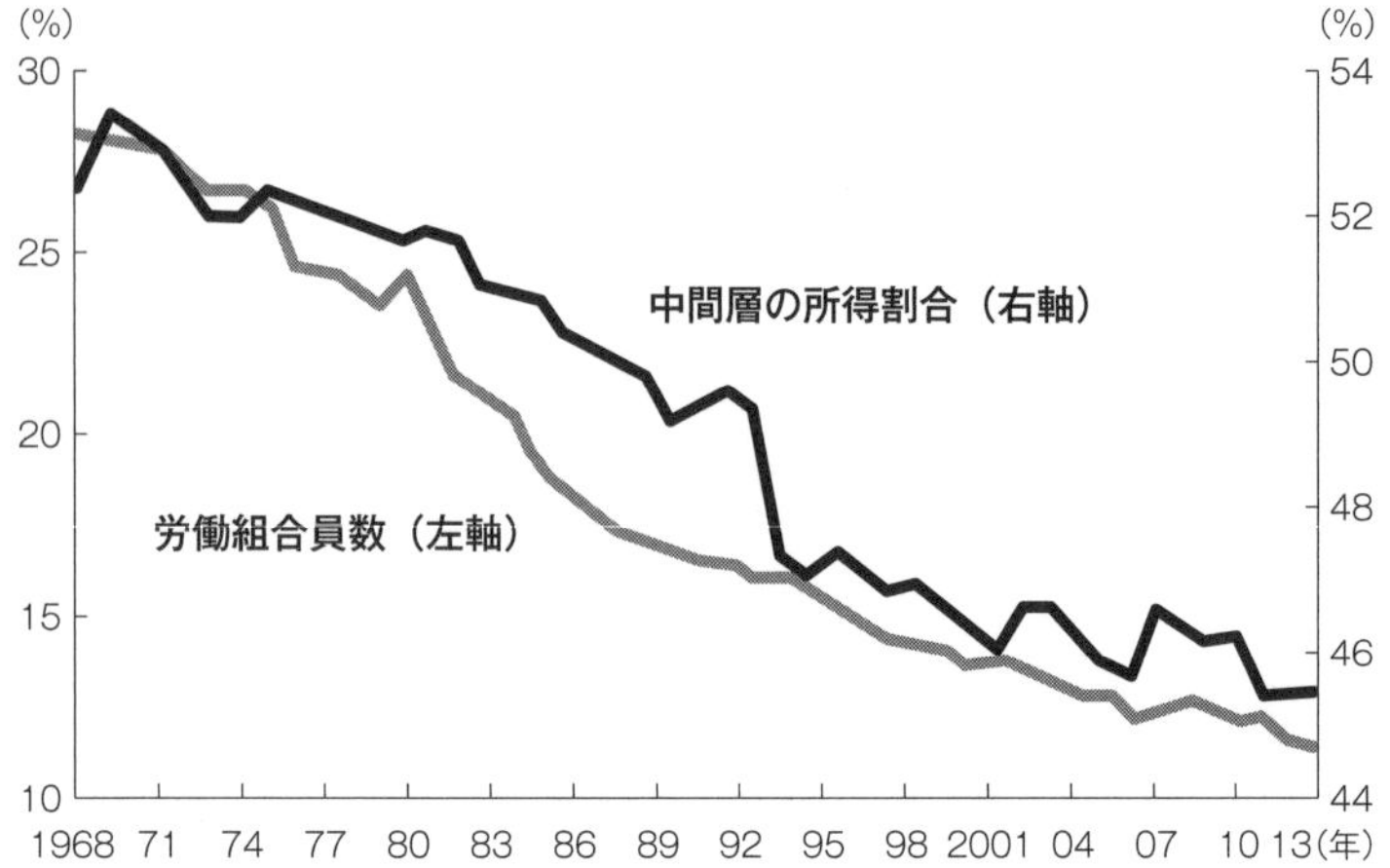

（出所）　センター・フォー・アメリカン・プログレスファンドの分析による．組合加入率については，バリー・ハーシュ，デビッド・マクファーソン，ウェイン・ブローマンらによる「州別組合結成率試算」（月刊労働レビュー124号（2001年7号）51–55頁に基づく（http://unionstats.gsu.edu/MonthlyLaborReviewArticle.htm.）．中間層の所得割合については，米国商務省国勢調査局「Table H-2：年収5分位および上位5%層の総世帯収入の割合」に基づく（http://www.census.gov/hhes/www/income/data/historical/household.）．

強要したりした。これらの行為は全国労働関係法に違反していたが、前に述べたように、一九八〇年代に、連邦議会が同法の施行予算を削減してしまった。その結果、労働組合の結成や団体交渉などの労働者の権利保護にあたる連邦行政機関「全米労働関係委員会（NLRB）」は、おびただしい数の未処理案件を抱えることになった。雇用主が違法に従業員を解雇したことが明らかな場合ですらわずかな罰則で済ませてしまい、例えば、解雇した日から起算した「失われた」賃金を補うよう命じただけというケースもあった[56]。その後の民主党政権の歴代大統領は、組合結成手続きの簡素化や、違反した雇用主に対する罰則強化などの法制化を公約したが、いまだ何も実現していない。

こうして民間部門の組合員数の減少は下げ止まらない状態となり、これと並行して総所得に占める中間層の割合も減少していったのである[57]（図7参照）。

失われる労働者の交渉力

根本的な問題は、平均的な労働者の労働市場における「価値」が昔ほどでなくなったとか、彼らが身の丈以上の暮らしをしているからということではない。そうではなくて、現代の労働者が、戦後三〇年にわたり獲得できた米国経済の利益の分け前を、当時のように要求するだけの交渉力を徐々に失ってしまったことが問題の本質である。彼らの所得水準は、交渉力があれば得られたであろう経済的利益の取り分に至っていないのだ。

このことの帰結を「自由市場」による非人間的労働のせいにしてしまっては、一九八〇年代以降、市場を誰がどのように再編したのかという問題を見逃がしてしまう。それでは、カネまみれの利権によって経済的利益の取り分をしだいに拡大していった資本家の力を看過することになるし、彼らの経済的利益が徐々に蓄積され、それがさらなる蓄積力を強めることを容認することにもなりかねない。さらに、現代の政治経済システムにおける中間層の「拮抗力（Countervailing Power）」が著しく弱体化している問題をも見過ごすことになりかねないのである。

Chapter 14
The Rise of the Working Poor

第14章 ワーキング・プアの台頭

職業が「価値」を決め、それがその人の持つ美徳や社会的責任を示しているというこれまでの常識はさらに通用しなくなってきている。正社員でありながら貧しいままの人々が相当増えている一方、全く働いていないのに裕福な人々が少なからず存在するからだ。正社員として働いているのに収入が少なく、自分や家族を貧困状態から救いだせない人がますます増える一方で、彼らの対極にいる富裕層があまりにも莫大な資産（そのほとんどが遺産相続である）を保持しているため、汗をかくことなく十分快適な生活を送っているという事実は、にわかには受け入れがたい。

つい最近まで貧困問題といえば、子どもを持つ未亡人、高齢者、障がいのある人や重い病を抱える人や失業中の人など、仕事がない人々の問題であった。そういう人々を救うために公的セーフティネットや民間の慈善団体が作られたが、フルタイムで働く正社員が困窮するのはまれなことだった。なぜならすでに述べたように、経済が中間層の仕事を大量に生み出し、人々には満足のいく給料とそれに伴う安定が確保されていたからだ。だがもはやこのような状況は存在しない。政治家の中には、たとえば二〇一四年にジョン・ベイナー下院議長が述べたように、貧しい人々は「自分は働かなくていい。本当に働きたくない。ダラダラしているほうがいいんだ」という「考え」を持っているのだという見方に固執する人もいる。(1) だが実際には、米国の貧困層はコツコツと真面目に働いており、週四〇時間以上働くことも多く、中には二つ、三つと仕事を掛け持ちしている人もいる。(2) それなのに彼らもその家族も、貧しい状態から脱け出せないでいるのだ。

米国でワーキング・プアの存在感が増してきた理由は複数ある。一つ目は、所得最下位層の賃金（物価調整値）が下がり続けていることだ。二〇一三年までに、ワーキング・プアといわれる人々は四七〇〇万人まで増加した。国民七人に一人の割合だ。また全労働者の四分の一が、フルタイムで継続雇用されている人が一家四人を扶養するのに必要とする収入（連邦政府の定める貧困ラインを上回るレベル）に満たない給料の職に甘んじている。(3) この低賃金のさらなる低下傾向は、「大不況」後の景気回復期においても依然続いている。二〇一〇年から二〇一三年の間に、所得下位二〇％層の平均収入は八％減少し、平均保有資産は二一％も下落した。(4) 国際ＮＧＯ「オックスファム・アメリカ」の調査によれば、二〇一三年に米国での食料配給などの食料寄付プログラムを利用している四六〇〇万人のうち、半数以上は職に就いていていたか、職を持つ人の家族であったという。(5)

給与が下がれば人の価値も下がるというトートロジーはひとまずおくとしても、これらの労働者たちの「価値」は、本当にはそれほど下がるはずがない。実際には労働者の所得の低下は彼らが経済力や政治力を持っていないことと深く関わっている。景気の低迷時には、経営者たちは利益を求めて人件費を削減し、外注を増やしたり、オートメーション化で代替させたり、あるいは従業員に賃下げを強いる。こういう経過の中で、多くの中間層が給与水準の低い地方のサービス業へと押しやられたのだ。小売業やファストフード産業などの低賃金産業は、「大不況」期に失われた職の二二%を占めた[6]。ところが、全国雇用法プロジェクトの報告書によれば、「大不況」ののち二〇一三年までの間に創出された雇用の四四%が、これらの低賃金産業であったという[7]。これらの産業の雇用主は、敵意を持つほどのアンチ労働組合である場合が多く、従業員による組織化の試みを巧みに阻止してきたのである。

最低賃金が上がらないワケ

一方、政府が定める最低賃金の実質的価値はインフレによって徐々に損なわれている。議会（より正確には、議会共和党）は減少分を補うため最低賃金を引き上げるという選択を取らなかった。全国レストラン協会、全国小売連盟、そしてこれらの団体を支持する最大手のファストフード・チェーンや小売店業者が、最低賃金の引き上げに反対するロビー活動を行ったからだ。それにより最低賃金はさらに下がることとなった。二〇一四年の最低賃金の実質価値（時給七・二五ドル）は、私が労働長官として引き上げ闘争をした一九九六年時の最低賃金よりも低い。(8) 最低賃金の実質価値を、一九六八年当時の水準のままと仮定すると、現在の最低賃金は時給一〇・八六ドルとなる。(9) 当然、現在の米国経済は規模も生産性も当時に比べて大幅に拡大した。

にもかかわらず、最低賃金の「実質価値」を維持しようとすれば、雇用主はますます低賃金層の労働者を解雇しようとするだろう。なぜなら彼らはもはや人件費に見合う「価値」がないと判断されるからだ。二〇一四年六月、カリフォルニア州ダナ・ポイントにある高級ホテルのセント・レージス・モナーク・ビーチ・リゾートで、チャールズ・コークとデビッド・コークの兄弟が開催した共和党の大口支援者の会議において、コーク兄弟が雇用しているエコノミストのリチャード・フィンクは最低賃金を声高に批判した。「最低賃金が示す大きな危険は、自分が生み出す付加価値より、高い賃金をもらえる労働者がいるかもしれないということではない」「最低賃金によって、五〇万人が仕事を持つ機会を失うことだ」とフィンクは述べ、夢も希望もなくなった失業者の大集団が「全体主義や独裁主義の人材供給の場になってしまう」ことを警告した。(10) 会議参加者たちは、フォアグラ料理を前に酔いがさめる思いで、彼の言葉を受け止めたことだろう。

最低賃金を引き上げる（あるいは実質価値を一九六八年の水準に戻す）ことは、雇用主に雇用者数を減らすきっかけを与えるという理屈はよくある言葉のあやだ。最低賃金を完全に廃止し雇用主が従業員の「価値」に見合う賃金を払ってよいことにすれば、結果的に失業は減るか、あるいは完全になくすことができるだろう。元下院議員ミシェル・バックマンはかつて、もし最低賃金が廃止されれば、「本当に失業をなくすことができるかもしれない。なぜなら、いかなる給与水準でも仕事を提供することができるようになるからだ」と語っていた。[11] バックマンは理論的には正しいが、その指摘は何ら解決に寄与しない。非常に低い賃金で多くの雇用を生み出すことはそれほど難しいことではない。つまるところ、奴隷制も完全雇用のシステムだったのだから。

最低賃金を実質価値で少なくとも一九六八年の水準に引き上げても、実質的な雇用数の減少はわずかなものだろう。工場での仕事などと違って、小売サービスの仕事は海外に委託することはできない。またこれらのサービス業に従事する人々の仕事をオートメ機器やパソコンで代替することも無理だろう。なぜなら彼らが提供しているサービスは対面で直に行うものだからだ。サービスや食べ物を提供するには誰かが直接接客しなくてはならない。より重要なことは、最低賃金が上がることのメリットは、それを直接受け取る人々を超えて広がるという点である。低賃金の労働者により多くの収入が入るということは、彼らが生活する地域の売上げの増加につながり、経済成長を生み、雇用の増加につながる。アリンドラジット・デュベ、T・ウィリアム・レスター、マイケル・ライシュらによる研究がこのことを裏付けている。彼らは州境で相対する隣同士の郡を数百のペアにしてそれらの雇用状況を調査した。[12] 各ペアはそれぞれ異なる最低賃金を持つ（片方の郡は政府が定める水準で、もう片方の郡は、州が政府よりも高い水準を定めている）。四年間の観測を経ても、最低賃金が高い郡の失業率のほうが上昇するという統計的な有為性は見られなかった（これと反対の結果を得た別の研究者たちは、最低賃金が引き上げられる前から、すでに失業率が上昇していた郡のデータ調整を行っていなかった）。[13] デュベ、レスター、ライシュらはさらに、最低賃金が高いほど従業員の離職率が低くなっていることもつきとめた。[14]そこでは雇用主が負担する新たな従業員の採用費用や研修費用が抑制できていると推測できる。

最低賃金で働く労働者の大多数は今や消費に旺盛な十代の若者ではない。労働統計局の発表では、二〇一四年にファストフード業界で働く労働者の平均年齢は二八歳であった。このうち女性は三分の二を占めるが、その平均年齢は三二歳であった。大規模小売店で働く労働者の平均年齢は三〇歳を超えており、そのうち四分の一は子どもを扶養している。このような人々は、家計の少なくとも半分以上を稼ぐ大黒柱であることが多い。

言うまでもないが、最低賃金を高くすればメディケイド（医療費補助制度）やフードスタンプ（食料配給券）など、困窮状態にある労働者とその家族のための公的支援を下支えしている他の納税者の負担は軽減される。私がカリフォルニア大学バークレー校の同僚や、イリノイ大学アーバナシャンペーン校の研究者とともに行った調査でわかったことは、二〇一二年にはファストフード業界で働く労働者の五二％が何かしらの公的補助を受けており、連邦政府と州政府からの支援は七〇億ドルを上回っていた。[15]この総額は、ファストフード業界が業界の労働者に十分な賃金を支払わないために、業界とは無縁の納税者が負担させられている事実上の補助金と言える。

低賃金で働く労働者の給与が引き上げられても、それで価格が上昇して消費者に跳ね返ることはまれだ。大規模小売店やファストフード・チェーンは厳しい顧客獲得競争にさらされているため、低価格路線以外に選択肢がないからだ。例えば顕著な事例として、デンマークでは、マクドナルドで働く一八歳以上の従業員がもらう時給は二〇ドル程度だが、ビッグマックの値段は米国よりわずか三五セント高いだけである。[16]低賃金労働者の給与の上昇分は、企業利益で賄われる可能性がきわめて高い。それにより株主へのリターンや会社の重役たちの報酬が若干減るだろうが、私はそれが特段問題になるとは思わない。労働者保護団体「全米雇用法プロジェクト（ＮＥＬＰ）」によると、低賃金労働者の大部分は、二〇一三年までは、堅調に利益を上げている大企業に雇われており、そのうちの四分の三の雇用主（低賃金労働者の雇用上位五〇社）は大不況以前より高い利益を上げていたという。[17]二〇〇〇年から二〇一三年の間、物価上昇分を調整して算出すると、ファストフード企業のＣＥＯたちの報酬は四倍に膨らみ、年間平均報酬額は約二四〇〇万ドルであった。[18]ウォルマートも役員報酬を奮発した。二〇一二年の同社ＣＥＯの年間報酬は二〇七〇万ドルに上った。[19]驚くなかれ、経済政策研究所の分析によると、現在もウォルマートの最大株主であるウォルトン家の資産は、二〇一二年、米国家計資産の下位四〇％の総額を上回ったという。[20]

「福祉から就労へ」の逆説

ワーキング・プアが増加した二つ目の理由は、公的支援の対象適格性の判断基準を政府が変更したからである。すでに述べたように、これまでの援助は失業者を対象としてきた。現在は、失業している人がもらうことのできる補助金はほんのわずかである。二〇一四年に何らかの失業手当を受けることができたのは失業者のわずか二六％であった。[21] 公的支援の適格性を得るためには、普通は働かなければならない。ビル・クリントン政権が一九九六年に行った社会保障制度改革は、貧しい人々を福祉から就労へと押し出していく政策であったが、貧しい人々には低賃金の働き口しかなく、そこから中間層に上っていくことができるようなキャリアパスはほとんど用意されていなかった。勤労所得控除は賃金補助の一種であり、これまでも拡充されてきたが、これも就労することが前提条件となっている。フードスタンプの場合、就業していることは必要条件ではないが、受給者の多くは就職しており、その数も増加している（収入のある受給者の割合は、一九八〇年の一九％から二〇一二年には三一％に上昇した。フードスタンプの受給者のおよそ三分の一は高齢もしくは障がいにより就労できないことから、就労可能な受給者に限れば、職を持つ受給者の割合は三一％よりも高い）。[22]

結果から見れば、就労を前提とした受給資格に変更しても、貧困層の人数や割合を減らすことはできなかったわけだ。二〇一三年の貧困率は一四・五％で、二〇〇〇年の一一・三％や二〇〇七年の一二・五％よりもむしろ高い水準だ。[23] この変更は結局、失業中の貧困者の数を減らしはしたが、一方で就労していても貧困から脱け出せない人々の数を増やすこととなった。

中間層の転落

ワーキング・プアが増加したもう一つの、そしてより本質的な理由は、貧困層の外側で起こったことに起因すると思われる。そのような関連性を否定し、中間層減少の問題と収入や資産の再分配が高所得層に向かっているという事実は、貧困層で起こっていることと全く関係がないと考える人もあるだろう。ハーバード大学の経済学者グレッグ・マンキューによれば、私たちが問うべき問題は「高所得の人たちを邪魔するのではなく、貧しい人たちをどうやって助けるのか」だという。[24]

しかしこの問題を分けて考えることはできない。より多くの富が高所得層に向かうと、中間層は購買力を失ってしまい、かつての、あるいは最近では二〇〇〇年代初頭のような経済成長を達成することはできない。賃金が横ばい、もしくは減少する中、何とか消費を維持しようとあらゆる手立てを尽くした挙句（一九七〇年代、一九八〇年代には妻や母親たちが働きに出、一九九〇年代は誰もが長時間労働に耐え、二〇〇八年を迎える頃には深刻な借金漬けに陥った）、中間層はすっかり疲弊してしまい、全体の消費をこれ以上増やすことはできなくなった。[25] 必然的に雇用者数は減り、経済成長のペースも鈍化した。いずれも貧困層には大打撃となった。貧困層の人々は、まっさきに解雇され、そして最後に雇用される上、賃金や手当の引き下げでも矢面にさらされる可能性が高いからだ。

さらに、所得階層の梯子が伸び、その中段が失われてしまうと、なおさら、上へ登ろうという気力は削がれてしまう。中間層が小さくなるということは、中間層に上がる機会もほとんど失われるということでもある。第二次世界大戦の直後は、貧困層の家庭に生まれた子どもが大人になるまでに中間層に入れるチャンスが五割をやや上回るほどあった。[26] だが今日、貧困家庭に生まれた子どもの四三％は、生涯貧困状態に置かれたままである。[27]

所得格差と教育

貧しい人は向上心がないから貧困から脱け出せないのだと信じている人がいる。しかし貧しい人にないのは、実際には「機会」であり、その機会の獲得に必要な資源を得るための「政治力」なのだ。その状態は早くも保育園から始まり、小学校、中学校を通して続く。低所得層の子どもと高所得層の子どもとの間の学力の差が拡大しているのは一つにはこのためだ。三〇年前、家計資産上位一〇%の家庭の子どもと下位一〇%の子どもの大学進学適性試験（SAT）型試験における平均点の差は、八〇〇点満点中九〇点であった。二〇一四年にはその差が一二五点に広がった[28]。「OECD生徒の学習到達度調査（PISA）」に参加する六三カ国の中で、所得別の数学力の差は、米国が最も大きかった。読解力では、高所得世帯の子どもが低所得世帯の子どもを、平均で一一〇点上回った[29]。

世帯所得による子どもの学力差に、人種はさほど関係がない[30]。実際のところ人種間でみた学力差は縮まってきているのだ。この問題には、低所得家庭と高所得家庭の間の格差拡大、貧困地域の学校と裕福な地域の学校の財政状況、所得による居住地分離などが影響している。ピュー・リサーチ・センターによる二〇一〇年国勢調査分析によると、過去三〇年の間に、所得による居住地分離はますます増加したという[31]。

公立学校の補助金の多くは、地方固定資産税から出ていることから、教育格差は重大な問題だ。公立学校の財源に占める連邦政府の割合はわずか一〇％で、州政府の割合は平均して四五％である。[32] 残りの財源は学校のある地元で調達しなければならない。大部分の州は貧しい地域により多くの財源が行きわたるよう努めているものの、「大不況」時には財源カットを余儀なくされ、その後再び増額されることはなかった。[33] 低所得者の多くが居住する地域の不動産市場も低迷が続き、税収は減少した。人々が所得に応じて生活地域を分離させてしまったため、低所得層地域の学校は以前にも増して財源不足に陥った。その結果、生徒一人当たりの予算の格差が拡大し、それが困窮世帯の子どもを直撃したのであった。[34]

ある連邦諮問委員会の報告書によると、非常に裕福で消費傾向も活発な地域では、非常に所得の低い地域に比べ、生徒一人当たり二倍の教育予算が充てられているという。[35] カリフォルニアなどいくつかの州では、この割合が三倍を上回るところもある。米国の裕福な地域の多くでは、「公立学校」と呼ばれる学校はもはや公立でもなんでもない。そこは事実上私立学校と化しており、その学費は裕福な地域に建つ高級住宅の価格とそこから徴収される固定資産税という目に見えない形で賄われている。

裕福な学区が貧しい学区を補助するよう裁判所が命じた地域でさえ、大きな格差が解消されないままだ。高級住宅街に住む多くの親たちは、貧しい学区を補助するために余分な税金を支払うよりも、自分たちの学校を支援するための保護者財団を設立し、そこに寄付して税控除を受けるようになった。全米で一万四〇〇〇以上ある学区のうち一二％の学区で、予算の一部がこのような財団から支援されている。財団が支援する内容は、新しい講堂（メリーランド州のボウイ学区）からハイテク測候所と言語科目プログラム（マサチューセッツ州のニュートン学区）まで様々である。『ウォールストリート・ジャーナル』紙はこう述べている。「保護者財団は、親の資金を自分の子どもに、間接的にひもづけようとする親たちの努力の結晶なのである。[36]」だがそこには、この一文も添えられるべきであったろう。「（自分の子どもに向けられた）資金は、よその貧しい地域の子どもたちとは結びつくことがない」と。

これらすべての結果として、OECDが三四の先進国を対象に実施した調査において、米国では、高所得世帯の子どもが多い学校は、低所得世帯の子どもが多い学校よりも、生徒一人当たりの予算が多く、教員一人当たりの生徒数も少ないことが明らかになったが、そのような状況にあるのは米国を含め、三四カ国中三カ国のみであった（他の二国はトルコとイスラエル[37]）。他の先進国では異なるやり方をしている。公立学校の予算は国が五四％を負担し、地方税からの拠出割合は米国のそれの半分以下である。[38]また貧しい地域には国家予算を多く配分している。OECDの国際教育評価を統括するアンドレアス・シュライヒャーが『ニューヨーク・タイムズ』紙に語ったところによれば、「OECD加盟国の大多数が、すべての生徒に平等に投資をするか、あるいは恵まれない生徒により多くの投資を行うか、いずれかを実施している。米国は、それと正反対のやり方をしている数少ない国の一つだ。[39]」

もちろんカネがすべてではないことは明らかだ。だからといってカネが重要でないふりなどできるだろうか。資金があれば経験豊かな先生やゆったりとした教室、優れた教材、優れた放課後プログラムを提供することができるのだ。私たちは学校のためにできることは何でもやっているようで、しかし、本当に資金を必要としている学校に、より多くの資金を配分することはしていない。私たちは学校により高い学力水準を目指すように要求し、生徒にもっと多くのテストを受けるように言い、そのテスト結果によって教員を評価しようとしている。だがこうやって組織的に、不利な状況に置かれた子どもたちが通う学校の邪魔ばかりしている限り、私たちが大きく前進することはないだろう。

このように、ワーキング・プアの存在と、彼らに政治力がないこととは、密接に結びついているのである。

第15章 働かないお金持ちの台頭

ワーキング・プアが急増する一方で、働かないお金持ち（ノンワーキング・リッチ）も増えている。絶対数が少ない小さなグループではあるが、彼らの収入はここ数年で膨れ上がった。彼らは株や債券、不動産など、所得を生み出す資産から十分な利益を得ているので働く必要がない。では彼らにはその高額の利益に見合う「価値」があるのだろうか。働かないお金持ちの中には、ここまで分析した意味合いでの「価値」ある仕事で貯蓄を増やし、資産を積み上げていった人々も存在する。しかし彼らの保有資産の価値が上昇したとしても、それは資産の保有者のおかげではない。資産価値は多くの要因で向上する。例えば人口増加や希少なコモディティの供給減でも上がるし、あるいはこれまで株価で検証したような企業における報酬の変更や労使関係の変化などでも、資産価値は上昇するからだ。政治や政策の影響も大きい。例えば学校の質が向上した、公共交通のアクセスが改善した、あるいは融資基準が緩和されて購入者の資金力が増したなどの理由で、人々が近隣地域に着目するようになり、それで住宅やマンションの価値が急激に上昇することもある。

働かないお金持ちの中でも、全く働いたことのない人々の割合が増加している。そういう人々は、富を相続によって得る。彼らの幸運は生まれついた家にあり、その家柄のおかげで様々な面で若いときから有利であったばかりでなく、彼ら自身が何をして成功しようと失敗しようと、残りの人生を不自由なく生活することができるほどの十分な遺産を相続する。

米国の実力主義の象徴である「たたき上げで成功」する男性や女性は姿を消しつつある。今日現在、最も裕福な米国人上位一〇人のうち六人が莫大な遺産を相続した人たちだ。[1] すでに述べたように、ウォルマートの遺産を相続した人々の資産は、米国の所得層下位四〇％の資産を合計した金額よりも多いのだ。[2]

そしてこれはほんの序の口だ。米国は史上最大の資産の世代間移転期にある。「ボストン・カレッジ資産と慈善プロジェクト・センター」の調査によれば、二〇一六年までの約半世紀の間に、三六兆ドルの資産が相続されるという。[3] またUSトラスト・バンクが二〇一三年に三〇〇万ドル以上の投資資産を保有する人を対象に実施した聞き取り調査では、世代間で大きなギャップがあることがわかった。調査対象者のうち六九歳以上の四分の三と、その下の世代となるベビーブーマー世代の過半数が、一代で莫大な資産を築き上げたという。しかし、三五歳以下の富裕層の場合、その大半が遺産を相続した相続人であったという。[4] これはフランスの経済学者トマ・ピケティが指摘したような、何世紀にもわたって欧州の貴族の重要な収入源となった王朝的な富の構築方法であった。[5] そしてそれが、現代の米国貴族の主たる収入源になりつつあるのである。

今や、働かないお金持ちが増加している理由は明らかだ。十分な収入を得られる仕事が限られてきている中、相対的に少数派である超富裕層の米国人は自らの所得を資本資産（金融資産や不動産等）に投資してきた。また彼らはその所得の一部を政治活動に投資した。寄付や人脈を通じて直接的に行うほか、所有する企業や業界団体、彼らの資産を管理している運用者を通じて間接的に行ったりもする。その結果、経済のゲームのルールが、富の蓄積を奨励することに有利なものに変わっていったのだ。資本投資とそれに伴う政治への投資が二〇一四年までに複合的に引き起こしたのは、所得の集中よりも速い、富の集中であった。[6]

一九七八年には、富裕層最上位一％が占める配当収入は全体の二〇％であったが、二〇〇七年にはそれが四九％になった。[7] 彼らはまた値上がり益（キャピタルゲイン）総額の七五％も得ていた。[8] 二〇一四年には株式市場は二〇〇八年の金融危機前よりも上昇していたため、これらの最上位層が投資によって得た収入は莫大で、値上がり益総額よりもさらに多くなった。

「王族の富」と含み益

共和党も民主党も、米国の富の大移動に連座しているが、共和党のほうが民主党よりも熱心に取り組んでいた。例えば、家族信託の期間は最長九〇年であったが、レーガン政権下の法改正で多くの州がこれを無期限にした。[9] このいわゆる「王族信託」によって、超富裕一族は相続資金や不動産をほとんど非課税で後継者にゆだねることができ、それも何世代にもわたって可能になった。二〇〇一年と二〇〇三年に実施されたジョージ・W・ブッシュ大統領による最大規模の減税は、高額所得者のみならず、蓄積した資産で生活する人々にとってもより有利なものであった。勤労収入に対する最高税率は三九・六%から三五%に下がり、配当に対する最高税率も（給与所得などの一般所得として課税された場合の）三九・六%から一五%に下がった。そして、相続税は完全になくなってしまった。[10]

バラク・オバマ大統領はこれらの減税項目のいくつかを元に戻したが、多くはそのままだ。ジョージ・W・ブッシュが大統領になる前、相続税は二〇〇万ドル以上の資産を持つ夫婦に限られており、その税率は五五%であった。[11] 二〇一四年には相続税の対象は一〇〇〇万ドル超を保有する夫婦に限られ、税率は四〇%になった。[12] 下院共和党は、さらに基準を緩和しようとしている。ポール・ライアン下院議員のいわゆる「ロードマップ」は、利子、配当、値上がり益、遺産相続のすべての税率をゼロにするというものだ。[13] 二〇一三年に相続税を払ったのは、一〇〇〇件当たりわずか一・四件のみであった。しかもその実効税率はたった一七%であった。[14]

一方、働かないお金持ちの主要な収入源である値上がり益（キャピタルゲイン）に対する税率は一九八〇年代後半の三三%から二〇一四年には二三・八%に下がった。[15] これは一般所得に対する課税よりも大幅に低い。もう一つ、莫大な資産の相続人が享受している隠れた利点が、税法の中にある。資本資産の所有者の存命中に資産価値が上昇した場合、死ぬまでその資産を持ち続ければ、相続人は価値上昇分に対するキャピタルゲイン税を払わなくてもよいのである。こうした「含み益」が米国における「王族の富」の源となり、それが代々非課税で受け継がれることによって、さらなる富が生み出されるのだ。今や一億ドル以上の遺産価値の半分以上をこのような含み益が占めている。[16]

しかし同じ世代の中に、資産運用アドバイザーにしょっちゅう電話する以外には、お金を稼ぐことに全く関与しようとしない幽霊たちが存在するというのはいただけない。経済や社会にも好ましくはない。この国の資産のかなりの部分を、稼ぐために働いたこともなければ、普通の人々の暮らしや望みも全くわからないような少数の人々に投資するということには、よりいっそうの責任感を持って臨まなければならない。王族的な富は必然的に政治力と経済力を高めていくことから、私たちの民主主義にとっても脅威となっていく。

働かなくてもよい人たちの富が蓄積されていくことが、ときに人道的な慈善活動によって容認される場合もある。ビル・アンド・メリンダ・ゲイツ財団など、超富裕な一族の財団は疑いようもなく非常に善い活動を行っている。富裕層による慈善活動への寄付は増加しつつあり、一九世紀後半を彩った超富裕層による寄付を思わせる。アンドリュー・カーネギーやジョン・D・ロックフェラーら当時の産業界の大物たち（前述の悪徳資本家たちだ）が、今も続く慈善組織を立ち上げた頃だ。私たちは今、スタンフォード大学のロブ・ライシュ教授（ちなみに私とは無関係）が称するところの、「米国フィランソロピーの第二黄金期」の時代を生きているのだ。[17]

貧困層に届かない慈善マネー

もちろん、彼らが自分のカネをどう寄付しようが彼らの勝手だ。とはいえ、全くもってそのとおり、というわけにはいかない。寄付する人は、寄付金を自身の課税所得から控除することができるからだ。それに寄付を受けた慈善団体や基金も、事業活動で得た収入に対して税金を払う必要がない。経済学的に言えば、こうした控除や非課税所得は、政府の補助金と同義である。正確なデータが残っている二〇一一年には、このような控除や非課税所得は合計約五四〇億ドルであった。[18] ロブ・ライシュ教授が指摘するように、これらの公的な補助金には国民に対する説明責任があるわけではなく、たいてい裕福な寄付者たちによる監視下で少しずつばらまかれた。富裕層の寄付金の出し方に反対すれば、運も巡って来ないわけだ。五〇〇億ドルといえば、二〇一一年に連邦政府が、貧困家庭向け一時支援プログラム（福祉政策の残骸だ）や貧しい生徒向けの学校給食、ヘッド・スタート（育児支援施策の一つ）などに費やした金額よりも大きい[19]。

しかも「寄付控除」といいながら、この種の公的補助金はほとんど貧困層に届かない。インディアナ大学フィランソロピー・センターによる二〇〇五年の分析によれば、「慈善事業への寄付」のうち、貧しい人の支援に使われたのは、最も甘い算定でも三分の一に過ぎなかった[20]。寄付の多くは、オペラや美術館、交響楽団、劇場など、間違いなく価値ある事業ではあるものの、私たちが普段使うところの「慈善」とは言いがたいことに使われている。しばらく前、ニューヨークのリンカーンセンターが資金調達のためのガラコンサートを開いた[21]。コンサートは、年間一〇億ドルも稼いでいるようなヘッジファンド業界のリーダーたちによる「慈善」寄付金で賄われたが、リンカーンセンターに行ける貧しいニューヨーカーなど、いはしないだろう。

大富豪たちの寄付金もまた、寄付者の出身校や自分の子どもを通わせたいと思うようなエリート進学校や大学に向けられる（このような大学では、受験生の親が寛大な寄付をすると優遇することがある。富裕層に対する一種のアファーマティブ・アクションだ）。ハーバード大学、イエール大学、プリンストン大学などのアイビーリーグは、重要な高等教育機関であるが、多くの貧しい若人には教育を施さない（私が教鞭を取っているカリフォルニア大学バークレー校でペル・グラント（訳注1）を得て学ぶ学生の数は、アイビーリーグ八大学全体で同グラントを得た学生の合計数に匹敵する[22]）。しかもすでに述べたように、これらのエリート大学はソーシャルワーカーや貧者への法的支援を行う弁護士を目指す学生よりも、投資銀行や企業向けのコンサルティング会社を目指す学生をたくさん育てている。

ほんの一握りの一流大学を中心に、私立大学の基金の資産総額は二〇一四年に五五〇〇億ドルに達した。[23] ハーバード大学の基金は三二〇億ドルを超え、次いでイエール大学が二〇八億ドル、以下、一八七億ドルのスタンフォード大学、一八二億ドルのプリンストン大学と続く[24]（二〇一三年、ハーバード大学は、新たに六五億ドルを集める寄付キャンペーンを始めた[25]）。慈善活動への寄付は税額控除であるため、寄付金三ドル当たりの控除額約一ドルが、これらの教育機関に対する政府の補助金ということになる。数年前、今はヒューレット・パッカードCEOとなったメグ・ウィットマンが、プリンストン大学に三〇〇〇万ドル寄付をした。[26] これによりウィットマンは一〇〇〇万ドル相当の控除を受けた。つまり、プリンストン大学はウィットマンから二〇〇〇万ドルと、米国財務省から（納税されるはずだった）一〇〇〇万ドルを受けたことになる。そして、この控除分を埋め合わせるのは、あなたや私やその他大勢の納税者だ。さらに、大学基金の運用益（キャピタルゲイン）は非課税で、大学が行う事業収入も課税されないことを合わせると、政府の総支出はさらに大きくなる。政府による事実上の補助金を、こうした大学に通っている、相対的に見れば少ない学生数で割ると、学生一人当たりの補助金はかなりの額になる。例えば、経済学者リチャード・ヴェダーの推計によれば、プリンストン大学に対する政府の補助金は学生一人当たり年間五万四〇〇〇ドルであった。[27] 他のエリート私学も似たようなものだろう。

名門公立大学の一つ、カリフォルニア大学バークレー校のゴールドマン公共政策大学院のヘンリー・

ブレイディ学長は、高等教育を志す学生の七〇%以上が公立大学に在籍しており、それが私立大学との著しい相違であると指摘している。[28] 公立大学には基金からの収入がほとんどあるかないかである。その代わり予算のほぼすべてを州政府からの補助金で賄っている。だが州政府からの補助金は減少傾向が続いている。二〇一三年の公立の高等教育に対する州政府と自治体からの資金は約七六〇億ドルで、一〇年も経たない間に一〇%も削減された。[29] 現在は、一〇年前よりも多くの学生が公立大学に通っているから、一人当たりの削減率は三〇%となる。[30] このことは公立大学の学生一人当たりの政府補助金の年間平均額が六〇〇〇ドルに満たないことを表している。年間六〇〇〇ドルという金額は、プリンストン大学の学生一人当たりの政府補助金の一〇分の一だ。[31] このことも、中間層や貧困層の所得が搾《しぼ》り取られ、上位層の富が増加していることの原因であり結果である。

能力主義のミスマッチ

人はみな、自らの運命の物語を描き出す作家のようなものだ。だが私が明らかにしたように、自分が登場していながら、私たちはその大掛かりなドラマのプロデューサーではないし、監督でもない。自

【訳注1】 ペル・グラントとは、連邦政府による返還不要の奨学金である。

分がいくら稼げるかのみならず、何を勝ち取ることができるのかも、さらには自分の主張の強靭さや掲げる理想の効能までもが、他者の力によって決まってしまう。裕福な人々やその富をさらに蓄積させていく人々が、他の人たちよりも優秀であったり道義的であるわけではない。ただ彼らは往々にして、他の人よりも運に恵まれ、より多くの特権や権力を持っている。だから必ずしも、彼らの純資産が人間としての価値を示すわけではないである。

同じように、糊口をしのぐために懸命に働く大多数の人々は、彼らの足を引っ張り、自らとその家族に危機感を抱かせる世間の風潮と、必死に闘っている。そういう人々は非難されるべきでないし、彼らは一人ぼっちでもない。だが彼らの主張はしだいに弱くなり、多くの人々が幻滅してシニカルになってしまった。私に、「頭が良ければ自分はもっと稼ぐことができたのに」と語った青年労働者は、自分の賃金や役職が低いのは自らの欠点のせいだと思っており、今の経済システムが、彼にもっとうまくやっていくための交渉力を十分に与えないせいだとは考えていなかった。同時に、困窮状態から脱け出せずにいる貧しい人々も、負け犬でもなければ落伍者でもない。なのに、彼らの多くは自分のことをそう見ている。それよりもはるかに重大なことは、彼らが社会的にすっかり力を失ってしまったという事実なのだ。

別の言い方をすれば、誰一人として、収入と美徳、純資産と価値とを混同すべきでない。根底にあるのは、資本主義が本来あるべき形で機能していないということであり、期待される機能を果たせていないという事実だ。人はその価値に見合う報酬を受け取るなどという神話に惑わされず、きちんとありのままを見るべきである。

私はお金持ちが非道なことをしているとか、故意に社会に害を及ぼしていると非難しているのではない。企業幹部やウォール街の成功者などの「高価値」の個人が、自分たちのために米国経済を乗っ取ろうと陰謀を企てる理由は何もない。それぞれが私的利益を追求して合理的に行動しているに過ぎない。彼らの資産が増えれば、彼らの政治力も強まる。そしてきわめて自然な成り行きとして、強くなった政治力を使って自らの資産を増やし、その資産を守り抜こうとする。私たちはそういう彼らを自己中心的で強欲だと批判することもできるが、彼らは他の大部分の人々よりも格段に自己中心的で強欲なわけではないし、中にはとても太っ腹な人々もいる。

しかしこのシステムを大きな一つの枠組みとして考えたとき（つまり、人々が従事する仕事の報酬を配分するための政治的・経済的な仕組みだ）、懸念が首をもたげる。私たちの資本主義を正当化してきた能力主義的な理念は、大多数の私たちの現実の生活状況や労働事情にうまく合致していない。現実の世界は、資金や権力を持つ人々によって彼らに有利に働くよう歪められている。そして、彼らが資金や権力を得るのに伴って、社会のルールはさらに彼らに有利な方向へと傾いていく。

グローバル化と技術革新は現実に起こっており、そうした変化が経済を根底から揺さぶって、労働者たちを変化を活用できる相当小さな集団と、変化を活かせない大きな集団とに分断してしまう。だが、それすら全体の流れの一部に過ぎない。米国は激変の中にあってもなお広く繁栄を共有し、中間層を拡大し、貧困層の生活水準を引き上げる道筋を用意して変化に対処すべきであったし、今からでも対処できるはずだ。私たちは変化に対応できず、代わりに最富裕の少数派に市場の運営をゆだね、彼らがやりたいようにさせてしまったが、それは私たちが自ら招いた結果でもある。この状況を覆すことが、私たちの責任だ。このことについてこれから述べていこう。

Part 3
Countervailing Power

第3部　拮抗勢力

Chapter 16
Reprise

第16章　ここまでのまとめ

ここでもう一度おさらいをしておこう。永遠かと思えるほど長い間、米国（と資本主義世界のほとんど）の政治の世界で議論の中核をなしていたのは、「自由市場」か「政府」かという見せかけの選択だった。政治的右派は自由市場の力を強めて政府の力を弱めるべきだと主張してきたが、それは一般に、税率の引き下げと公共支出の削減を意味する。他方、政治的左派は政府の力を強めて自由市場の力を弱めるべきだと訴えてきた。普通は、税率（少なくとも富裕層に課す税率）を引き上げ、公共サービスを拡大するという意味だ。だがこの論争からは一つの大きな現実、すなわち、市場を設計し、構築し、機能させるという、政府が本来担っている役割が見過ごされている。そのせいで、立法や行政や司法がこれらの基本的な仕事を遂行する際に取りうる多種多様な選択肢が見えにくくなっているのだ。だが、市況は常に変化を続け、イノベーションや技術の進歩によって常に新たな選択肢が生まれ、古い選択肢は再検討を迫られており、市場にまつわる政府の役割は終わることがない。

「自由市場」か「政府」かという従来の論争においては、政府が取るべきこれらの選択肢を無視しているため、そうした選択がどう決められ、その選択に対し大企業や金融業界や個人資産家の影響力がどう拡大しているのかという点から、人々の注目がそらされている。最富裕層にいる人々が経済力を獲得するにつれ、ゲームの基本的なルールに対する彼らの政治的影響力も拡大してきた。そしてそれによってさらに経済力が増すのである。最も声高に、徹底して「自由市場」を称賛する人々の多くは、この隠されたプロセスから最大の利益を享受している。彼らは、経済がどう動いているかについての人々の認識から「権力」の存在を消すことで、自らの姿をも都合よく消し去っているのである。

その結果、政府が税制優遇や社会保障給付などを通じて行っている、富める者から貧しい者への富の再分配という現象だけが目につきやすくなった。こうした再分配は富裕層と貧困層の所得格差が広がるにつれて徐々に増加し、その結果、税制優遇や社会保障給付が適用された後の格差は、それらがない場合より縮まっている。(1)

しかし、こうした上から下への再分配は全体像のごく一部分でしかない。実際のところ、最近では再分配のほとんどが逆の方向、すなわち消費者や労働者や中小企業、小口投資家から、大企業や金融機関の重役、ウォール街のトレーダーやポートフォリオ・マネジャー、個人資産家へと向かっている。だが、こうした下から上への再分配は目に見えない。そのための主な手段が、莫大な富と政治的影響力を持つ勢力が作り上げた市場のルール（所有権、独占、契約、倒産、執行）の中に隠されているからだ。その意味では、下から上への「事前配分」が市場の仕組みそのものの中で起きていて、そのごく一部を政府が後から税制優遇や社会保障給付を通じて貧しい者に再分配しているのである。

経済が形あるモノからアイデアへと移行する中で、このような隠れたルール（とそれを反映する選択肢）はさらに見えにくくなる。だからこそ、それらを操作する手段を持った勢力によって、さらに簡単に操作されてしまう。現在、最も価値が高い所有物は特許や著作権などの知的財産だ。巨大企業は、（特許が切れて後発品が出回る前にその製品の後継を投入して特許を継続させる）「プロダクト・ホッピング」や、（製薬会社がジェネリック医薬品メーカーの参入を遅らせるためにリベートを払う）「遅延料契約」合意、著作権の保護期間を九五年に延長する著作権法の改正などの手段によって、その資産をひそかに増大させている。

同じように、現代の市場における新しい独占形態が、ブロードバンドなどのネットワークや遺伝子組み換え種子、デジタルプラットフォームの標準化、ウォール街のひと握りの銀行が支配する金融システムなどに出現している。ここでも大企業とウォール街が政治的影響力を行使して、自らの市場支配力を拡大し、小さな競合会社の市場参入や独占禁止法による法的脅威を回避している。

さらに、最近の契約はモノよりもデータやアイデアを重視している。そのために強大な力を持った企業が、内部情報を利用して小口投資家に不利益を与えたり、従業員やフランチャイズ加盟店や顧客に対し義務的仲裁や法的権利の放棄に合意するよう要求できるようになった。同様に、破産法によって課される手続きは複雑さを増し、労働者や住宅所有者や学生ローンを抱える人々よりも、大企業や大銀行に有利に働いている。企業財務が非常に不透明になったため、CEOが自社株の買い戻しと同じタイミングで自分のストック・オプションを行使したりストック・アワードで現金化することで、小口株主から価値を不正に奪うことも可能になった。その一方で、(非組合員を採用しやすくする)州の労働権法や、団体交渉権の不十分な執行、知的財産や金融資産は保護するのに雇用の経済的価値は保護しようとしない貿易協定などによって、労働者の交渉力は衰退している。

こうしたことに加えて、大企業やウォール街に対する検査と監視の責任を担う行政機関が意図的に人員不足の状況に置かれるという、執行に対する戦略が加わっている。行政機関は法を維持することも、企業に十分な処分や罰金を科すこともできず、取締役個人に刑事責任を負わせることもできずにいる。さらに、軽いお仕置き程度で済ませようと目論む大企業やウォール街の弁護士に比べ、行政側は不十分な法的根拠しか示すことができない上、個人による裁判所への救済請求権を制限し、集団代表訴訟の原告適格を狭めている。

大企業や金融業界、個人資産家たちは、市場創出と市場規制に関するあらゆる意思決定にさまざまな方法で影響力を及ぼす。例えば政治献金や、支持する候補者の選挙戦や、対立候補に対抗するキャンペーンに寄付したりする。あるいは、官僚にロビー会社や大手金融機関の高給ポストへの回転ドアを提供したり、退職後の天下り先を示唆したりすることもある。有給の専門家からなる「シンクタンク」やPR活動によって、特定の政策が人々にとって有利であると確信させたり、高い報酬で雇われたロビイストや弁護士が集団となって議会や行政審判や裁判所を圧倒することもある。検察官や裁判官であっても影響を受けないとは言い切れない。

これらすべてを煙に巻いているのが「自由市場」だ。この言葉のために、経済的利益を分配するシステムが、あたかも中立的な力によって生じた自然で必然的な結果であるような印象を与えている。この能力主義的な理念は、賃金の額がその人の価値に比するという前提に立っている。仕事に対してわずかな賃金しか支払われない人は、その金額以上の「価値」がないとみなされ、多額の賃金を受け取る人はその金額以下の「価値」ではないとみなされる。ここからさほどの飛躍なく、賃金は道義的な意味におけるその人の価値に比例するものだという見方が出てくる。このような米国の能力主義が好む考え方に立つと、ある人の所得の高さはその人の徳の高さ、すなわち道義的価値を含む「正味価値」に等しいものとされる。その結果、課税によって高所得を抑制したり、政府による無償給付を通じて低所得を補ったりする試みは市場への介入行為であり、効率性を損ない、インセンティブを歪め、能力主義の道義的基盤を害するリスクがあるとみなされる(とはいえ政治的立場によっては、公平性を実現するためにこうしたリスクが必要だという考え方もありうる)。

しかし、市場の構造が個人資産家の利権に好都合な政治的決定をますます反映するようになっているため、市場を通じて経済的利益を分配するシステムは、金額という「値」を決めているに過ぎず、それを受け取る人の本来の「価値」に必ずしも比例するものではない。大企業の頂点に立つCEOの所得がこの数十年で急上昇し、ウォール街のファンドマネジャーやトレーダーの報酬がそれ以上に急騰した理由を詳しく見てみると、彼らの洞察力やスキルの価値が急に増したためではなく、自分たちを豊かにするような市場のルールを定める力が高まったからだ。同様に、平均的な中流家庭の所得が減り、ワーキング・プアが困窮化しているのは、彼らが個人として劣っているからではなく、彼らの政治的・経済的影響力が弱体化しているからだ。平たく言えば、大企業、ウォール街、個人資産家が、自分たちに有利な結果をもたらす市場のルールに対して強大な影響力を得たということだ。彼らはさらに大きな富を得ることで市場ルールに対する影響力をさらに強めていき、その流れはとどまることがない。他方、中流以下の人々はかつて持っていた権力をほとんど失った。経済的な立場が弱くなるにつれてルールに対する影響力がさらに弱まるため、以前とは逆に縮小の一途をたどる。

これまで懸命に説明してきたように、私は頂点に立ってルールを決定している彼らが意図的に害悪を及ぼしていると主張するつもりはない。彼らは利己主義から行動しているのであり、理論上の「自由市場」ではその利己主義が効率のよい結果、すなわち社会にとって有益な結果を導くと考えられてきた。だが、彼らは理論上の「自由市場」ではなく、現実の政治経済の中で行動している。そこでは経済力がゲームのルールに対する政治的影響力を生み出し、それが経済力をさらに拡大する役割を果たす。彼らはこのシステムの中で完全に合理的な行動を取っているに過ぎない。しかし、個人にとって合理的な計算でも、それが集約された結果はシステム全体から見て効率的でも合理的でもなくなる。むしろ、しだいにシステムを損なっているのだ。

次章以降で述べることだが、問題は彼らの権力や影響力そのものではない。彼らの反対側に立つ勢力の権力や影響力が相対的に欠落していることが問題なのだ。強い「拮抗力」、すなわち拡大を続ける大企業、ウォール街、富裕層の政治的影響力を抑制する勢力、またはそれに対抗する勢力はもはや存在しない。中間層と貧困層、そして彼らの経済的利益を仲介する力が全くと言ってよいほど存在していない。

ここで三つの疑問が残る。第一に、拮抗勢力が再び確立されないとしたら、現在の傾向はどのように資本主義を脅かすのだろうか。第二に、中間層と貧困層はどうしたら十分な拮抗勢力を取り戻し、人々がより幅広く繁栄を享受できるように市場を再構築できるのだろうか。第三に、その再構築はどのような形を取りうるのだろうか。

第17章 資本主義に対する脅威

米国はこれまでも同じような疑問に直面してきた。技術が大きく変化する時代においては、労働者が居場所を失い、社会制度が不安定化し、景気が好況と不況の間を小刻みに循環することが多い。個人資産家は巨額の報酬を手にし、金融エリートは足場を固め、経済力と政治力が過度に一部に集中する。新しい技術によって人々が幅広く享受できる繁栄が生み出される可能性があるとしても、その時代を支配する政治経済システムによってそれが達成されることはない。頂点に立つ人々が政治に対する支配力を拡大するからだ。当然のことながら数多くの人々がそのゲームはいかさまだと感じる。結局は、そうした不安や失望が繁栄をさらに多くの人々に広げるための改革に火をつける。

冒頭で述べたように、この傾向は第一次産業革命が始まったときの米国で顕著に見られ、一八三〇年代のジャクソニアン時代の改革をもたらした。アンドリュー・ジャクソン大統領と彼の支持者たちはエリートが不当な特権を手にしており、一般国民が足場を固めるにはその特権を取り除く必要があると考えた。ジャクソン政権下で司法長官と財務長官を務め、第五代最高裁判所長官となったロジャー・トーニーは、「いかなる場所であれ、人と財産に対する影響力が不必要に蓄積されることを防ぐのは、私たちの政治制度における不変の原則だ。そして、カネまみれの企業ほど信用に値しない蓄積場所はない」と宣告した。(1) ジャクソニアンは資産を選挙権の条件とする制度を廃止し、州議会の特別な議決なしに法人企業を設立することを認めようとし、さらに第二合衆国銀行に反対した。第二合衆国銀行が金融エリートに支配されると考えたからだ。彼らは、資本主義は拒否しなかったが、エリート層の存在は拒否した。単にエリート階級だけを利する資本主義ではなく、多くの普通の人々の状況を改善する資本主義を求めていた(だが、トーニー司法長官をはじめとするジャクソニアンが、エリート層から保護すべき対象の中にネイティブアメリカンやアフリカ系奴隷を含めなかった点には注意する必要がある)。

同じような疑問は、第二次産業革命によって鉄道、鉄鋼、石油、電気がもたらされた一九世紀末にも提起された。この時期は同時に巨大な経済連合(当時は「トラスト(企業合同)」と呼ばれた)が登場し、富が富裕層に集中し、都市の貧困・不衛生と政治の腐敗が助長された。悪徳資本家の従僕らが融通の利く議員の机に文字どおり大金の入った袋を積み上げた。こうした状況を受けて、偉大な法律家ルイス・ブランダイスは米国には選択権があることをこう指摘した。「私たちは民主主義を選ぶこともできる。あるいはわずかな人々の手に握られた巨額の富を選ぶこともできる。だがその両方ともを選択することはできない。[2]」

そして米国は選択した。一般市民の憤激が米国で最初の累進所得税を誕生させた。セオドア・ルーズベルト大統領は「悪の大富豪」を激しく非難し、政府の力でトラストを解体させ、不純な食品と医薬品を禁止する新たな規制を課した。[3] ルーズベルトは「企業によるいかなる政治委員会への寄付も、いかなる政治的目的のための寄付もすべて法で禁止すべきだ」と提唱し、議会でティルマン法を成立させた。[4] 企業による政治献金を禁止する初めての連邦法だ。その三年後には、政治運動資金の献金者全員の情報開示を候補者に義務づけるパブリシティ法を成立させた。他方で、週四〇時間の規定を含む米国で最初の労働者保護法が複数の州で成立した。

一九二〇年代にも、大企業と消費財の大量生産を中心とした新たなイノベーションの時代が到来した。自動車、電話、冷蔵庫をはじめ電気を使った耐久消費財が生産された。このときも所得と富が過度に集中するようになり、金融業界の富と影響力が急拡大した。一九二九年のニューヨーク株式大暴落の頃には、大半のアメリカ人が返済の見込みのない多額の負債を負わなければ、新たな消費財やサービスを手にすることができなくなっていた。その結果バブルが生じ、音を立ててはじけることは不可避だった。こうした経済危機に続いて、ニューディール政策による改革が始まった。組合労働者に雇用者と団体交渉する権利が与えられ、小口投資家は金融詐欺から保護され、小規模事業者は大型の小売チェーンから守られた。一九三六年の大統領選挙の際、大企業とウォール街はフランクリン・ルーズベルトを攻撃した。ルーズベルトはマジソン・スクエアガーデンでの演説でこう宣言した。「かつて米国史上で、これらの勢力が今日のように固く団結して一人の候補者に対抗したことなどなかった。彼らは私に対する嫌悪で一致している。そして私は彼らの嫌悪を歓迎する。(5)」

同じような展開は一九七〇年代後半以降にも見られた。コンテナ船、衛星通信、新素材、コンピュータ、デジタル技術、インターネットというイノベーションの波が新たな経済を生み出した。そして巨額の富が比較的少数の大企業、個人、再び活気を取り戻したウォール街に集中した。しかし、すでに述べたように一九七〇年代後半から世帯年収の実質的な中央値が伸び悩んだ。(6)それでも米国の中間層は購買力を維持するためにさまざまな手法を用いた。(傍注1)第一に、母親たちが有給の仕事に就くというものであり、第二に、みながそれまでより長時間働くという手法だ。第三の手法は、住宅ローンや借り換えを通じて上昇する住宅価格から利益を搾り取るというやり方である。二〇〇七年後半には負債は可処分所得の一三五%に至ったが、これらの手法はいずれも持続可能ではなかった。(7)一九二九年に似たようなバブルがはじけたように、二〇〇八年に債務バブルがはじけた。過去一〇〇年間の米国の所得の集中度を見ると、一九二八年と二〇〇七年に頂点に達しているが、それは偶然の一致ではない。(8)いずれも上位一%の富裕層が全体の所得の実に二三%以上をかき集めた。だが成長を続ける広範な中間層の購買力がなくては、国の経済は機能しない。

回復期でも下落する実質所得

特に二〇〇八年から二〇〇九年にかけて景気がどれだけ落ち込んだかを考えると、いわゆる「大不況」からの景気回復は米国経済史上で最も脆弱なレベルの回復だった。経済全般にわたる需要不足という問題は今なお続いている。そもそも景気を大不況に陥れた原因がこの需要不足という問題だった。二〇〇八年の金融危機の後は、大多数のアメリカ人のモノとサービスの購買力では、企業に投資や事業拡大、新規雇用を促すことができなかった。そのため失業率は異常な水準で高止まりし、大多数の世帯収入が停滞または下落した。さらに米国の消費力は、世界各国の需要においてきわめて重要な部分を占めていたため、米国の景気回復期の需要が相対的に弱いことは、世界の景気回復の足を引っ張った。このため、米国は国内需要の落ち込みを輸出で補うことができなかった。

本書を執筆している二〇一五年初頭の時点では、米国で景気回復らしきものが進行しつつある。雇用も回復基調だ。だが、大多数の人々の賃金はまだ上昇に転じていない。さらに富と所得の集中度も

【傍注1】
この議論について詳しくは、拙著『余震（アフターショック）――そして中間層がいなくなる』（東洋経済新報社、二〇一一年）を参照。

相変わらず過去最高水準に迫る高さだ。最富裕の上位四〇〇人が所有する富が下位五〇％の富の合計を上回り、上位一％が米国の個人資産の四二％を所有している。[9] さらに、下位五〇％の家計が所有する富の割合は一九八九年時点では三％だったが、現在は一％に下落している。[10] このことを理解するには、富裕層の家計を平均的家計と比べてみるのが一つの方法だ。一九七八年、上位〇・〇一％の家計は総じて平均的家計の二二〇倍裕福だった。それが二〇一二年には、一一二〇倍に達している。[11] 物価調整後の数字で比較すると、フルタイムで働く人々の週当たりの賃金の中央値は二〇〇〇年以降下落しており、時給の平均も四〇年前より低い。[12]

トマ・ピケティが『二一世紀の資本』で示したように、これは欧州で一八世紀から一九世紀のほとんどの期間に見られる傾向であり、規模はそれほどでもないが米国でも見られた。[13] そして今再びこの現象が生じつつある。ピケティはこれを逆転させるための方策に関しては悲観的だ（彼の膨大なデータは、緩やかな成長がほぼ自動的に巨万の富を比較的少数の手に集中させることを示唆している）。だがピケティは、富の集中がたびたび引き起こしてきた政治的な変動や改革を無視している。例えば米国の進歩主義時代に先立つ一八九〇年代のポピュリストの反乱や、ドイツでオットー・フォン・ビスマルクが最初の福祉国家を築く前の一八七〇年代の社会主義運動だ。

これらの現象は景気循環を超越する。図8は第二次世界大戦以降に生じた景気拡大期に現在を加え、上位一〇％と下位九〇％の世帯年収の成長率を示したものだ。[14] この図から三つのことがわかる。第一に、下位九〇％の数値が一九八二年から一九九〇年の間に大幅に下落したこと。第二に、景気拡大期のた

図8　景気拡大期における平均所得の成長率の分布

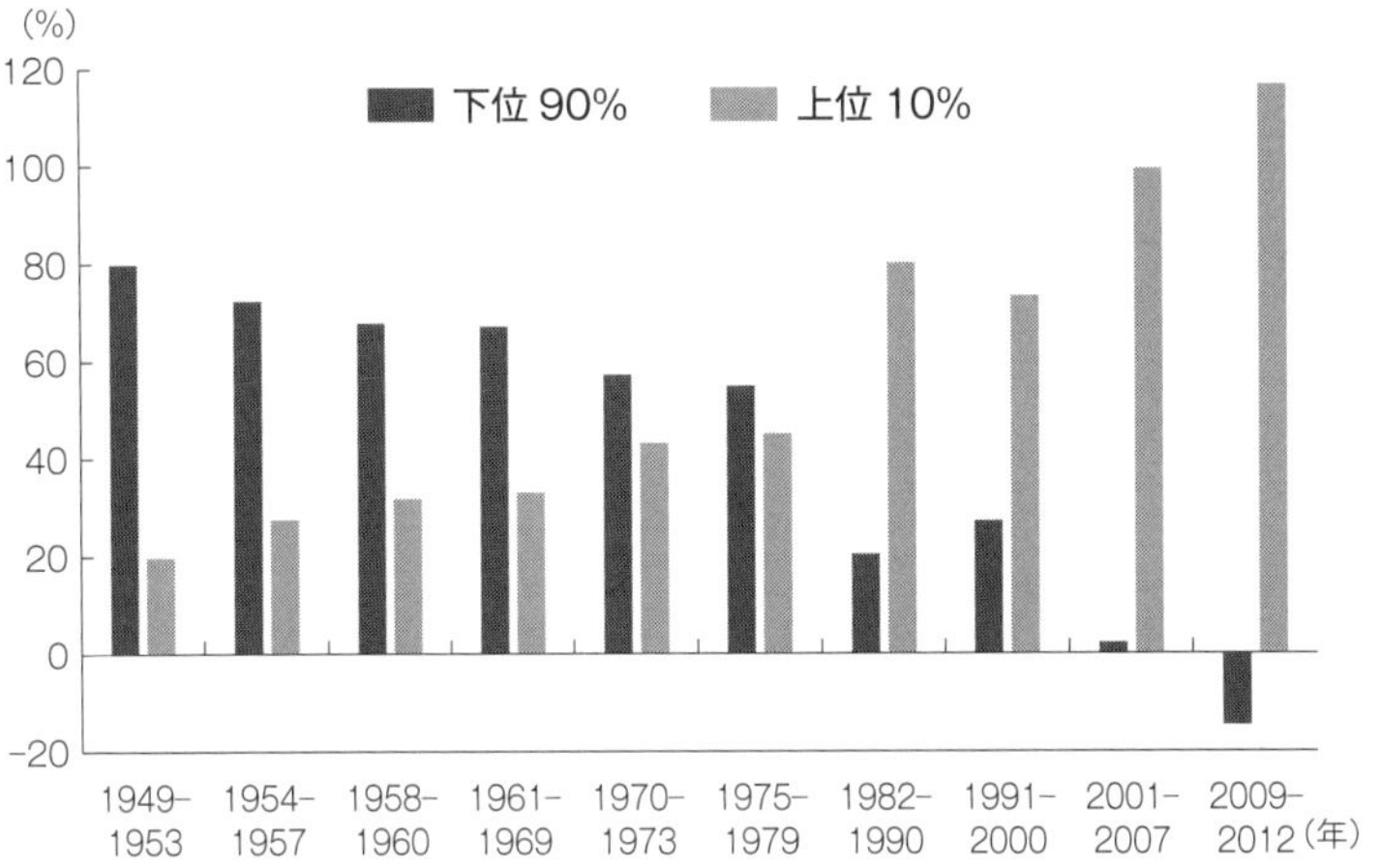

（出所） Pavlina R. Tcherneva, "Reorienting Fiscal Policy: A Bottom-up Approach," *Journal of Post Keynesian Economics* 37, no. 1 (2014): 43–66.

びごとに経済的利益が富裕層に移ったこと。

第三に、下位九〇%の実質所得が二〇〇九年から始まった景気回復期に初めて減少に転じたことだ。それまでは世帯年収の中央値が景気回復期に減少したことはなかった。この三〇年間の推移を見れば、悪循環が増幅していることがわかる。最大の経済力を持つ人々はその権力を使って自分たちの有利なようにゲームのルールを変えることができ、それによってさらなる経済力を得てきた。他方、大多数のアメリカ人はそのような経済力を持っておらず、実質所得がほとんど、もしくは全く増えなかった。

この傾向は経済的にも政治的にも持続可能とはいえない。経済的な意味では、全体の中で中間層と貧困層が手にする所得の割合が減っているため、経済を前進させるために必要な購買力を彼らが持てなくなるからだ。富裕層からの直接の富の再分配によってこの問題に対応することは、政治的に実現不可能だろう。他方、過去最大の数のアメリカ人がこのゲームは自分たちに対するいかさまだと考えているため、社会の構造が崩れ始める。すでに経済システムに対する信頼が急激に失墜している。ギャロップ社による二〇〇一年の調査では、懸命に働いて出世するチャンスがあることに七七%のアメリカ人が満足し、不満だと答えたのは二二%に過ぎなかった。しかしその後、満足している人の割合は下がり続け、不満な人の割合が増えていった。二〇一四年には満足している人は五四%にとどまり、四〇%が不満だと答えている。[15] ピュー・リサーチ・センターの調査によると、「出世したいと願う人は、たいていの場合、懸命に働くことによってそれが実現できる」と考えるアメリカ人の割合は、二〇〇〇年から一三ポイント下落している。[16]

蝕まれる経済システム

経済システムが独断的で不公平だという感覚が広がると、システムは様々な形で蝕まれる。第一に、ルール違反が広がっていく。このゲームが富裕層に有利ないかさまだと認識されれば、富裕層以外の人々は不正行為をしても許されると考えがちだ。例えば、会社のものを盗むことやくすね取ること、勤務時間のごまかし、デスクやオフィスから離れてさぼった時間をごまかすこと、経費の水増し請求、利益のピンはね、契約発注や取引成立の見返りとして少額の賄賂やキックバックを受け取ることなどだ。しかし、経済とは信頼に基づく。信頼に対するわずかな裏切りが積み重なると、結果として巨額のコストを招く。経営者は規則の厳格化が必要だと考え、従業員に与えていた自由裁量を狭めるようになる。一日の勤務時間の終わりに時間のかかる検査やセキュリティチェックが行われ、すべての取引に新たな審査が追加され、すべての業務処理に新たな監視が入るようになる。誰が機に便乗した行動を取ったとしても問題が起きないように、それまでになかった法的措置や無意味な手続きが求められるようになる。商業取引はさらに念入りな契約書でリスクヘッジされ、債権者は追加融資のためにさらに面倒な保証を要求するようになる。そして、ごまかしの横行を押さえ込むために経済活動全般でお役所仕事が増えるようになる。こうした経済の硬直化から利益を得るのは、提供しているサービスの需要が増える弁護士や会計士、会計検査官、保安要員、警備員くらいしかいない。

第二に、このゲームがいかさまと受け止められて信頼が失われると、仕事に対する誠実さが期待できなくなる。そうなると、いっそうの努力をしよう、もうひと頑張りしようという気持ち、義務ではないが必要とされることを進んで行う意志、想定外の問題を報告し、新しい解決方法を考案する積極的な意欲が全体的に低下することになる。従業員や請負業者は、全体の生産性を向上させるような技術的情報や経済的洞察があっても、頂点にいる取締役が楽に私腹を肥やすだけで雇用を減らすことにつながると思えば、それを共有しようとしなくなる。さらに、そうした生産性を向上させるような知識・経験への投資は不動産や機械、さらに知的財産に対する投資のように保護されていないため、全体的な信頼感が欠如していれば誰もそうした投資を行う動機を持たなくなる。なぜなら、新しい知識を得ても他人に不正に横取りされる恐れがあるからだ。

そして第三に、自分がいかさまに見えるゲームの犠牲になっていると感じる人々は、全員に損をさせることによってそのシステムを打倒しようと考える場合が多い。私がカリフォルニア大学バークレー校で受け持っている「富と貧困」のクラスで学生と一緒に行ったシミュレーションを紹介しよう。私は学生を二人一組に分け、私が二人のうち一人に一〇〇〇ドルを渡す場面を想像してもらった。二人の間でその金をどのように分配するかに合意した場合だけ、それぞれの学生は自分の取り分を手にすることができる。金を渡された学生は分配方法を一通りだけ提案でき、もう一方の学生はその取引を承諾するか拒否するかを答える。二人の間の意思疎通は、金を渡された学生が相手の取り分を紙に書き、もう一人がその紙に「成立」または「拒否」と書くことだけが許される。

読者は、想像上の一〇〇〇ドルを渡された学生が一ドルかそれ以下を相手に渡す案を提示し、もう一人は喜んでそれを受け入れたと思うかもしれない。たとえ一ドルであっても、全く何ももらえないよりはましだからだ。経済理論では、そのような結果は以前の状態に対する改善だということになる。しかし、実際の結果はそうではなかった。一〇〇〇ドルを渡された学生の大半ははるかに寛容で、相手の取り分として少なくとも二五〇ドル以上を提示した。さらに驚くべきことに、二五〇ドル未満を提示された学生の大半は、「拒否」と答えれば二人とも何も得られないにもかかわらず、取引を拒否した。このゲームや類似のゲームは社会科学者によって対象や組合せを変えて数千回行われてきたが、どれも結果は酷似している。

近年、このシミュレーション・ゲームの大幅拡大版が、米国全土を舞台に展開されている。だがこちらは本物のゲームであり、相対的に少数のアメリカ人がこれまで以上に国民所得全体の大きな割合を手にする一方、これまで以上に懸命に働いている普通のアメリカ人の大多数が受け取る割合が少なくなっている。そしてシミュレーションの結果と全く同じく、損をする側が「拒否」と言い始めているのだ。一例を挙げると、二〇一五年の世論調査で大半のアメリカ人がTPP（環太平洋パートナーシップ協定）に反対しているという結果が出た。[17] TPPとは、米国とアジアの貿易交渉当局者が、米国と太平洋地域の国々の間の貿易と通商をさらに自由化するために考案したものだ。歴史的、政策的な観点から見れば、貿易の拡大によって私たち全員がより安価なモノとサービスを手にすることができるため、全体の利益になるはずだ。しかし最近では、貿易から得られる最大の利益が投資家と企業の重役の手に渡る一方で、賃金の良い仕事を失う中間層と低所得層ばかりが負担を不均衡なまでに背負う結果となっている。世論調査によると、二〇一四年の時点でアメリカ人の大半がもはや貿易自由化協定を支持していなかった。[18]

なぜ人は、他人をきわめて裕福にするという理由だけで、自分にとっても有利な話を拒否しようとするのだろうか。こうした態度を嫉妬深さや悔しまぎれととらえる人がいるかもしれない。しかし、先ほどのゲームで二五〇ドル未満の提案を拒否した学生にその理由を尋ねてみると、そうしないと不公平な結果になるからだと答えた。思い出してほしい。私は独断的に一〇〇〇ドルを学生に渡した。一〇〇〇ドルを最初に受け取った学生は、それを得るために努力したわけでも何かに秀でていたわけでもない。別の言い方をすれば、ゲームがいかさまである場合、勝者がはるかに大きな利益をやすやすと手にするという不公平に思える結果を阻止するためなら、敗者は喜んでわずかな利益を犠牲にするということだ。二五〇ドル未満の取引を拒否した別の学生は、もう一人の学生が多額の分配を手に入れたら、その学生はさらに大きな力を得ることになり、ゲームがますます不正になることを懸念したと答えた。だからこそ彼らは政治がますます不均衡になり、今まで以上に腐敗する状況を避けるためなら、喜んである程度の利益を犠牲にするのだ。米国の富の分配ゲームでごく少数の勝者が大きな勝ちを収める状態が続き、多くの人が相対的に自分は敗者であると思えば、敗者の側がゲームの中止を試みるということが示唆されている。それは嫉妬心からではなく、深く根付いた不公平感と、野放しの権力と特権に対する恐れからだ。

マイナス・サム・ゲーム

つまり、システムが不公平で独断に満ちており、勤勉が報いられないと人々が感じると、私たち全員が損をする結果になる。それは、不正行為や盗みが蔓延し、不信感が蓄積し、裕福な人がさらに裕福になることを防ぐために全体の利益を捨て去ろうとする意志が生じるなど、相互に関連するさまざまなマイナスの影響によるものだ。それでも警備員、会計士、会計検査員、弁護士、検査機器、監視装置などに対する支出が増えるためにGDPは増加するかもしれないが、こうした防御策のための支出によって一般のアメリカ人の生活の質が向上することはない。もう一つのマイナスの影響は、すでに見てきたように、購買力の不足と経済の不安定によってモノとサービスの需要が慢性的に不足することだ。この二つが相まって、経済システムにはかり知れないほどのダメージを与える。それによって経済と社会が、数学者なら「マイナス・サム・ゲーム」とでも呼びそうな状況に変わってしまう。(訳注1) 資本主義が大多数の人々に経済的利益をもたらさなくなると、最終的には少数の富裕層に対してですら利益を全くもたらさなくなる。頂点にいる彼らの中で、この根本的な真実を理解するに至った人がほとんどいないというのは不幸なことだ。

こうした動きに脅かされているのは米国の資本主義だけではない。他の国の資本主義も衰えつつある。二〇一四年の時点で、欧州の大部分と日本において賃金が停滞したり下落したり、経済の不安定化が進んでいる。中国の消費者は勢いがあったが、中国経済の生産性の向上に伴って消費が伸びることはなく、国内の貧富の差が拡大した。(19) 中国の富裕なエリート層は西洋の富裕層の派手な消費行動を模倣しており、国内での腐敗が蔓延しているようだ。

もし歴史が参考になるのであれば、改革が米国で始まり、そこから他の国へと伝播する可能性が高い。なぜならアメリカ人にはイデオロギーよりも実利主義を選択する傾向が常にあったからだ。ひと

【訳注1】
マイナス・サム・ゲーム。参加者の得点と失点の総和がマイナスになるゲーム。

たび問題を認識し、その原因を理解すれば、それを解決するというやっかいな仕事に取り掛かるのが、この国の習性だった。資本主義が危機的状況に陥ろうとも、決して共産主義やファシズムやそれ以外のイデオロギーを選ぶことはなかった。私たちは必要な修正を加えることで行き過ぎを是正し、何度も何度も資本主義を救ってきたのだ。いかなる政治的・経済的権力が過度に集中して資本主義というシステムの存続を脅かそうとも、アメリカ人はそれを阻止してきた。そして今、またそのような行動を起こす時がやって来たのだ。

第18章 拮抗力の衰退

本質的な問題は経済ではなく政治にある。経済システムの基本ルールが経済エリートの支配下にある状況では、その支配力の背後にある政治的権力の所在を変えることなしに改革を行うことはできない。

二〇一四年秋にプリンストン大学教授のマーティン・ギレンズとノースウエスタン大学のベンジャミン・ペイジが発表した研究で、この問題の規模がいかに大きいかが明らかになった。[1] ギレンズとペイジは一七九の政治課題を詳細に分析し、経済エリート、企業集団、一般大衆によって構成される利益団体、そして平均的市民が及ぼす相対的な影響力を測定した。結論はこうだった。「平均的アメリカ人の選択が公共政策に及ぼす影響力はごくわずかでほぼゼロに近く、統計的に意味のないレベルに過ぎない。[2]」その代わりに、政治家は個人資産家の要求や大企業の利益、すなわち最強のロビー力を備えるとともに最大の資金供給源である人々の要求や利益に応えている。ただし、ギレンズとペイジが使ったデータが一九九八年から二〇〇二年のものだったことに驚かされる。すなわち、連邦最高裁が「シティズンズ・ユナイテッド」裁判や「マカッチェン」裁判の判決を通じて、企業に無制限の選挙資金寄付を行う道を開く前のデータだ。これらの判決については後で触れる。また、この研究が行われたのはスーパーPAC[訳注1]や「ダークマネー」[訳注2]が登場する前であり、さらにウォール街救済策が取られる前だった。もし、現在までのデータが用いられていれば、大企業の影響力がさらに大きいという結果が出たことだろう。

米国で一般国民が強い政治的権力を直接手にしたことはこれまで一度もないという主張もある。ウォルター・リップマンは一九二二年の著書『世論』で、大衆は公共政策について知識もなければ関心もないと述べた。[3]「世論の合意」とはそれを操作するエリートによって「捏造された」ものだと言う。「民主主義の原初にあった教義を信じることは、もはや不可能である」とリップマンは結論づけた。[4]とはいえ、共産主義や全体主義に屈した国々に比べれば、その後の米国の民主主義は強固なものであったといえよう。

第二次世界大戦後、政治学者は米国の民主主義の安定性と反応性が相対的に高い理由を説明しようと試みた。個々のアメリカ人の意見にはほとんど影響力がないが、アメリカ人の大多数が同好会、協会、政党、労働組合などのさまざまな利益団体や会員組織に所属しており、政治家がそれらの意見に反応するからだという仮説が立てられた。当時は「利益団体による多元主義」と呼ばれた。これは直接民主制や間接民主制という従来の教科書に書かれたモデルとは相容れないが、大多数の国民の要求や希望に応えるものだった。このように考える研究者の見方に立つと、民主政治は、そうした競合しつつも互いに関連する団体の間で進行する交渉に左右されることになる。コロンビア大学の政治学者デビッド・トルーマンは、一九五一年に書かれた重要な著書 *The Governmental Process*（統治過程論）で「米国のような多元的利益集団が存在する社会の政治において重要な均衡力」となるのは、「組織された利益集団の間で会員が重複していること」であると記した。[5] トルーマンによると、アメリカ人の大多数が複数の利益集団に所属し、それぞれの利益集団が会員の意向を政治的リーダーに伝えたのである。このように重複する会員を擁する利益集団が民主主義を安定させ、平和的な変革を可能にした。イエール大学の政治学者ロバート・A・ダールは一九五六年に書かれた『民主主義理論の基礎』の中で、米国の民主主義が他の国の失敗をよそに成功したのは、米国が数多くの利益集団を内包しており、各

【訳注1】

　PAC（政治活動委員会）とは政党や政治家への献金の受け皿となる政治資金団体のこと。二〇一〇年の最高裁判決で上限なしで献金を集めることが可能になった後、スーパーPAC（政治活動特別委員会）と呼ばれるようになった。

【訳注2】

　明らかに政治活動が目的でありながら、非営利社会福祉団体として特定の政治家または政党に政治資金を提供する組織からの献金を指す。

利益集団がそれぞれ政治的少数派だったからだと指摘した。[6] それぞれの利益集団は目的を成し遂げるために他の利益集団と連携する必要があるため、政治システム全体の柔軟性や反応性が高くなる。その結果は、多数派による支配でも少数派による支配でもなく、「複数の少数派の中の多数派」による支配となる。

研究によると、選挙で当選した政治家が意識していたのは、例えば地域の商工会議所を構成する中小企業などの地元のエリートや、米国在郷軍人会、農業会、全国規模の労働組合の地方組織など、各地域に活動拠点のある全国組織だった。政党も同様に下から上へと組織が積み上がり、強力な地元や州の支部を基盤としていた。意思の伝達は主として下から上に向かってなされた。例えば、米国在郷軍人会はすべての州に地方組織があり、すべての主要都市に支部が置かれ、一九四四年の復員軍人援護法の成立に多大な影響力を及ぼした。[7] 復員したすべての退役軍人に対して、最大四年間の大学教育や住宅ローン、事業ローンを保証する法律だ。米国在郷軍人会が成功したのは地方組織や支部が数十万人の会員を動員して、地元の上院議員や下院議員に圧力をかけたからにほかならない。

さらに重要なのは、連邦政府がニューディール政策の時代から第二次世界大戦後の一〇年間にかけて、大企業や金融業界の権力を相殺するような経済的権力の新たな中枢を作り出すのに成功したことだ。すでに述べたように、労働組合は政治に強い圧力をかけて一九三五年に団体交渉の合法化に成功し、その後の数十年間で団体交渉権を基盤に政治的・経済的な影響力を築き上げた。組合に未加入の労働者も最低賃金法という形で経済的権力を獲得した。小規模農家は連邦政府からの価格保証とともに農業政策の立案過程での発言力を得た。農業協同組合は労働組合と同様に独占禁止法の免除措置を勝ち取った。小規模小売店は「公正取引」を保証する州法によって小売店チェーンから守られた。すべての小売店に対して同じ卸売価格を適用することを卸売業者に義務づけ、小売店チェーンの値引き販売を阻止する法律だ。同時に、小売店チェーンは大手メーカーの巨大な市場支配力に対抗するために協力して全国規模の組織を作ることを認められた。小口投資家も証券取引法によって大口投資家や大企業の経営陣の権力から身を守った。中小金融機関は、州際銀行業務を禁じ、商業銀行と投資銀行を分離する規制によってウォール街を防いだ。こうした動きは経済全般に広がった。

経済学者ジョン・ケネス・ガルブレイスはこれらを「拮抗力（Countervailing Power）」と呼び、新たな影響力の中枢が生まれたことで、これが経済成長から得られる利益を広く拡散させる手段になると考えた。[8] 一九五二年に「事実、拮抗力をこの二〇年間支えたことは、平和時の連邦政府が果たしたおそらく最大の役割となった」と記している。[9] 拮抗力が経済全体に広がったことは、大企業とウォール街に集中した権力との均衡を図る重石となった。「経済には民間の市場支配力が存在するため、拮抗力の拡大によって米国経済が自律的に自己調整する能力が強化され、それによって政府に求められる全面的な統制や政策立案の規模が小さくて済むようになる」とガルブレイスは続けた。[10] こうした新たな権力の中枢が存在したことで、経済成長がもたらす利益のかなりの部分を、米国で大多数を占める中間層や労働者層が受け取ることができたのだ。

停滞する草の根の政治力

ところが、一九八〇年代から何かが決定的に変わった。ギレンズとペイジの研究から明らかなように、単に大企業や金融業界や個人資産家の政治的権力が強まっただけではない。[11] 経済における拮抗力の中枢が衰え始めたのだ。巨額の資金に支えられた勢力が市場を動かすルールに対する支配力を高める一方で、拮抗勢力の経済力が衰退し、ルール設定に対する拮抗勢力の発言権も著しく低下した。

米国在郷軍人会のような草の根の会員組織が縮小した大きな理由は、アメリカ人がそうした活動に費やせる時間が減ったことだ。賃金の停滞によって、大多数の人々は生計を立てるために働く時間を増やさざるを得なくなった。そこには、一九七〇年代後半に男性の賃金が十分でなくなったことで脅かされた世帯年収を下支えするために、主婦や母親たちが賃金労働に費やすようになった時間も含まれる。社会学者ロバート・パットナムの言葉を借りれば、アメリカ人は「ジョイナー（多くの団体に参加する人）」の国であることをやめたのだ。[12] 一九八〇年代には、米国の多元主義に力と意味を与えていた各種団体の巨大なモザイクがバラバラに壊れていった。こうした団体の多くは二一世紀の最初の一〇年までにほとんど姿を消し、集団としての発言力も消滅した。それらは全国規模の権利擁護団体にとって代わられた。ほとんどが首都ワシントンに拠点を置く団体だ。地方組織や支部が会員の意向を集めて全国レベルのリーダーへと伝えることがなくなったため、そうした団体の「会員であること」はもはや地域や州のレベルでの積極的関与を意味しなくなった。全国規模の権利擁護団体が上から下へ寄付を求めるのに対し、各個人が金を送る意志を持つ程度の意味しかなくなった。

すでに述べたように、それと同時に労働組合の組合員数が減少し始めた。企業が雇用を外国に移転させ始め、組合員が賃金や手当の面で譲歩に応じないとさらに雇用を海外移転させると脅迫したり、組合のない「労働権法」州に雇用を移したり、非組合員が労働組合を結成しようとする動きを阻止しようとしたためだ。ロナルド・レーガン大統領は、ストライキを起こした航空管制官を解雇して、このような動きを法的に正当化することに手を貸したが、しかしすでに競争圧力が企業経営者をこうした方向に向かわせていたのだ。その結果、一九八〇年代に頻発した敵対的な企業買収やレバレッジド・バイアウトが、かつてないほどの圧力となって企業経営陣にのしかかり、労働組合と対立してでも人件費削減を進めなければならなくなった。労働組合の衰退は、企業利益の分け前を求める平均的労働者の交渉力を低下させただけではない。彼らの所得維持を促すような法律や規制を勝ち取るための政治力をも低下させたのだ。労働組合があれば、その交渉力によって、契約で保証されている組合員の団体交渉権を労働法によってさらに遵守・拡大させることができたろうし、貿易協定に彼らの雇用を保護する（あるいは失業時に十分補償する）ルールを加えることができたかもしれない。あるいは一般の従業員にも企業統治に関して一定の発言力を保障する会社法にできたかもしれないし、労働協約に基づく組合員への給与払い戻しの優先度を破産法の規定によってもっと高くすることができたかもしれないのである。

労働組合は引き続きロビー活動や選挙活動への寄付を行ってはいるが、その政治的・経済的権力は衰退している。特に、大企業、経済団体、金融業界、個人資産家が持つ権力の大きさと比べると顕著な衰退ぶりだ。例えば二〇一二年大統領選では、コーク兄弟の政治人脈だけで四億ドル以上が献金されたが、これは労働組合のトップ一〇の合計献金額の二倍以上にあたる。(13)(訳注3) この年、企業がロビー活動に費やした額は労働組合の五六倍に上った。(14) 民主党の候補者たちは選挙戦の資金源として、労働組合よりもむしろ個人資産家に頼るようになっている。二〇一二年の選挙戦で、上位〇・〇一％の富裕層が民主党に寄付した額は、労働組合の四倍以上だった。(15) このように、米国の労働者団体の経済的権利の喪失が政治的権力の喪失に拍車をかけ、それが労働者の経済的権力のさらなる喪失を加速させているのである。

小規模小売店、農協、地方銀行などの他の拮抗勢力もその勢いを失った。州の「公正取引」法が廃止され、再販価格の維持が独禁法違反だとする判決が出たために、多くの小規模小売店が倒産した。こうした動きの先頭に立った大規模小売チェーンは、それが消費者に有利な結果をもたらすのだと主張した。しかし、この動きはウォルマートなどの巨大チェーンの参入に道を開き、米国の実体経済《メインストリート》からは多数の店舗が消え失せて、その多くがゴーストタウンと化した。さらにこうした変化は、地域で生産された多様な製品やサービスを地域社会に提供し多くの雇用を創出していた、数百万もの地元企業を閉鎖に追い込んだ。同時に、ウォール街の要請による金融市場の規制緩和によって、大銀行はさらに巨大化し、かつては州や地域の銀行が活動していた市場を乗っ取り、数多くの中小企業や地元企業への資金供給を絶ってしまったのだ。

政治とカネ

他方で、政党もそのあり方を変えた。所得や富が富裕層に集中し始め、選挙戦にかかる費用が急上昇するにつれ、それまで州や地域の支部を中心に党員の意向を下から上へと集約していた組織が、巨大なトップダウンの資金調達マシーンへと変異し始めた。共和党は選挙戦にどんどんカネがかかるようになるずっと前から、すでに大企業、ウォール街、富裕なパトロンたちの意向にうまく適応していた。だが最近は民主党もこうした金持ち利権に対し、ほぼ同じような反応を示すようになっている。民主党下院議員トニー・コエーリョは「企業は好むと好まざるとにかかわらず、我々と取引しなくてはならない。なぜなら我々が多数党だからだ」と誇らしげに語った。(16) 一九八〇年代に民主党議会選挙対策委員会のトップで、米国の経済界にたかり行為を始めた人物だ。コエーリョ選対委員長に導かれた民主党は、企業と大手金融機関から共和党にほぼ匹敵する選挙資金を集めることに成功した。だが、一見、大企業のほうが民主党支配下の議会に頼っているように見えたこの行為も、その後は、両党に対して

【訳注3】 コーク兄弟はカンザス州ウィチタでエネルギー・コングロマリット、コーク・インダストリーズを経営する大富豪。リバタリアン思想の支援者で、ティーパーティに巨額の寄付を行ったことでも知られる。

相当な寄付がなされ、結局は政治の側が企業に魂を売り渡すファウスト的契約に過ぎなかった。民主党が大企業に依存していることは、一九九四年中間選挙での敗北の数カ月前、多数の民主党議員がビル・クリントンの医療保険制度改革に反対したときに明らかになった。彼らの企業スポンサーが改革に反対していたからだ。

マイノリティや女性の権利など経済界と関係のない政策目標は、依然として共和党よりも民主党政権もしくは民主党優位の議会のほうが実現可能性が高いが、経済界の利益に関わる政策は党派にかかわらずいずれの政権でも実現している。例えばクリントン政権の最初の二年間は民主党が上下両院で過半数を占めており、クリントンは北米自由貿易協定（NAFTA）の締結と、その後の世界貿易機関（WTO）設立を推進した。いずれも大企業にとって非常に重要な意味を持つものだった。さらに、ウォール街の債券トレーダーが強く主張していた財政赤字の削減にも取り組んだ。フランクリン・D・ルーズベルト大統領時代の民主党は、ウォール街の権力を抑えるためにニューディール政策を通じて金融分野の規制を行ったが、クリントン大統領と民主党議員らはそうした規制の多くを撤廃した。一九九四年、民主党は州際銀行業務に対する規制を撤廃する「州際銀行支店業務効率化法」を支持した。一九九九年には、商業銀行業務と投資銀行業務を分離させた一九三三年のグラス＝スティーガル法を廃止、二〇〇〇年には商品先物近代化法を制定して、商品先物取引委員会がクレジット・デフォルト・スワップなど、ほとんどの店頭デリバティブ取引を規制できないようにした。そして、すでに述べたように、クリントン大統領は、企業が役員報酬の一〇〇万ドルを超える部分の控除を禁止するという一九九二年大統領戦での公約を後退させ、役員報酬が「企業業績」と連動する限りは（それはしだいにストック・オプションやストック・アワードなどを意味するようになった）控除を認めた。クリントン政権の時代に企業収益は急拡大し、株式市場も高騰し、CEOの報酬は破格の金額にまで上昇した。

バラク・オバマも同様に、企業に敵対的だとして経済界からよく批判されてはいるが、実際は米国史上で最も経済界に好意的な政権の一つだと言える。オバマは二〇〇八年の金融危機を受け、ウォール街（と米国経済）を破綻から救うために数千億ドルの公的資金を投じた。さらに、世界大恐慌の再来を防ぐための景気刺激策を実施し、広く国民をカバーする医療保険制定改革法を制定して保険会社と製薬会社に利益をもたらした。オバマ政権下で株式市場は大不況による損失をすべて埋め合わせ、史上最高の株価を記録した。[17] そしてすでに述べたように、米国全体の収益に対する企業収益の割合が一九二九年以降で最大に達した。[18]

最近の民主党政権の閣僚がそのポストに就く前後でどのようなキャリアをたどっているかを見てみると、彼らが企業やウォール街と密接な関係にあることがわかる。クリントン政権で財務長官を務めたロバート・ルービンはワシントンに赴く前はゴールドマン・サックスの会長で、政権を離れた後はシティ・グループの経営執行委員会会長に就任した。オバマ政権の財務長官だったティモシー・ガイトナーは、政権に入る前はルービンの抜擢でニューヨーク連邦準備銀行総裁を務め、財務長官退任後は未公開株式投資会社ウォーバーグ・ピンカスの社長としてウォール街に戻った。ガイトナーの後任として財務長官となったジェイコブ・ルーは、オバマ政権に入る前はシティ・グループの投資選択部門の最高執行責任者としてプロップ・ディーリング（自己勘定取引）を手掛けていた人物だ。オバマ政権の行政管理予算局局長だったピーター・オーザックは、シティ・グループでグローバル・バンキング部門の副会長と財務戦略・ソリューション部門の会長に就任するために政権を離れた。オバマ政権が、救済措置を受ける金融機関に一度も厳しい条件を課すことをせず、経済を崩壊寸前に追い込んだウォール街の経営者を一人たりとも起訴せず、金融取引に対してわずかな税を課すことすら拒否したことが、偶然の一致であるとは言いがたい。金融取引にきちんと課税していれば、年間数十億ドルの税収が生みだされ、コンピュータによるプログラム売買を抑制できたはずなのだ。

ここで比較すべきは、民主党と共和党の閣僚のキャリアの違いではなく、巨額の資金が流入し始める何十年も前にワシントン政界に入った人々と、洪水のように巨額の資金が流入し始めた後で政界入りした人々との違いだ。例えば一九七〇年代、議員を退いてからワシントン政界でロビイストになったのはわずか三％だったが、最近では引退した上院議員の実に半数、下院議員の四二％が、所属政党にかかわらずロビー活動に従事している。[19] その理由は、最近引退した議員が在職中に得た人脈や経験を利用して金儲けをすることに対して、かつての議員ほど良心の呵責を感じないからではない。企業のロビー活動から得られる報酬が相対的に大きくなったからだ。

ウォール街は選挙戦により多くの資金を注ぎ込むことで、ワシントン政界の民主党議員と共和党議員の両方に対する影響力を獲得した。コネチカット州選出の民主党上院議員クリス・マーフィーは二〇一三年にイエール大学で行った講演で、資金調達に力を入れなくてはならないことに不平を述べながら、「金融市場で働く人々との電話に長い時間を費やさなくてはならない。だからコネチカット州トマストンの工場で働く人々が抱える問題ではなく、金融機関の幹部が抱える問題ばかりを聞かされることになる」と認めた[20]。

他方、両党の候補者に流れ込む政治献金を見ると、個人資産家からの資金の割合が増えている。事実、一九八〇年以降、上位一％中のさらに一％（一万分の一％）の人々からの政治献金は、彼らの所得額よりも速いペースで増加している[21]。一九八〇年、選挙戦に対する上位〇・〇一％からの献金は全体の一〇％を占めた[22]。二〇一二年には、上位〇・〇一％にあたるきわめて富裕な世帯が米国の所得全体の約五％を手にしたが、彼らからの連邦選挙戦への献金は全体の四〇％に膨れ上がった[23]（図9）。

二〇一二年の二大献金者はシェルドン・アデルソンとミリアム・アデルソンで、それぞれ五六八〇万ドルと四六六〇万ドルだった[24]。だが、アデルソン夫妻は超富裕層による政治献金という巨大な氷山の一角に過ぎない。『フォーブス』誌による米国の富豪トップ四〇〇人の中で、実に三八八人がこの年に政治献金を行っていた。そのうち四〇人は、一〇〇万ドル以上の献金をした一五五人の中に含まれていた。「フォーチュン五〇〇」にランキングされた企業の取締役とCEO四四九三人の中で、五人中四人以上が献金した（献金しなかった人の大半は外国人で、政治献金が禁止されている）[25]。二〇一六年大統領選に向けた準備段階で、億万長者のチャールズ・コークとデビッド・コーク兄弟は裕福な友人らと協力して、一〇億ドル近い資金を集めた。これにより彼らの政治団体は、共和党や民主党と同じ規模で活動できることになる。

図9　上位0.01%の家計および有権者の所得と選挙献金の集中度

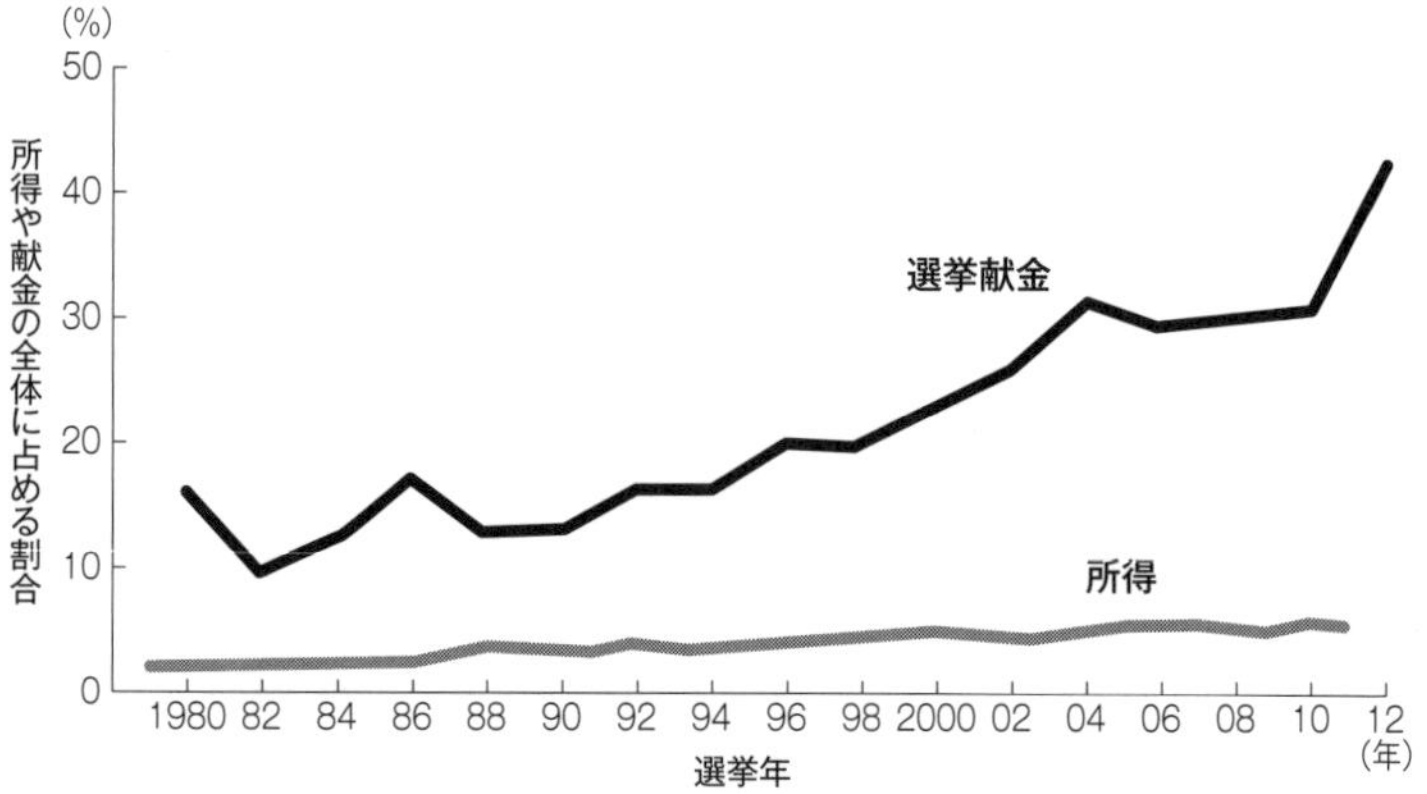

（注）　黒い線は上位0.01%の有権者によるすべての連邦選挙での選挙献金の割合を示している．上位0.01%の有権者で選挙献金を行った数は，1980年の1万6444人から2012年の2万4092人に増加した．同じ期間に，上位0.01%からの寄付金の最低額は実質ベースで5616ドルから2万5000ドルに増加した（2012年換算）．灰色の線は全体の所得（キャピタルゲインを含む）に対する上位0.01%の家計の所得の割合を示している．数値にはスーパーPACと「527団体」に対する個人献金を含むが，情報を開示していない「501(c)(4)団体」への献金は含まない．「501(c)(4)団体」は2010年に約1億4300万ドル，2012年に約3億1800万ドルの支出が記録されており，それらの資金の大半は富裕層から調達されている．「501(c)(4)団体」への献金が数字に含まれれば，2010年から2012年のグラフは1～2ポイント上昇すると推測される．

（出所）　A. Bonica, N. McCarty, K. Poole, and H. Rosenthal, "Why Hasn't Democracy Slowed Rising Inequality?" *Journal of Economic Perspectives* 27, no. 3 (Summer 2013): 112.
このグラフはPiketty and Saez (2013) による所得のデータをもとに作成した．

超富裕層の資金による支配力が拡大していても、彼らの問題意識や態度が同じ政党を支持する大多数のアメリカ人の問題意識や態度と似ていれば、さほど大きな影響ではないかもしれない。そうであれば、民主党を支持する億万長者の権力は、共和党を支持する億万長者の権力と拮抗するはずだ。だが実際のところ、富裕層にとっての優先事項は平均的なアメリカ人の優先事項とまるで異なっている。億万長者同士の対決は、拮抗力の代替にはならないのだ。

一つだけ例を挙げよう。二〇一四年のピュー・リサーチ・センターの調査によると、アメリカ人の大多数が支持政党に関係なく雇用に不安を抱いていた。[26] しかし、政治学者ベンジャミン・ペイジとラリー・バーテルが平均資産一四〇〇万ドルのシカゴ市民を調査したところ、彼らの最大の優先課題は財政赤字または過剰な財政支出で、その数は失業者問題を優先課題として挙げた回答者の三倍もあった。[27] また驚くことではないが、こうした個人資産家は普通のアメリカ人と比べ、財政赤字を抑制するための高所得者の税率引上げにはかなり消極的で、社会保障制度やメディケア（高齢者および障害者向け公的医療保険制度）を縮小することに積極的だ。彼らはまた、学校への財政支出を増やすことや最低賃金引上げなど大多数のアメリカ人が賛成している政策に反対している。

ペイジとバーテルの調査に回答した個人資産家が普通のアメリカ人と大きく異なるもう一つの点は、政治的影響力だ。過去一二カ月間で彼らの三分の二が選挙か政治資金団体に寄付（平均四六三三ドル）をした。[28] その五分の一は他人からの寄付も取りまとめていた。こうした寄付によって、大多数のアメリカ人にとっては夢に見ることだけが許されるようなレベルでの政界へのアクセスが可能となるのだ。これら個人資産家の約半数が、最近になって米国上院議員または下院議員に初めて接触するようになり、接触議員の半数近く（四四％）が、国全体にかかわる広範な課題よりも、経済的な自己利益にかかわる比較的狭い課題を重視したという。これはシカゴという一都市の富裕層だけの話だが、米国全土に広げて掛け算をしてみると、私たち国民が選挙で選んだ代表者たちは、誰の話に耳を傾け、なぜそうするのかという全体像が見えてくるだろう。この調査にはウォール街や大企業の組織化された富や経済的影響力は含まれていないから、この掛け算にさらなる掛け算が必要だ。

広がる政治不信

もしも富と所得がごく少数の手に集中していなければ、そして拮抗勢力が衰退していなければ、「シチズンズ・ユナイテッド」裁判（二〇一〇年）や「マカッチェン」裁判（二〇一四年）の最高裁判決はあれほど厄介なものにならなかっただろう。いずれも共和党に指名された五人の判事が支持した判決だ。企業市民団体「シティズンズ・ユナイテッド」が連邦選挙管理委員会に対して起こした裁判の判決は、企業にも、米国憲法修正第一条に基づく「人格」（法人格）を認め、したがって財政的貢献を通じて本格的に選挙に参加する権利があると宣言した。[29] それに続く「スピーチナウ・ドット・オルグ」裁判でも、連邦控訴裁判所は明らかに「シティズンズ・ユナイテッド」裁判の前例を踏襲し、企業と個人が「スーパーPAC」として知られる政治活動特別委員会に対して無制限の政治献金を行うことを認めた。[30]「マカッチェン」裁判では、個人が連邦選挙の候補者と政党に対して寄付できる一二万三二〇〇ドルの上限を撤廃し、大統領候補に二年間の選挙サイクルにおいて献金者一人当たり最大一二〇万ドルの献金を受け取ることを、下院院内総務には二年間の選挙サイクルにおいて献金者一人当たり最大二三〇万ドルの献金を受け取ることを認めた。[31]

最高裁は選挙献金に関する規制法を実質的に骨抜きにすることで、私が述べてきたような負のサイクルに拍車をかけた。大企業や個人資産家が資金を投じて自分たちに都合のよいようにゲームのルールを作り上げ、そうすることで豊かさを増し、ルールに対してさらに大きな影響力を持つようになる。しかも悪いことに、このサイクルのほとんどが秘密裡に進行する。二〇一四年の中間選挙では、外部団体によって放送された選挙CMの半数以上が献金者に関する情報をほとんど、あるいは一切開示していない団体の手によるものだった。[32] 中には、献金者である個人資産家や企業の情報を隠す目的で設立された団体もある。こうした団体から供給される選挙資金の額はスーパーPACを通じた寄付金を上回った。[33]

こうして経済力と政治力はさらに混然となった。一九九〇年、最高裁は「法人格を利用して蓄積され、その法人の政治思想に対する世論の支持と相関関係のない巨額の富による、頽廃し歪んだ影響力」も腐敗に含まれるという懸命な判断を示した。[34] それから二〇年後、最高裁はその定義を大幅に狭め、腐敗とは特定の票の獲得を目的とした特定の資金の授受、すなわち明白な賄賂を意味するとした。多数意見を書いたアンソニー・ケネディ判事は「企業による支出も含め、独立した選挙支出が腐敗や腐敗の出現を引き起こすものではない」と切り捨てた。[35]

これでは、政治システムと政治にかかわる人々に対する信頼が低下の一途をたどっているのも不思議はない。一九六四年当時は、自己利益を追求する少数の巨大な利益集団が政治を動かしていると考える有権者は二九%に過ぎなかった。しかし、二〇一三年にはそうした意見が優勢になり、アメリカ人の七九%が同意している。[36]

政治に対する国民の信頼低下は、近年特に深刻化している。二〇〇六年、政治の腐敗が蔓延していると考えるアメリカ人は五九％だったが、二〇一三年には七九％がそう考えている。[37] 二〇一四年秋に世論調査会社のラスムセンが行った調査によると、「大多数の連邦議会議員が金銭的見返りや選挙献金を得るためなら喜んで票を売る」と考える人は六三％に上り、五九％が「自分の州の選出議員がすでにそうしている」と思っていた。[38] また、「議員の大多数は選挙区の有権者の意見を気にかけていない」と答えた人は六六％、「自分の州の選出議員は自分たちの意見を気にかけていない」と思う人は五一％に上った。[39]

アメリカ人のかなりの割合が、わざわざ投票しようとも思っていない。米国の最大政党はもはや共和党でもなければ民主党でもない。投票しない人々なのだ。二〇一二年の大統領選挙での投票率は五八・二％に過ぎなかった。[40] 中間選挙の投票率は常に大統領選挙より低いものだが、それにしても二〇一四年の中間選挙で票を投じたのは有権者のわずか三三・二％で、[41] 一九四二年の中間選挙以来最低となった。[42] 一九四二年は第二次世界大戦の最中だったので無理はない。これに加えて、投票する人々のほうも選挙のたびに態度を変え、議会の第一党や政権政党を交代させて不満を表明する傾向がある。バラク・オバマと民主党は二〇〇八年の選挙では圧倒的勝利を収めたものの形勢は突如として変わり、二〇一〇年に下院、二〇一四年には上院で共和党が過半数を制した。

経済的利益を手にする支配的勢力と経済的不安定に陥っているそれ以外の国民の間で似たような乖離が生じている他の国でも、同様の不満の兆しが見られる。二〇一四年までに世界の先進国の多くで分離独立の動きが起きた。二〇一四年、スコットランドは英国からの独立の是非を問う住民投票が僅差で否決され、カタルーニャも模擬投票ではあるがスペインからの独立を支持する側が勝利した。[43](訳注4)その年の前半に行われた欧州議会の選挙では極右政党が勢力を伸ばした。ロシア、日本、インド、中国でもグローバルなエリートや国際機関に反対するナショナリスト的な動きが活発化している。

二〇一六年の米国大統領選挙を前に、富と所得が記録的な勢いで富裕層に集中すると同時に、選挙戦資金がかつてない金額に上り、企業、ウォール街、個人資産家が広く影響力を及ぼすという最悪の事態が生じている。拮抗勢力は米国からほぼ姿を消した。果たして、アメリカ人の大多数は無力感にとらわれ、政治と政治家を見下し、意義ある変化が生じる可能性に対してシニカルな見方を示している。しかし、無力感は自己充足的な予言でもあり、無力感を抱くことによって実際に自らを無力にしてしまう。大多数のために機能する民主主義と経済を取り戻すための唯一の方法は、大多数が再び政治に対して積極的になり、新たな拮抗力を打ち立てることだ。巨額の資金に支えられた勢力はこれからも彼らが最も得意とすること、つまり金儲けを続けていく。それ以外の私たちは、自らが最も得意とすることをしなくてはならない。それは、自分たちの声と活力と投票権を活かして、経済と政治に対する支配権を奪い返すことである。

【訳注4】　原著刊行後の二〇一六年六月、英国ではEUからの離脱の是非を問う国民投票が行われ、僅差で離脱が可決された。賛否それぞれの投票行動には、経済格差や社会的階層、世代の違いなどが如実に現れ、民主的な投票によって皮肉にも社会の分断が顕著にあぶり出される結果となった。

Chapter 19
Restoring Countervailing Power

第19章 拮抗力を取り戻せ

もしも私たちが、「『自由市場』とは、政治から独立して存在している」という概念や「収入はその人の社会的な価値で決まる」という概念から解放されれば、根本的な選択肢は何なのかをより明確に理解することができるだろう。つまり、大きな政府か小さな政府かという選択肢ではなく、少数の富裕層をさらに豊かにするための要求に応える政府か、それとも、相対的に貧困となり、経済的に不安定な立場に立たされている大多数の要求に応える政府かという選択肢だ。そうなれば、私たちは政治的右派と左派を大いに消耗させてきたイデオロギー対決を乗り越え、米国の政治経済システムに拮抗力を取り戻すという、私たちの時代の主要課題に取り掛かることができる。

巨大な資本を持った勢力は「自由市場」というカーテンを取り除きたくない。なぜなら、そうなると彼らが資本主義ゲームのルールに及ぼしている影響力が明らかになり、みなで連携すれば自分たちの力に拮抗できる可能性を見せてしまうことになるからだ。利権を持つ勢力にとっては、下位九〇％が共通の経済的大義を見出すことなく、これからも政府の大きさという偏向した闘争（または同性婚、中絶、銃、人種、宗教などの経済に関係のない問題をめぐる闘争）に明け暮れるほうが望ましい。

だからこそ、そのカーテンを取り払うことが必要なのだ。アメリカ人の大多数が貧しくなる一方で、ごく一部の特権を持った少数派がこれまでになく豊かになり、ゲームのルールによって経済的収益が所得下位層から上位層に向かって再分配されてしまう時代には、新たな連合が、そして新たな政治が生まれる可能性が存在する。例えば、個人投資家、家族経営企業、起業家、農村に暮らす住民、労働階級の白人など一般に政治的右派に属する人々は、働く女性、マイノリティ、都市に住む専門職従事者など一般に政治的左派に属する人々と、多くの点で意見を共にしていることに気づくかもしれない。中でも、市場のルールが大企業によって作られていなければ、医薬品、ブロードバンド、食料、クレジットカード債務、健康保険への支払いが少なくて済むという点で全員が共通している。

さらに、公的資金による救済後にさらに肥大化したウォール街の大手金融機関によって作られ施行された金融システムのルールに、多くの人々が苦しめられている。零細企業の経営者は、仮に融資が受けられたとしてもかなり高い金利を支払っているし、大学を卒業した人は学生ローンに押し潰されており、住宅を購入した人は家の価値以上の住宅ローンを抱えている。自分のアイデアを実現させようとする個人投資家、企業を立ち上げようとする個人起業家、自分の作品を人に見てもらおうとする芸術家、デザインや画像を単純に人と共有したいと考えている消費者たちも、自分たちの参入のハードルを不可能なまでに高くしている知的所有権に直面して困っている。さらに、全員がネットワークやプラットフォームにアクセスするために法外な料金を取られている。そうした料金が高いのは、それらを所有する企業が、単に多くの利用者がいるという理由だけで全員が利用しなくてはならない「標準（スタンダード）」を作ってしまうからだ。しかもそれらの企業の経営者は、独禁法の規制当局を寄せ付けない。

フランチャイズ加盟店の経営者たちは、彼らの利益のほとんどを吸い上げ、裁判所に訴えることも認めず、いつ一方的に解除されるかもしれない親会社との契約で身動きが取れないと感じている。彼らの立場は、長時間労働や違法な低賃金労働を強いられ、紛争の際の強制仲裁による解決を義務づけられ、雇用者からいつ一方的に終了されるかもしれない雇用契約によって身動きが取れなくなっている時給労働者の立場と似ている。同じように、小規模債権者、労働組合に加入している労働者、個人株主、小規模農場の経営者、小規模事業者も、彼らに債務がある大企業が返済の遅延工作をすると、全員が同じ立場に立たされる。しかも彼らは、その企業が破産した場合には、大規模債権者よりも弁済の優先度が下げられるという点でも同じ立場に置かれている。なぜなら、金融機関や大規模債権者がそうなるようにルールを定めたからだ。

次に、個人投資家、正規雇用者、時間給労働者を結びつける可能性を考えてみよう。ＣＥＯをはじめとする企業の重役やポートフォリオ・マネジャー、ヘッジファンド・マネジャーの取り分が増え続ける一方で、すべての個人投資家や正規雇用者、時給労働者の取り分は減り続けている。なぜなら、企業の重役やポートフォリオ・マネジャーたちはインサイダー情報を得ることができ、インサイダー情報をいつどのようにして開示するかのルールを決める権力を持っているからだ。

このようにして考えると、小規模事業者であれワーキング・プアであれ、起業家であれ学生ローンの債務者であれ、小口投資家であれ住宅所有者であれ、白人も黒人もラテンアメリカ人も、男性も女性も、下位九〇%のアメリカ人の経済的な共通点は、大企業の取締役やウォール街の連中や米国の富裕層との共通点よりもはるかに多い。下位九〇%が勢力を失った大きな理由は、上位に位置する人々が大きな影響力を持つ「自由市場」のルールの中に、収入や富が当初から下位層から上位層へ向かってしまう「事前配分」とでも呼ぶべき仕組みが埋め込まれているためだ。もし影響力の弱い勢力がこの力学を理解すれば、連合することでより大きな影響力を得ようとするはずだ。こうした連合もしくは複数の連合が結集することで、新たな拮抗勢力を形成できるだろう。

シフトする社会の対立軸

このような動きがいつどのように生じるかを予測することは不可能だが、何らかの動きが起こり始めていることはすでに認められる。二〇一四年、大手金融機関と大企業に対する反感は記録的水準に達している。CNBCとPR大手のバーソン・マーステラが行った国際調査によると、「強力で影響力の大きい企業は、仮にイノベーションや成長を促進していたとしても、悪である」という意見に賛成した回答者は半数以上（五一％）に上った。[1]他方、共和党内部では、大企業やウォール街を遠ざける反体制派の共和党員と、遠ざけずに密接に結びつく体制派の共和党員の間で内紛が生じている。共和党上院議員ランド・ポールは二〇一六年の大統領選出馬に向けて自身を売り込もうと「我々は有力者、富裕層、ウォール街の政党ではいられない」と述べた。[2]同じく大統領選出馬を表明していた共和党上院議員のテッド・クルーズは「富と影響力を持ち、権力の道を進む」人々が「カネと快楽を得ている」と非難した。[3]二〇一四年六月に実施されたバージニア州第七下院選挙区の共和党予備選挙で下院院内総務のエリック・カンターを破ったデビッド・ブラットは、カンターを「クローニー・キャピタリズム（縁故資本主義）」として非難し、「安価な労働力」だけを求める大企業が「すべての人の賃金を下げようとしている」と批判した。[4]

これらの発言がどこまで誠実なものか疑問が残るかもしれないが、誠実かどうかは重要ではない。このような発言がなされるのは、そうすれば支持を取り付けたい有権者たちに熱狂的に受け入れてもらえることを、発言する側が知っているからだ。つまり、共和党候補に助言を与える世論調査会社や選挙コンサルタントが、「カネと快楽を得て」、「すべての人の賃金を下げようとする」、「富と影響力を持った」勢力に対する有権者の怒りが消すことのできない緊張状態を生み出していることに気づいたということだ。例えば、共和党支持者も民主党支持者も同じように、ウォール街の巨大な金融機関を「大きすぎて潰せない」規模から縮小することを支持しているという調査結果が出ている。[5]二〇一四年、共和党下院議員で歳入委員会会長のデビッド・キャンプは、巨大金融機関に組織をスリム化する動機を与えるために、その資産に対して四半期ごとに税を課すことを提案した。[6] また、ランド・ポールは「ウォール街を救済することは保守でも何でもない」と述べている。[7]

同じように、共和党と民主党の一般党員は、グラス゠スティーガル法復活への支持で一致している。一九九九年に共和党議員とクリントン率いるホワイトハウスの連合によって廃止されるまで、商業銀行と投資銀行を分離していた法律だ。二〇一三年に民主党上院議員エリザベス・ウォレンがグラス゠スティーガル法を実質的に復活させる法案を提出したとき、共和党上院議員のジョン・マケインもこれを共同提案した。ティーパーティ派の共和党議員もこの法案に強い賛意を表明し、法案への支持が不十分だとして体制派の共和党議員を批判さえした。『ティーパーティ・トリビューン』紙は「体制派の政治家らは、彼らの献金者やパトロンによる無制限のトレーディング戦略を抑制すべきだということを決して認めないだろう」と述べている。[8] 二〇一四年末にも、金融制度を改革するドッド゠フランク法を後退させ、巨大金融機関が再び商業預金でギャンブルをすることを認める条項を含む、議会の包括歳出予算法案（オムニバス予算法案）をめぐり、短期的に同じような連合が形成されたことがあった。ルイジアナ州選出の上院議員で共和党のティーパーティ派のデビッド・ヴィッターがドッド゠フランク法の弱体化に反対したとき、エリザベス・ウォレンをはじめ進歩的な民主党上院議員らもこれに同調した。

さらに、大手石油企業、大手アグリビジネス、製薬大手、ウォール街、米国輸出入銀行などに対する「企業助成」の中止に向けた超党派の支持が広がっている。左派進歩主義論者が長く主張してきたことだが、二〇一四年に右派の多くの議員も賛同した。デビッド・キャンプは数十項目に及ぶそうした優遇税制措置を廃止する税制改革を提案した。テッド・クルーズは、議会が「企業助成とクローニー・キャピタリズムを廃絶する」よう強く主張した。さらに、すでに述べたように大企業によって作られた貿易協定に対する草の根の反感が増大している。一九九〇年代、共和党は北米自由貿易協定の施行、WTOへの加盟、中国のWTO加盟への支持にあたって民主党に協調した。しかし、二一世紀になると共和党と民主党の一般党員はこうした協定に反対するようになった。「ティーパーティ運動はTPPを支持しない」と、ティーパーティ・ユニオン代表のジャッドソン・フィリップスは述べた[9]。普通のアメリカ人は除外されているのに、「特別利益集団と大企業は交渉のテーブルにつく権利を与えられている。」

今後数年のうちに、米国政治を二分する境界線が「民主党か共和党か」から「反体制派か体制支持派か」へとシフトする可能性が高い。つまり、ゲームがいかさまであると考える中間層、労働者層、貧困層と、いかさまを行っている大企業の幹部、ウォール街の住人、億万長者という対立軸だ。二〇一四年後半にはすでに、共和党を支持する大企業とウォール街が、共和党の反体制派の候補よりも民主党の体制派の候補を支持する兆候が表れていた。多くの共和党の大口献金者、ウォール街の共和党支持者、企業ロビイストが、首都ワシントンに拠点を置く政治メディア『ポリティコ』に対し、もし共和党が大企業やウォール街に協力的な候補者（ジェブ・ブッシュやクリス・クリスティやミット・ロムニーなど）を立てないのであれば、ヒラリー・クリントンを支持すると話している。「東海岸に住む共和党支持のエリートからなる大金持ちの世界における最も暗い秘密は、テキサス州のテッド・クルーズ上院議員やケンタッキー州のランド・ポール上院議員などに代わる最良の候補がおそらくクリントンだということだ」と『ポリティコ』のアナリストは結論づけた。[10]共和党支持で知られるウォール街の弁護士は「もし共和党候補がランド・ポールまたはテッド・クルーズで、民主党候補がエリザベス・ウォレンか似たような人物になったら、誰にとってもこれ以上の悪夢はない」と語った。[11]

ウォール街と大企業の役員室にいる人々にとっては、そのとおりだろう。そして、もしこの「悪夢」が二〇一六年に生じなかったとしても、私たちが見てきたような経済と政治の潮流が変わらなければ、次の一〇年以内にそうした悪夢が生じると考えられる。上位一〇％が経済的利益のすべてを手に入れて下位九〇％がさらに貧しくなる状況が続くなら、米国経済が持続することはありえず、大多数の意見が無視され続ける状態が続くなら、米国の民主主義が持続することはありえない。

「第三の党」の可能性

米国の二大政党のいずれか、または両方が既存の政治的・経済的権力の中心勢力と袂を分かたない限り、両政党内で不満を持つ反体制派を統合し、力を失いつつある九〇％のアメリカ人に政治的発言力を与える新たな政党という形で新しい拮抗勢力が生じる可能性がある。そのためには、すでに強調してきたように「自由市場」か「政府」かという、的外れになるばかりの陳腐な選択肢を捨てて、代わりに、市場が、いかなる手段の数々によって、大企業やウォール街やますます豊かになる富裕な少数派に利益をもたらすよう構築されてきたのか、そして市場を大多数の国民に役立つように変えるにはどうしたらよいかに焦点を当てる必要がある。

そうした第三の政党に対する関心は高まりつつあるようだ。ギャロップによる二〇一四年九月の調査では、二大政党が自分たちを十分に代表していると考えるアメリカ人はわずか三五％で、五八％のアメリカ人が民主党と共和党は米国国民を代表できていないため第三の政党が必要だと答えている。[12] これはギャロップが一〇年前に第三の政党に関する質問を取り入れて以来、最も高い数値だ。それ以前に第三の政党を望む意見が多かったのは、与野党対立により予算が成立せず二〇一三年一〇月に米国政府機関の一部が閉鎖されたときだった。興味深いことに、共和党支持を自称する人の四六％、民主党支持を自称する人の四七％が第三の政党の必要性を感じている。[13]

しかし、第三の政党を望む声が公然と存在していても、その政党が米国政治で大きな勢力になるとは限らない。米国の政治システムは二大政党以外の強力な政党が形成されにくい仕組みになっている。歴史上、いつの時代も優位を占めてきた二大政党がとてつもなく有利な立場にあるからだ。比例代表制が存在しないことも無視できない。上院議員選挙、下院議員選挙、大統領を選ぶ各州の選挙人団の選挙のいずれも、勝者が選挙区全体を代表する。その結果、第三の政党が登場しても、二大政党のいずれか、イデオロギーや有権者の好みの点で似ているほうから票を吸い上げることくらいしかできないのが普通だ。

さらに、二大政党は変化する有権者の意見をうまく利用できるだけの適応能力を持ち、きわめて慎重にご都合主義を取ってきた。例えば一九三二年大統領選で、民主党は都市に住むマイノリティ、労働組合に加入したブルーカラー労働者、南部に住む白人、西部に暮らす住民、カトリック教徒、ユダヤ教徒による新たな連合勢力へと姿を変え、フランクリン・D・ルーズベルトに地滑り的な勝利をもたらすとともに、初期のニューディール政策に強力な選挙基盤を与えた。一九二九年に下院で三七・七%の議席しか持っていなかった民主党は、一九三三年には七二%を占め、上院では四〇・六%から六一・五%に躍進した(14)。

さらに、二大政党が適応能力を発揮した事例は、一八九六年の大統領選挙以降の一六年間にも見て取れる。一八九六年の大統領選挙では、民主党候補のウィリアム・ジェニングス・ブライアンが金持ちに抗う労働者階級の十字軍のごとく、西部に住む農民や南部と東部の労働者を動員して大企業と金融機関に対抗したが、共和党候補のウィリアム・マッキンリーが実業家や工場の熟練労働者、専門職従事者による保守連合を形成して選挙に勝利した。一九〇四年の選挙の際には、セオドア・ルーズベルト大統領と共和党の有力議員らが、巨大な企業合同（トラスト）による経済的権力の乱用に対して国民の懸念が高まっている事態に対応する必要があることを感じ取り、労働者や都市に住む移民や急進的な改革者を取り込むように共和党の姿勢を改めて、すでに述べたような改革を進めた。一九一二年大統領選では、ルーズベルトは改革党を結成して立候補し、党の綱領として、政治献金に対する厳格な規制と情報開示およびロビイストの登録制度によって「腐敗した企業と腐敗した政治の間の邪悪な連合を解体する」ことや、高齢者や失業者や障害者への社会保障制度、女性の参政権と女性労働者への最低賃金制度、業務上の傷害に対する補償を掲げた。(15) 民主党候補のウッドロー・ウィルソンを選んだ有権者によって否定されたものの、ルーズベルトの改革党の綱領は五従弟《いつついとこ》にあたる民主党のフランクリン・ルーズベルトによるニューディール政策へと受け継がれた。

これらの事例では、二大政党のいずれか、または両方が、その時代の考え方やニーズの変化に順応した。それなりの力を持った第三の政党が生まれるのは、民主党と共和党の両方が大企業とウォール街に依存するあまり、時代の岐路にある大多数の人々の考え方やニーズに対応できないという場合に限られるだろう。だが米国で再び拮抗勢力が形成されるなら、それが二大政党のいずれかが順応することで実現しようと、もしくは新たな第三の政党の出現によって実現しようと構わない。

とはいえ、拮抗勢力の形成が順調に、あるいは容易に実現すると期待してはいけない。巨額の資金に支えられた勢力は現在の収入や富や政治的権力の分配にあまりに多くの利権を保持しているため、拮抗勢力の再形成を消極的にさえも認めることはないだろう。すでに述べてきたように、彼らにとっては、急成長する経済からの自分たちの取り分を小さくしてでも、一般国民がより多くの取り分を得るほうが好都合のはずであり、また、国民が自分たちの声は届いていると感じるような包摂性のある社会のほうが安全なはずだ。だが、それでも拮抗勢力の出現には抵抗するだろう。彼らにとって現状維持があまりに快適であり、拮抗勢力が生じる可能性はあまりにリスクが高く、予測が難しいからだ。それでも、拮抗勢力の再登場は避けられない。私たちは今のままの方向へ進み続けることはできないのだ。

まず何ができるか

新たな拮抗勢力は何を実現しようとするだろうか。第一段階として、巨額の資金を政治から排除するために米国の選挙資金の仕組みを改革するだろう。そのためには「シティズンズ・ユナイテッド」裁判と「マカッチェン」裁判の最高裁判決を覆す必要がある。それには、多数派の中の一人の判事が自らの愚行を理解して新たな多数派を形成し、裁判で判決を覆すか（それは実際に一九三〇年代に起こった。オーウェン・ロバーツ判事が、最高裁でニューディール政策に反対する四人の判事の側から、ニューディール政策を支持する四人の判事の側に鞍替えしたのである）、新大統領が最高裁判事に空席が生じた際に新たな判事を任命して、判決を覆す新たな多数派を形成するか、あるいは、実現の可能性ははるかに低いが、新たな拮抗勢力が政治的権力を集結して憲法を修正し、連邦議会が選挙支出を規制できるようにするなどの方法が考えられる。

巨額の資金を政治から排除するためには、あらゆる政治的経費の支出元を完全に開示することも必要だ。それに加えて、少額献金者からの献金と同額の公的資金を支出するなどして、上下両院議員の選挙費用を補助することも必要になるだろう。またマイノリティの票を抑えることを意図するような選挙区の区割りや、マイノリティに不当な負担を課す投票規制も禁止しなくてはならない（訳注1）。

一連の改革を密接に関連づければ、政府高官のポストとウォール街、大企業、ロビー会社の間の回転ドアを減らすことや排除することができるだろう。少なくとも、選挙で選ばれたかまたは任命を受けた政府高官に対して、退職してから最低五年間は、自らが政府にいた間に監督・監視や規制するなど公的な関係があった対象企業や事業者団体、ロビー会社、非営利団体などに、いかなる形であれ雇用されることを禁止しなくてはならない。

最後に、鑑定人、学者、シンクタンクの研究員は、公的性格を持つ証言、書籍、論文、研究に対する外部資金の出所をもれなく公開することが求められるだろう。そうすることで、例えばエネルギー・コングロマリットのコーク・インダストリーズから資金援助を受けた「専門家」が気候変動は人間の活動と関係がないと主張した場合や、全国小売連盟から資金援助を受けた大学教授が最低賃金の引上げが雇用の減少をもたらすと発表した場合に、人々は、そうした言説の中立性を評価するための手段を得ることができるからだ。

【訳注1】

投票の際の不正防止のために定められた「投票制限」が、主としてマイノリティの人々の投票意欲を削ぐことが問題視されている。たとえば、本人確認のための写真つき身分証明書の提示が義務づけられ、写真の条件が細かく設定されていたりすると、働きづめのマイノリティの中には、規定どおりの写真を用意したり身分証明書の申請に行ったりする時間がとれず、またその費用も負担になるため、投票そのものを諦めてしまう人もいるからである。

Chapter 20
Ending Upward Pre-Distribution

第20章 下位層から上位層への「事前配分」に終止符を打つ

拮抗勢力はまた、すでに見てきたような市場のルールに埋め込まれている、所得や富が下位層から上位層へ向かう「事前配分」を終わらせようとするはずだ。例えば多くの先進国のように、特許や著作権の保護期間を短縮し、「遅延料契約」(後発薬の参入を遅らせるために製薬会社がジェネリック医薬品メーカーに支払うリベート)取引を禁止する。特許は製品やプロセスをわずかに変えたり、表面的な修正を加えたりすることでは延長できないようにする。製薬会社には処方薬の広告を禁止する。つまり大手製薬会社によって変えられる前の米国のルールに戻すということだ。

独占禁止法も当初の目的を取り戻せば、市場効率を高めて消費者の福利を最大化するだけでなく、強力な経済的権力による政治的な影響を減らすことができるだろう。独禁法でケーブル会社の独占を解消し、現在のクレジットカード業界に見られるような寡占を防ぎ、巨大な病院チェーンの規模を抑制し、大手ハイテク企業がネットワークや標準プラットフォームに及ぼす市場支配力を制限するのにも適用することができるはずだ。企業は食物連鎖に見られる主要な遺伝子組み換え種子に関する特許を認められなくなる。保険会社は独禁法の適用除外でなくなり、固定価格や市場の割当て、契約条件をめぐって結託することができなくなる。同時に巨大金融機関の規模も制限され、国全体の金融資産の五％以上を保有したり、商品の価格に影響を及ぼしたり、新規株式公開で支配的役割を果たしたりする金融機関はなくなっていく。またグラス＝スティーガル法が復活し、投資銀行が行う株式やデリバティブへの投機は、商業銀行が商業預金で行う堅実で安定した貸出しから切り離される。一九三三年から一九九九年までのルールに戻すということだ。

他方、契約法や規制によって、企業が雇用者や請負業者やフランチャイズ加盟店に、紛争の際の強制仲裁を義務づけることは禁じられるだろう。親会社はフランチャイズ権を高値で他のオーナーに売却したいがために、些細な契約違反を理由に加盟店との契約を打ち切ることができなくなる。また「詐欺行為」の定義を見直すことにより、あらゆる形態のインサイダー取引が禁じられるだろう。そこには企業やCEOが自社株の買い戻しによって株価を吊り上げ、ストック・オプションやストック・アワードを使って現金化することも含まれる。一九九一年以前のルールに戻るということだ。企業はまた、一九八二年までのルールで定められていたように自社株の買い戻しの時期と規模を公表することを義務づけられよう。一般人が得ることのできない情報に基づくあらゆる証券取引も禁止されるし、超高速取引業者は、他のすべてのトレーダーにもその方法論と技術を開示することが求められる。さらに、四分の一以上の株主およびステークホルダーが二年連続でCEOの報酬案に反対票を投じた場合、株主は取締役全員に対して強制的に選任し直す権利を持つ（現在オーストラリアで実施されているルールだ）。破産法は倒産した企業に雇用されていた労働者に対して、他の債権者よりも優先して債権回収できる権利を与えるものとなろう。また、学生ローンや一軒目の住宅取得のためのローンが返済不可能に陥った個人が破産によって債務を整理することを認め、貸し手との交渉で今より強い立場に立てるようにする。

最低賃金は全体の賃金の中央値の半額まで引き上げられ、それ以降はインフレ調整によって定められるようになるだろう。小売チェーンやファストフード・チェーン、ホテル、病院などの賃金水準の低い産業に従事する労働者は、信任投票によって労働組合を結成することが可能になり、賃金や手当てに関する契約交渉ではこれまでより強い発言力を得る。国際貿易協定に関しては今よりも公正なアプローチを取り、米国企業の知的財産や米国の銀行の金融資産を保護するだけでなく、危険にさらされる可能性のあるアメリカ人労働者の雇用を保護することも目指す。例えば、米国と貿易協定を結ぶすべての相手国に対して、貿易による利益がそれぞれの国内で広く分配されるように、全体の賃金の中央値の半額を最低賃金として定めることを要求する。そうすることで米国からの輸出品を購入する新たな顧客が創出され、議論の余地はあるが、相手国にもさらなる政治的安定がもたらされるだろう。そこに他方、国内では貿易から得られる利益の一部を国際的水準を持つ再雇用制度の財源に充てる。

は、失業したために以前より賃金の低い仕事に就いた人には二年間にわたって差額の九〇%を支給し、失業後にフルタイムの教育を受けてスキルの向上や別のスキルの獲得を目指す人には、以前の収入の九〇%を支給するなどの賃金保証も含まれる。

さらに、法の執行に必要な財源を十分に整えてすべての法律と規制を完全に実行する。罰金や処罰は会社法や金融関連法の違反を抑制できるよう十分厳しく設定する。政府による法執行を補完するものとして、個人による裁判所への救済請求権や集団訴訟の権利を本格的に認める。

最後に、厳密には市場メカニズムの一部ではないが、現在広くはびこる下位層から上位層への事前配分の深刻な一面である教育関連財源の割り当てに関する現行制度は、これ以上続けるべきではない。貧しい学区の生徒が受け取る一人当たりの財政支援が、富裕な学区の生徒より少ないという状態はもはや許されない。国民が所得に応じて別々の都市や町に分かれて暮らしている現状を考えれば、学校の主要な収入源として地元の固定資産税に頼る状況は改めるべきだ。

ここに挙げた方法やそれ以外の方法を駆使すれば、新たな拮抗勢力は、現在の市場ルールに組み込まれた所得や富の下位層から上位層への事前配分に終止符を打つことができるだろう。しかし、これらの穏健な改革はただのスタート地点に過ぎない。グローバル化と技術革新は遠心力に似た力を持っているため、繁栄をより広範に分け合うためにはさらなる抜本的な手段が必要だ。

第21章 企業を改革する

市場に埋め込まれた所得と富の下位層から上位層への事前配分を終焉させるのと同時に、拮抗勢力が市場における配分が「より公正に」なるよう求めることで、課税や社会保障給付も抑えることができる。それには、現代の資本主義の中心組織である大企業を再構築することが必要となる。

すでに述べてきたように、この三〇年間、企業を動かす誘因のほぼすべてが、一般労働者の賃金を引き下げ、CEOをはじめとする取締役らの報酬を引き上げる結果につながった。問題はそうした誘因をいかに反転させるかだ。

一つの可能性としては、法人税率を決める際に、その企業の平均的労働者の賃金に対するCEOの報酬の比率と連動させる方法が挙げられる。この比率が低い企業には低い法人税率を、比率が高い企業には高い法人税率を適用するということだ。一例としてカリフォルニア州議会が二〇一四年に導入した法律が挙げられる。(1) その法律の下では、CEOの報酬がその企業の平均的労働者の賃金の一〇〇倍であれば、法人税率は現在カリフォルニア州のすべての企業に課せられている八・八%から八%に下がり、CEO報酬が平均的労働者の賃金の二五倍なら、法人税率は七%に下がるのだ。反対に、CEO報酬が平均的労働者の二〇〇倍であれば、法人税は九・五%に、四〇〇倍であれば一三%に引き上げられる。

カリフォルニア州の商工会議所はこの法律を「ジョブ・キラー（雇用を奪うもの）」と呼んでいるが、実際にはその反対だ。(2) 雇用を創出するのはCEOではなく、その企業の顧客である。その企業が売っているモノを顧客がより多く買うことが、企業が事業や雇用を拡大させる根拠となる。したがって、CEOの取り分を減らして平均的従業員の取り分を増やす方向へと企業を動かすことで、人々の購買力が高まり、雇用が増えるのだ。また、この法律に反対するもう一つの議論に、法律で求められる比率の算出が複雑だという指摘がある。しかし、ドッド＝フランク法によって、平均的労働者の賃金に対するCEOの報酬の比率を開示することはすでに企業に義務づけられている（執筆時点では、証券取引委員会は同法のこの規定を実施するためのルールを発表していない）。だから、カリフォルニア州のこの法律は、連邦法が企業に義務づけている以上のことは何も企業に強制していない。さらにこの法律の税率区分は計算を容易にするために広く設定してある。カリフォルニア州のやり方は完璧ではないが、期待できる方向性を示している。米国最大の州がこの問題を真剣に検討しているという事実は、取締役にばかり手厚い米国企業がどういうことになっているのか、また（いまだ拮抗勢力が存在していないのに）、この問題に対処しようとすることへの政治的支持が拡大していることを、如実に示している。

これに似たアイデアをブルッキングス研究所のウィリアム・ガルストンが提案している。[3] 米国の年間の生産性上昇率に合わせて労働者の賃金を引き上げる経営者には低い税率を課し、賃金を引き上げない経営者には高い税率を課すという方法だ。国全体の経済的利益と労働者の収入を再び連動させるのにある程度の効果が期待できる。反対意見があるとしたら、企業が低賃金の仕事を下請けに出すことが制度の抜け道になってしまう点だろう。だが、いずれの策もこの抜け穴には対応している。カリフォルニア州の法律では、低賃金の仕事を多く下請けに出すほど高い税率を課されるし、ガルストンの提案でも、企業が雇用者を個人請負業者として不正に分類にすることや、かつて社内で働いていた低賃金労働者を他社に転属させることを禁じている。

さらに、従業員持株制度や利益分配制度、あるいは従業員が会社を所有する形式の「協同組合」を組織することに優遇税制を適用して、従業員により直接的な企業のオーナーシップを与えるという方法も提案されている。このアイデアは決して新しいものではなく、米国建国から間もない時代に遡ることができる。[4] 当時は、トロール漁船の所有者が「漁獲量全体を対象とする利益配分の契約を水夫全員と書面で」締結した場合に、税額を控除することが法律で定められていたのだ。

会社は誰のものか

これらの提案は基本的な疑問を提起させ、その疑問がさらに抜本的な改革を示唆する。すなわち、なぜ株主は従業員よりも重視されるのかという疑問だ。すでに指摘したとおり、企業とは契約と知的財産の集合体に過ぎない。身の回りの品物が誰かに所有されているように、企業が株主に「所有」されているわけではない。大企業の個人株主はおめでたいことに、所有している株の銘柄や保有期間を知らないのが普通だ。なぜなら、彼らは年金ファンドやミューチュアル・ファンドを通じて株を所有しているだけで、それらのファンドは短期間の投機的利益を狙って素早く保有銘柄を切り替えることが多いからだ。少なくとも超高速取引を見てみれば、株式の所有と実際の企業統治とがいかに無関係であるかがわかる。つまり、株主が企業を「所有」しているということは、法律上のフィクションに過ぎないのである。ＣＥＯをはじめとする企業の取締役には、自社の株式価値を最大化する信認義務があるという考え方も同じくフィクションだ。州が発行する会社設立証明書を見ても、そのようなことは求められていない。株主は企業の役員を選ぶが、役員には株主利益を最優先にしなければならないという法的義務はないのである。実際、私たちが見てきたように、企業の唯一の目的は株主価値を最大化することだという考え方は比較的新しく、初めて出てきたのは一九八〇年代に入ってからだ。第二次世界大戦後の数十年間は、企業はステークホルダー全員に対して責任を負うという考え方が支配的だったのだ。

さらに、企業に投資し、その投資の価値が減少するリスクを負っているのは株主だけではない。企業に長年勤めている従業員も、その企業独自の技能を磨き、知識を深めてきたかもしれない。その仕事に就くために家族とともに転居し、近隣の街に家を購入したかもしれない。その街自体も企業のために道路などのインフラ投資を行ったかもしれない。それとは対照的に、ほとんどの大企業の株主は企業の生産能力を拡張するために出資したりはしない。新たな資金が投入されても株価にはほとんど影響しないからだ。むしろ株式とは野球カードの膨大なコレクションのように繰り返し取引されるものだ。アップルは一九八〇年に新規株式公開を行って九七〇〇億ドルを調達した。[5] それ以来、アップル株はその株価に賭けた投資家の間を巡ったが、その付加価値分はアップルの手に渡ったわけではなく、アップル株を安値で買って高値で売ることのできた幸運な投資家が手にしたのだ。カール・アイカーンのようなアクティビスト投資家は、多くのアップル株を買い入れて、アップルに自社株買いなどによってさらに株価を引き上げるよう要求した（すでに述べたように、スティーブ・ジョブズの後継者のティモシー・D・クックは喜んで要求を聞き入れた。二〇一一年と二〇一二年、CEOに就任してから最初の二年間で彼は三億八二〇〇万ドルを手にし、そのうちの三億七六〇〇万ドルはストック・アワードの形を取った[6]）。しかし、これらの策謀は、アップルがイノベーションを起こして実際の企業価値を高めたり、長期的成功を収めたりする能力とは何の関係もない。

二〇一四年、マーケット・バスケットというニューイングランド州のスーパーチェーンで、人気のあったCEOアーサー・T・デモーラスを解任するという取締役会の決定に対し、マーケット・バスケットの管理職と従業員と顧客が協力して反対するという出来事があった。(7) 彼らがデモやボイコットを展開したため、七〇の店舗のほとんどから人がいなくなった。「アーサー・T」として知られていたCEOが特別だったのは、そのビジネスモデルだった。商品の価格は競合スーパーより低く、従業員の賃金は高く設定し、従業員や管理職により多くの裁量を認めていた。解任される直前、彼は顧客に対して四％の値引きを実施した。株主よりも顧客のほうが値引きした分のカネを多く使ってくれるから、というのが彼の主張だった。言い換えると、アーサー・Tはマーケット・バスケットを、株主だけでなく全員が事業の利益を享受できる「合同企業」とみなしていた。だからこそ、取締役会は彼をクビにしたのであった。最終的には顧客や従業員の側が勝利した。ボイコットによってマーケット・バスケットが多額の損失を出したため、取締役会はマーケット・バスケットをアーサー・Tに売却したのである。

当時、マーケット・バスケットは公開会社ではなかったが、しかし、アーサー・Tのビジネスモデルは、至るところで出現するようになってきた。数多くの株主が関与する企業も例外ではない。例えば、カリフォルニア州ベンチューラに本社を置く大手アパレルメーカーのパタゴニアは、いわゆる「ベネフィット・コーポレーション」という形態で組織されている。営利企業でありながら、株主とともに従業員や地域社会、環境の利害を考慮することが設立定款で求められている企業のことだ。ベネフィット・コーポレーションは認証制であり、その業績はBラボのような非営利の第三者団体によって定期的に監査される。二〇一四年までに二七の州がこのような形態での企業設立を認める法律を制定した。(8) それによって、企業の役員は明確な法的保護を与えられ、自分を選出した株主だけでなく、あらゆるステークホルダーの利害を考慮することができるようになった。その年までに一二一の業種で一一六五社以上がベネフィット・コーポレーションとして認証を受けている。(9) 家庭用品ブランドのセブンス・ジェネレーションもその一つだ。

こうした動きは、六〇年前であれば米国で当たり前と考えられていた「ステークホルダー資本主義」のような形への回帰の始まりなのかもしれない。しかし、株主資本主義のほうが効率的だと指摘するエコノミストもいる。企業は株主からの圧力を受けて最も生産性の高い立地に経済資源を移すため、それによって経済全体の成長がより速いペースで進むという主張だ。彼らの見方によると、二〇世紀半ばのようなステークホルダー資本主義によって経済資源が非生産的な方法で固定され、CEOが企業に必要でない従業員を雇い、高すぎる賃金を支払い、地域社会と過度に結びつくなど目に余る自己満足をCEOに許してしまったというわけだ。

しかし、一九八〇年代に定着した株主資本主義が何をもたらしたかを精査してみると、大多数のアメリカ人の賃金が停滞するか減少し、仕事のアウトソーシングが進み、地域社会が荒廃し、CEOの報酬は天文学的数字に達し、四半期の収益ばかりが近視眼的に注目され、カジノの様相を呈した金融セクターが二〇〇八年に破綻しかけて大多数のアメリカ人を巻き添えにするなどの負の遺産ばかりだった。そうなると株主資本主義が実際にどれほど功を奏したのか疑問を持つ読者も出てくるだろう。企業の株を所有しているのは私たちの中のごく一部に過ぎず、米国の富裕層のごく限られた少数派だけで国内の株式取引所に上場している株のほとんどを所有している。だが、米国経済のステークホルダーは私たち全員であり、そのステークホルダーの大多数はさほど潤っていないのだ。おそらくより必要とされているのはステークホルダー資本主義であり、株主資本主義の類ではないだろう。

ドイツの企業のガバナンスに関する法律や規制では、このアプローチが取られている。ドイツの会社法では日々の企業運営を監督する取締役会と、さらにハイレベルの決定を下す監査役会との「共同決定」が求められる。[10] 企業規模にもよるが、監査役会の半数までが株主ではなく従業員の代表者で構成される。さらに店舗で働く販売員は「事業所委員会《ベトリープスラート》」と呼ばれる労働者協議会によっても代表される。こうした構造であるため、フォルクスワーゲンなどのドイツの大企業は米国の大企業よりも労働者の権利に対してはるかに受容的だ（この違いは、二〇一四年にテネシー州チャタヌガにあるフォルクスワーゲンの工場で働く労働者が労働組合を結成しようとしたときに劇的に示された。[11] フォルクスワーゲンは反対しなかったのに、州や地元の政治家が労組結成によって州の経済が害されるとして反対する声を上げたのである）。さらにドイツ企業はＣＥＯ報酬を制限し、高度なスキルを必要とする多くの職を維持しており、その結果として、ドイツの労働者階級は米国よりも賃金の中央値が高く、より豊かで安定した生活を送っている。

有効な拮抗勢力が存在すれば、米国企業を再構成し改革することができる。法律によって、従業員を代表する組織の設置だけでなく、利害に比例した投票権を従業員に与えることが義務づけられ、一個人や一人の株主が投票権の大半を独占するという事態を防げるだろう。さらに、米国の法人が持つ法的特権の数々、例えば、有限責任や企業永続性、契約締結のための法人格、憲法で定められた権利の享受といった特権は、成長による利益を労働者と共有しつつ、地域社会や環境の利害を考慮する主体にのみ認められることとなろう。

しかし、拮抗勢力の長期的課題はこれだけにとどまらない。企業の改革は、より均衡のとれた経済を実現するための一里塚に過ぎない。未来の企業は今よりもはるかに少ない労働者しか必要としないというのがその大きな理由だ。新しい技術がほとんどの仕事をするようになる。すなわち、ロボットが仕事を引き継いだときにもたらされる経済的利益を、広く拡散させるための新しい市場ルールを開発することがこれからの課題なのだ。

Chapter 22
When Robots Take Over

第22章 ロボットが取って代わるとき

産業化時代が到来して以来、技術の変化に関する数多くの予想が立てられてきたが、そのすべてが実証されたわけではない。ジョン・メイナード・ケインズは一九二八年の論文「わが孫たちの経済的可能性」の中で、一世紀後には「労働力の利用を節約する手段の発見が新たな労働力の利用法を発見するペースを上回る」と予見した。[1] それでもなお、二〇二八年には欧州と米国の「生活の水準」が大幅に改善され、誰もカネを稼ぐことを心配する必要がなくなると予測した。富裕の時代になるということだ。「人類は創造以降初めて、人類の本当の、永遠の問題に直面するだろう。つまり、賢明に、道理に適い、豊かに生きるために、差し迫った経済的苦労からの自由をどのように使うか、科学と複利が人類のために勝ち取った余暇の時間をどのように埋めるかという課題だ。」

二〇二八年はまだ到来していないが、ケインズが予測したような社会への道を人類が歩んでいるとは思えない。米国のような先進国でさえ、大多数の人々は差し迫った経済的苦労から自由になったとは感じてはいない。大多数の人々がカネを稼ぐことを心配しなくて済む富裕の時代が誕生するどころか、労働力を節約する技術が着実に現実のものとなり、比類ない富を手にしたごく少数の人々と、貧しくなりつつある大多数の人々とからなる二層構造社会が誕生しつつある。

私自身も予想を試みた。一九九一年の拙著『ザ・ワーク・オブ・ネーションズ――二一世紀資本主義のイメージ』(邦訳、ダイヤモンド社、一九九一年)の中で現代のほぼすべての職業を三つに区分し、それぞれに何が起こるかを予想した。(訳注1) 第一の職業区分は「ルーティン・プロダクション(生産)・サービス」で、二〇世紀の大半の時期に米国資本主義の古参歩兵が遂行した反復的な作業だ。そうした作業は工場の組み立てラインやオフィスで何度も何度も繰り返された。伝統的なブルーカラーの仕事と考えられやすいが、そこには部下の仕事を繰り返し監視する仕事や、標準的な業務手順を遵守させる仕事、定期的なデータ入力やデータ検索の仕事などのルーティン化された監督業務も含まれる。当時、こうした仕事は米国のあらゆる職業の四分の一程度を占めていたが、労働力を節約する技術や、はるかに

【訳注1】
以下、三つの区分は『ザ・ワーク・オブ・ネーションズ――二一世紀資本主義のイメージ』(邦訳、ダイヤモンド社、一九九一年)二四一頁より引用。

低賃金で同じ仕事に就くことを熱望する発展途上国の労働者に取って代わられるため、私はその割合が着実に減少していくと推測した。さらに、残る他のルーティン生産労働者の賃金も同じ理由で下がっていくと考えた。

私の予想は間違っていなかった。当時と同じ方法で調べたところ、二〇一四年の時点でルーティン生産サービスの仕事は米国のあらゆる仕事の五分の一以下にあたり、物価調整後の賃金の中央値は二〇年前と比べて一五%減少していることがわかった。実際に、ソフトウェアに組み込むことのできる業務はすべてソフトウェアに代替されたか、まもなく代替されようとしていた。例えば、テキスト・マイニングのプログラムが開発されたことで法務関連の多くの仕事が代替され、画像処理ソフトによって実験室の技術者がいらなくなり、税務ソフトが会計士に取って代わりつつあった。

第二の職業区分は「インパースン（対人）・サービス」だ。人間的な接触が欠かせないために人の手によってなされる仕事だ。例えば、小売店の販売員、ホテルやレストランの従業員、介護施設の職員、不動産仲介業者、保育園のスタッフ、在宅医療従事者、フライトアテンダント、理学療法士、警備員などがそれにあたる。これらの仕事で重要なのは、人が一対一で販売にあたること、他の人々の個別の安全を確認すること、他の人々が十分な世話を受け、幸せに安心して暮らせるようにすることにある。私の推測では、一九九〇年時点でそのような職業に就いているのは米国の被雇用者全体の約三〇%にあたり、私はその数が増加すると予想した。なぜなら、彼らのサービスは人と人との間で提供されるもので、高度な技術や外国に住む労働者が代替することはできないと考えたからだ。だが同時に、彼らの賃金は下がると予想した。理由は二つある。第一に、かつてルーティン生産サービスに従事していた数多くの人が対人サービス部門以外で仕事を得ることができなくなるため、そうした人々と競争することになるからだ。第二に、「ＡＴＭ、コンピュータ制御のレジ、自動洗車機、自動販売機、自動給油機」などの、省力化機械とも競争することになるからだ。小売店の販売員でさえ、「パーソナル・コンピュータが各家庭のテレビと接続されるようになれば」、それによって、「いながらにして家具、電化製品、各種の電子おもちゃなどを購入することができる――サイズ、色、特徴、価格でどれが一番気に入ったかを決め、あらゆる点からその商品を調べた上で、注文を入力すると、倉庫からすぐに家庭に届けられるようになるだろう。さらに、金融取引、航空券やホテルの予約、自動車レンタルの申込みをはじめ多くの契約が、家庭にいる消費者と地球上のどこかにあるコンピュータ・バンクとの間で、直接行われることになるだろう（訳注2）」と私は予想した。

ここでも私の予想は大きく外れてはいなかった。二〇一四年の時点で「対人サービス」の仕事は米国全体の半分近くを占め、新たに創出された雇用の大半がこの職業区分に属するものだった。さらに、そうした仕事の賃金の中央値は、物価調整後の数字で一九九〇年の水準を下回っていた。(2) しかし、私

【訳注2】『ザ・ワーク・オブ・ネーションズ――二一世紀資本主義のイメージ』（邦訳、ダイヤモンド社、一九九一年）二九七頁をベースとしている。

は高度技術がこれほど早く「対人サービス」にまで進出してくるとは予想していなかった。二〇一四年、アマゾンは小売店の仕事を消し去ることに忙しく、将来、飛行機ロボットのドローンによる配送まで計画している。[3] また、ドライバーの仕事さえも脅かされている。フランク・レヴィとリチャード・マーネインは二〇〇四年の著書 *The New Division of Labor*（新しい労働の分配）で、コンピュータが決して遂行できない業務の事例としてトラックの運転を挙げた。[4] 複雑なパターン認識を必要とするからだ。しかし、二〇一四年の時点では、グーグルの自動運転車が四五〇万人に上るタクシーやバス、トラックの運転手、清掃業従事者の雇用に深刻な脅威を与えている。[5]

第三の職業区分は「シンボル・アナリティック（シンボル分析的）・サービス」と名付けた。問題解決や問題発見、データ、言語、音声、映像表現などのシンボルを操作する戦略的媒介を行うあらゆる職業を含んでいる。この職業区分には、エンジニア、投資銀行家、法律家、経営コンサルタント、システムアナリスト、広告・マーケティングの専門家《プロフェッショナル》、ジャーナリズムや映画製作などのあらゆるクリエイティブな分野の専門家、さらに大学教授も属する。ほとんどが高い教育を受けた専門家で、チームで仕事をするかパソコンの前に座っていることが多い。これらの職業の本質は、数学的アルゴリズム、法的論議、金融技法、科学の法則、強力な言葉やフレーズ、視覚パターン、心理学的洞察をはじめ、思考パズルを解くためのテクニックなどのさまざまな分析ツールや創造のためのツールを用いて抽象的なシンボルを再構築することだ。そうした操作によって業務のスピードと正確さが向上するなど能率を高めることや、人間にさらなる楽しみや喜び、情報をもたらし、魅力を感じさせることができる。

一九九〇年、私はシンボル分析の専門家であるシンボリック・アナリストが米国の被雇用者の二〇％を占めており、その割合も彼らの賃金も増え続けると推測した。なぜなら、それらの仕事に従事する人の需要は、そうした仕事を遂行する能力のある人の供給を常に上回るからだ。さらに、「シンボル分析」と他の二つの職業区分の間の断絶が広がっていることが、経済的不均衡を拡大させる主要な原因になると予想した。この点においても、私の予想は大きく外れてはいなかった。だが、不均衡の拡大がこれほど速く進行し、断絶がこれほど大きくなり、不均衡と経済的不安がいかに大きな被害をもたらすかについては、予想していなかった。例えば、一九九〇年から二〇〇八年の間に、高校を卒業していないアメリカ人の白人女性の平均寿命が五歳短くなるとはまったく考えていなかった。(6)

さらに、デジタル技術が巨大なネットワークの効果と結びついた結果として、顧客数に対する従業員の割合がきわめて低くなる状況がこれほどすぐに訪れるとは予想していなかった。二〇一二年に人気の写真共有サイトのインスタグラムが約一〇億ドルでフェイスブックに売却されたとき、ユーザー数が三〇〇〇万人だったのに対して、従業員は一三人だった。(7) その数カ月前に破産申請したコダックとは対照的だ。(8) コダックは最盛期に一四万五〇〇〇人の従業員を抱えていた。(9)

顧客数に対する従業員の割合は下がり続けている。二〇一四年初めにフェイスブックが、スマートフォンによるリアルタイムのメッセージサービスを提供する「ワッツアップ」を一九〇億ドルで買収したとき、ワッツアップには四億五〇〇〇万人の顧客に対して五五人の従業員（二人の若い創業者を含む）しかいなかった。(10)(訳注3) デジタル化が進むと、多くの労働者を必要としなくなる。生産や配達のために仮に労働者が必要だとしても、多くを必要とせずに、新しいアイデアを数億人に販売することが可能になった。アリゾナ州ツーソンにある自宅で事業を営む私の友人は、空気中の特定の微量成分を測定する装置を設計した。彼は3Dプリンターでその装置を数百台生産し、インターネットで世界中の顧客に販売している。必要なのは配達するためのドローンだけで、彼の事業にはただ一人、つまり彼自身しか関わっていない。

一九六四年、米国で企業価値トップ四にランクされていた四社は時価総額が平均一八〇〇億ドル（二〇一一年米ドル換算）、雇用者数は平均四五万人だった。それから四七年後、米国最大手の企業の一社当たりの時価総額は一九六四年のトップ四社の約二倍に達しているが、そこで働く従業員数は四分の一にも満たない。(11)

人類が直面しているのは、単に労働力を代替する技術ではなく、知力を代替する技術なのだ。(傍注1) 高感度センサー、音声認識、人工知能、ビッグデータ、テキストマイニング、パターン認識アルゴリズムが組み合わさって、人間の活動を素早く学習し、さらに相互学習する機能も備えたスマート・ロボットが生み出されつつある。また、生命科学領域で革命が進行し、一人ひとりの患者特有の症状や遺伝子に応じて薬剤を作ることも可能になっている。

現在の傾向が続けば、近い将来にさらに多くのシンボリック・アナリストが代替されるだろう。米国で最も専門家が集中している業種は医療と教育だが、これらが特に大きな影響を受けるだろう。コスト削減圧力がさらに強まり、同時に高度な専門機器が次々と出てくるからだ。人々の下にはモバイルの医療アプリが次々と押し寄せている。例えば、カロリーから血液まであらゆる数値を直接測定する機器や、医療技術者が使う高価な専門機器（例えば超音波、CTスキャン、心電図）と同等の機能を持つプログラム、測定結果の意味や取るべき対応を教えてくれる診断ソフトなどだ。学校や大学も同じようにスマート機器を中心に再編されるだろう（教員は真っ向から反対するだろうが）。すでに多くの学校教員や大学教授が生徒の学習指導を行う補助員ともども、いわゆるMOOCs（大規模公開オンライン講座）やインタラクティブなオンライン教科書などのソフトウェアに代替されようとしている。

こうしたことはどこまで続くのだろうか。ここで、読者自身が欲しいと思うかもしれないものをすべて作り出してくれる小さな箱があると想像してみていただきたい。仮にiEverythingと名づける。現代版アラジンのランプだ。何が欲しいかを伝えるだけで、おや不思議！　それが足元に転がっている。ただし、唯一の問題は誰もそれを買えないことだ。なぜなら、iEverythingが何でもしてくれるため、誰

【訳注3】

「ワッツアップ」とは、ユーザー同士がリアルタイムで短いメッセージをやり取りするスマートフォンのアプリケーションで、北米、南米、欧州でよく使われている。類似のサービスは日本ではLINEが有名。

【傍注1】

生産性に関する公式データでは、新しい技術が生み出していると考えられる生産高の成長はまだ示されていない。公式データがその点をうまく測定できていないことが理由かもしれないし（例えば、オープンソースのソフトウェアは無料で入手できるため、生産高として示されない）、古い技術があまりに深く定着しているために、技術的ブレイクスルーが経済全体に普及するのに何年もかかることがあるためかもしれない。

もカネを稼ぐ手段を持てなくなるからだ。これはもちろん想像上の話だが、しかし、より多くのことがより少ない人の手でなされるにつれて、利益は取締役とオーナー投資家からなるごく少数の手に渡り、残りの人々は失業するか低賃金の仕事に就くため、生産されたものを買うためのカネは減っていく。二〇世紀の大半の時期に支配的だった経済モデルは、多数による大量生産と多数による大量消費だった。しかし、このモデルはもはや適用できない。将来のモデルは、少数による無制限の生産と、それを買える人だけによる消費のような形態になると考えられる。

根本的な問題は仕事の数ではなく、富と収入の配分だ。大ヒットするアイデアを創造し、それに投資する人がかつてない水準の収入とリターンを手にする。フェイスブックがワッツアップを買収したとき、若い設立者の一人でCEOのジャン・コウムは、ワッツアップの株の四五%を保有しており、それによって六八億ドルを手にした。[12] 共同設立者のブライアン・アクトンは保有していた二〇%の株式で三〇億ドルを手にした。初期の従業員はそれぞれ一%の株式を保有していたと伝えられているが、そうであれば一人当たり一億六〇〇〇万ドルを得たはずだ。

もしこの傾向が続けば、大ヒットするアイデアを創造した幸運なクリエイターはさらに大きな富を手にするだろう。結果として必然的に生じるのは、すでに強調してきたように、彼らが比類のない政治的権力をも獲得するということだ。しかし、大多数の人々は金銭的利益を分配されず、政治的権力も失っていく。彼らは新しい技術から生まれた眩しいほどの製品やサービスを目にしても、そうした技術が彼らの仕事に取って代わり、賃金を引き下げるがゆえに、それらを購入することはできないのである。

減少する高度人材の需要

二五年近く前に予想を立てたとき、私は現代の技術によって比較的教育水準の低い労働者の需要が減る一方、高い教育を受けた労働者の需要は引き続き伸びると考えた。そのため、雇用喪失と賃金減少への処方箋は、より多くの人がより広く、より高い教育を受けられるようにすることであり、特に大学教育を受けやすくすることが重要だと推測した。私の考えは部分的にしか当たっていなかった。確かに、大卒者がそれ以外の人々よりもはるかに良い状況にあることには変わりない。二〇一三年、四年制大学を卒業したアメリカ人の一時間当たりの賃金は、大学を出ていない人の平均を九八％上回った。五年前の賃金比較で大卒者の賃金が非大卒者を八九％上回り、一九八〇年代初期には六四％だったのと比べると、大学を卒業することがより有利に働くようになったことになる。(13)

しかし、大卒者の賃金が着実に上昇し、彼らが手にする経済的利益の割合が増えるという点では、私の予想は間違っていた。実際には、高い教育を受けた労働者の供給が引き続き増えているにもかかわらず、米国でそうした労働者の需要は二〇〇〇年前後をピークに下降している。すでに指摘したように、二〇〇〇年以降、大多数の大卒者は収入がごくわずかしか上昇していないか、全く増えていない。大卒者の所得上位一〇％以内に限っても、二〇〇〇年から二〇一三年の間の収入の伸びは四・四％に過ぎない。同じ時期に大卒新入社員の賃金は減少している（大卒女子で八・一％、大卒男子で六・七％の減少だ)[14]。別の言い方をすると、大学教育は中間層の一員となるための最低条件ではあるが、大学に入学してももはや確かな足場を得るための手段にはなりえないということだ。経済活動から得られる利益全体の中で中間層が手にする割合は下がり続け、富裕層が手にする割合は増え続けている。

市場のルールに埋め込まれた下位層から上位層への所得と富の事前配分を逆転させ、米国政治から巨額の資金を取り除き、企業を改革し、教育の質と教育を受ける機会を改善することは、いずれも有効だろう。拮抗勢力は少なくともこれらを目指すべきだ。しかし、これらが変わっても、それだけでは技術の進歩が私たちを向かわせている方向を変えることはできない。さらにすでに示したように、収入や利益が圧倒的にごく少数の手に流れ込むような生産システムの下では、どんな経済もどんな社会も存続することはできない。それなら、何がこの問題への答えなのだろうか。

ごく少数の富裕層の収入と富への税率を引き上げ、その税収をそれ以外の人々に再分配するという要求が出されている。拮抗勢力が所得税の最高限界税率を引き上げることは可能なはずだ。実際に、第二次世界大戦後の三〇年間、大企業とウォール街の権力が効果的にけん制されていた時期には、最高限界税率が七〇%を下回ったことはなかった(あらゆる税額控除を差し引いた後の実効税率でも五〇%以下にはならなかった)[15]。だが今の傾向が続けば、これから四〇年後、五〇年後に広く繁栄を享受するために必要となる直接再分配の規模はこれ以上に上る。ごく少数の手に握られている、知力を代替する技術によってほぼ何でもできるようになると、トマ・ピケティが提唱するグローバル富裕税でさえ十分ではなくなる。それでは何が必要なのだろうか。そのためには市場をどのように再構築すればよいのだろうか。

第23章 市民の遺産

ごく少数の人々の現在の所得や富に直接課税して多くの人々に移転するのではなく、将来の富を幅広く共有するほうが賢明なアプローチだ。これは単なる言葉遣いの違いではない。すでに見てきたように、現在の富は市場ルールの仕組みがもたらした結果だ。ワッツアップの設立者たちはおそらく、このメッセージサービスでの一攫千金を期待したからこそ、製品開発の労をとり、実際それが期待どおり大当たりした。しかし、「千金」の規模やこのアプリに関連するインセンティブ（報奨）の仕組みは、さまざまなルールによって決まっている。すなわち、特許や著作権の期間など知的所有権に関するルール、ITの標準的なプラットフォームが独禁法違反とみなされるのはどの段階かといった市場支配力に関するルール、企業がしだいに権力を得た場合に、どの段階で消費者や従業員との合意が強制的であるとみなされるのか、あるいは、どのタイミングで利益相反やインサイダー情報が不正をもたらしたとみなされるのかなど契約に関するルール、誰が破産法の適用を申請でき、誰が負債整理を行うのかというルール、そして個人の資産や富の保護を含めたこれらすべての執行に関するルールだ。

もし違うルールが適用されていれば、ワッツアップの価値は一九〇億ドルにはならなかっただろう。例えば、特許商標局が「新規性と有用性」を厳密に定義して、ワッツアップの特許申請を、新規性が不十分だとか、他のメッセンジャー・アプリと比較して有用性が不十分だとみなして却下していたら、あるいは議会が特許の有効期限を二〇年ではなく三年のみと定めていたら、もし巨大なネットワークや主要なプラットフォームを支配している企業（例えばフェイスブック）が他のネットワーク（例えばワッツアップ）を支配する目的で買収することを独禁法が禁じていたら、もし特許の執行がきわめていい加減で誰でもワッツアップのメッセンジャー・アプリを勝手に盗用できたとしたら、どうだろう。仮にそうであったなら、ワッツアップは価値が大幅に低いか無価値とみなされ、設立者たちは自らの努力に対して比較的少額の報酬にとどまったか、あるいは何の報酬も得られなかったはずだ。果たしてこうした結果は望ましいのだろうか。

これは所得と富の事前配分の基礎となる市場のルールにかかわる問題であり、そこにはワッツアップの設立者たちのようなイノベーターに十分なインセンティブを与えることも含まれる。すでに指摘したように、現在の市場ルールは資本資産の所有者が手にする利益が増え、生活のために働く大多数が得る利益が減る仕組みだ。拮抗勢力が十分発達していれば、ごく一部の人にこれほど巨額の報酬を与えるのではなく、イノベーターたちにイノベーションを起こすに十分な額のインセンティブを与えるようなルールを作ろうという選択肢が社会の中に生まれてくる。

それでは、多くの人々の生活の質を向上させる可能性のある新しい発明や投資を促進することと、少数の手に巨大な富が集中してそれ以外の大多数が貧しくなる状況を防ぐことの間の適切なバランスはどこにあるのだろうか。この問いに対する解はない。しかし、十分な拮抗勢力が存在すれば、私たちはそのバランスを決定する政治経済システムの能力をもっと信頼することができるだろう。つまり、その結果として生じる所得と富の分配が社会の意志に従ったトレードオフであると、今よりも信頼することができる。

話はこれで終わりではない。なぜならこのトレードオフによって、もともとの発明や投資とは何の関係もない将来世代に受け継がれる富が変わってくるからだ。たとえ、ワッツアップの二人の設立者に手厚く報いるよう市場のルールが設計されていたとしても、彼らに十分なやる気を出させるために、その子孫にまで同様の報酬を与える必要はない。彼らが自分の子どものことを気にかけるとしても、他の親族の遺伝子が混じって自分の遺伝子の影響が薄くなり、決して会うことのない曽孫やその後の世代のことまでは、それほど気にかけないはずだ。つまり、長期的な富と所得に影響を与えるような市場のルールによって発明家の相続人が受け取るリターンが世代を下るとともに減ったとしても、だからといって、もともとの発明家のやる気が萎《な》えることはないということだ。このことを社会の側から見ると、今よりも富の集中を減らし、経済的利益を拡散させる方向へ、このトレードオフを仕向ける余地があることになる。
同じことは知的財産にも言える。創作者に十分な額のインセンティブを与えることと、インセンティブが不要になった時点ですぐにその創作物を公有物、いわゆる「パブリック・ドメイン」とすることのバランスが問題となる。これを技術発展のあらゆる過程や市場の基盤をなすルールに広げて考えると、将来の富を左右するルールを決める際の原則が見えてくる。知的財産と同じく、将来の富もある時点でパブリック・ドメインとするべきなのだ。

ところが、拮抗勢力が存在していないために、私たちは反対の方向に進んできた。繰り返しになるが、二〇一四年時点で米国の富豪トップ一〇のうち六人が莫大な財産を相続した人物だった[1]。ウォルマートの六人の後継者が保有する富を合計すると、米国の下位四二%が保有する富の合計を上回る（二〇〇七年は下位三〇・五%だったが、さらに上昇した）[2]。政治経済学者ピーター・バーンズによると、アメリカ人が手にする所得の三分の一は利子や配当、キャピタルゲイン、相続財産が占めている[3]。そしてその大部分が上位一%に集中している。他方、遺産税は夫婦の遺産が一〇六八万ドルを超えない限りは課税されず、法律の中には、抜け目のない遺産相続専門の弁護士がさらなる遺産を信託ファンドに隠しておく余地が十分にある。また、住宅、株式、債券、宝石、絵画、骨董品、土地など、一生の間に価値が上がる資産は、相続人が含み益に対してキャピタルゲイン税を払うことなく相続されていく。相続人は自分の一生の間にそうした資産から収入を得て、さらに次の世代の相続人に資産を引き継ぐ。相続人はこの間、誰もキャピタルゲイン税を払うことはないのだ。

すでに述べたとおり、技術の発達によってますます少数の人々がますます多くの価値を手にし、大多数の人々の実質賃金が引き下げられている。そして次の半世紀で裕福なアメリカ人から相続人に移転される富は約三六兆ドルに上ると推定される。[4] これらを考え合わせると、私たちがなぜ上位層が重すぎて持続不可能な資本主義へ向かって急速に傾いているかがわかるだろう。

生まれてきたすべての人への「分け前」

拮抗勢力が存在すれば、この傾向を反転できるだけでなく、私が提案した市場ルールの変更によって得られる利益を活用し、すべての国民に今後の経済成長の分け前を保証することができる。

単刀直入に言えば、すべてのアメリカ人が一八歳に達した最初の月から毎月、経済的に独立して自活できるだけの基礎的な最低限の所得（ベーシックインカム）を支給することだ。[5]

こう言うと急進的に聞こえるかもしれないが、実はそうでもない。保守派の経済学者フリードリヒ・ハイエクは一九七九年にこうした仕組みを提唱した。[訳注1]

> すべての人にたいする最低所得の保証は、あるいは自分自身を扶養することができないときでさえ、それ以下に落ちなくてもよい最低水準の保証は、単に万人共通の危険にたいする完全に合法的な保護であるだけでなく、自分が生まれ出た特定の小集団の成員にたい

して特別な請求をする権利がもはやない、大きな社会のなすべき必要なことがらであるように思われる（傍注1）。

リバタリアンを自称する多くの人々は、政府が生活保護などの形で貧困層に所得を移転し、給付の用途を指定するなどして彼らを卑しめたり不名誉なレッテルを貼ったりする必要がなくなるという理由からも、ベーシックインカムを支持している。また同様に、ベーシックインカムがあれば企業の雇用主に対する労働者の依存が弱まるため、労働者が報復を恐れることなく自由に意見を述べることができるようになる。

しかしこのような仕組みは社会の労働倫理に矛盾し、労働がもたらす社会構造や意義を市民から奪うとして反対する意見もあるだろう。これに対しては、ベーシックインカムは受給者とその家族が最低限のまともな暮らしをするのにぎりぎりの金額に過ぎないと答えよう。ベーシックインカムにプラスして何がしかの収入を望む人は、もちろん就業することも可能だ。もっともすでに見てきたような事情から、ほとんどの仕事の賃金はさほど良いとは言えないが。

ベーシックインカムがあれば、人々はそれぞれがあらゆる種類の芸術や趣味の追求に意義を見出すことができ、社会は芸術活動やボランティア活動による成果を享受できる。大多数の人が肉体的、精神的な活動よりも怠惰を貪ることを選ぶとは考えにくい。むしろ、多くの仕事が「天職」、すなわち働くことが単なるカネ稼ぎの手段ではなく、個人としての深い関与であるとみなされた時代に回帰することだろう。私は自分の仕事に対していまだにこうした見方をしている数多くの教師、ソーシャルワーカー、医師、看護師を知っている。もちろん政治家もいる。あいにく、そのような投資銀行家にはまだお目にかかっていないが、おそらく少しはいるだろう。

同様に、芸術家の卵たちも自由にその道を志すことができる。かつてT・S・エリオットは詩を創作していないときは土地測量の仕事をしていたし、ウォルト・ウィットマンは陸軍主計官の事務所で写字生として賃金を得ていた。若き日のアルベルト・アインシュタインは特許商標局の審査官を務めるかたわら、相対性理論を構想した。しかし最近は、大多数の人にとって賃金労働が以前よりも生活に深く入り込み、起きている時間のより多くが労働に占められ、睡眠時間さえ犠牲になっている。実質的に、ほぼいつでも働ける態勢にしておかないと生活するのに十分な収入が得られないため、どれだけの未来ある詩人、芸術家、理論科学者たちが夢をあきらめているだろうか。ベーシックインカムがあれば、彼らにもチャンスが与えられよう。

このようにすることで、私たちはロボットがほとんどの仕事をこなし、国民がその利益を享受できる

【訳注1】
ハイエク『法と立法と自由Ⅲ』(春秋社、一九八八年)八一頁。

【傍注1】
二〇一三年一〇月、スイスですべての住民のうち成人に月額二八〇〇ドルを支給するという似たような法案が提出された。現在のところ、この案はまだ可決されていない(〔訳注〕二〇一六年六月に実施された国民投票では、七割以上が反対票を投じた)。

未来を作り上げることができる。これこそ一九二八年にジョン・メイナード・ケインズが、一世紀後には技術の進歩によって富裕の時代が到来し、誰もカネを稼ぐことを心配する必要がなくなり、その結果得られた自由と余暇をいかに活用するかという課題が残されると予想した社会だ。(6) ケインズは、ほぼすべての人々が技術の進歩から得られる利益を享受する手段を持てるようにするのにきわめて重要な利益配分の仕組みについては検討していなかった。ブレイクスルーをもたらす技術の所有者の、まだ見ぬ相続人が受け継ぐ財産権を減らし、それをベーシックインカムの財源に充てることで、ケインズが描いた未来像が実現できる。

だが、ここで挙げるべき真の先見者はトマス・ペインだ。一七七六年に執筆した『コモン・センス』が有名だが、この書籍ほど知られていないものの、同じように先見性のある重要な論文も発表されている。一七九七年の Agrarian Justice（農民の正義）という論文で、ペインはアメリカ人の男女全員が二一歳になったときに一人当たり一五ポンドを支給することを提唱している。これはベーシックインカムに相当するもので、土地の相続税を財源とする。こうした給付は経済的自立を促進し、誕生したばかりの民主主義にはきわめて重要だとペインは主張した。この提案を議論する上で、私有財産とは人間による作為だとペインは指摘した。人間が狩猟採集生活をしていたとき、土地は「共有財産」だった。しかし、農耕が始まると財産は他人を排除できる権利という形態を取った。そうした土地所有は有用であり、避けられないものだとペインは考えた。(7) なぜなら、土地の所有と土地の改良を切り離すことが難しいからだ。しかし、すべての市民に分け前、すなわち奪われるものに対する「正当な補償」を与えることが必要であり、それが当然だという主張だ。

このたとえは完全ではない。未来のロボットやブレイクスルーを生み出す技術は、正確には国民が補償される権利を持つ「共有財産」を奪うわけではない。しかし、すでに数が減りつつある良い仕事を奪い、すでに乏しくなりつつある機会を代替してしまう。つまり、今まで私たちの経済と社会の中心に位置しつつも、すでに縮小が始まっている中間層に取って代わるということだ。富の創造に何の関係もない将来世代にその富を譲り渡す代わりに、最終的にはパブリック・ドメインに戻し、それをすべての国民に分け与えるベーシックインカムの財源にするという新しい市場ルールは、そうした運命を避ける一つの手段なのだ。

もう一つの方策として、特許が認められ、政府に保護されているあらゆる知的財産のごく一部を、すべての市民に分け与えることも考えられる。国に蓄積された知財資産の価値が拡大するにつれて、すべての国民がその配当を得られるということだ。このほかに、生まれてきたすべての子どもに将来の経済の「分け前」として株式や債券の形で基礎的な最低限の財産を与え、経済が成長して財産の価値が増えることで、ベーシックインカムを生み出す備えにするという方法も考えられる。

これがどのような形で実施されようとも、より包括的な経済システムを作り出すためにルールを改変していく必要がある。何もしなければ、ごく少数の人々と、幸運にもロボットや関連技術の所有権を受け継ぐことになる彼らの子孫がますます巨額の報酬を手にすることになる。それを分かち合う手段がなければ中間層は消滅し、現在の資本主義は存続することができないのである。

第24章 新しいルール

私の言いたいことが読者に伝わったことを願うが、未来を楽観できる理由はたくさんある。私たちは生活を大幅に向上させる発明やイノベーションの波の先端にいる。すでに米国や他の先進国で進行しているように、そうした発明やイノベーションが数えきれないほどの雇用を奪い、大多数の人々の賃金を引き下げることになるが、私たちには利益を幅広く分かち合えるよう資本主義を再構築する能力がある。

未来を楽観できるさらに大きな理由に、私たちは自分で制御できない機械的な「市場原理」の犠牲になる必要がないということがあげられる。市場とは人間が作り上げたものであり、人間が自ら策定したルールに基づいている。ここで重要なのは、そうしたルールを誰がどのような目的で作り上げているのかということだ。この三〇年間、ルールを作ってきたのは大企業やウォール街やきわめて富裕な個人資産家らであり、彼らの目的は国全体の所得と富の大部分を自分たちの手中に収めることだった。もし彼らが今後も市場のルールに対して限りない影響力を及ぼし続け、新たなイノベーションの波の中枢をなす資産を支配し続ければ、やがて彼らはほぼすべての資産、すべての所得、すべての政治的権力を手中にするだろう。そのような結果はもはや、彼らのためにも、それ以外の人々のためにもならない。なぜなら、そうした状況では経済も社会も立ち行かないからだ。

次なる挑戦は技術に対するものでも経済に対するものでもない。民主主義に対する挑戦だ。将来を決定づける議論は政府の規模に関する議論ではなく、政府が誰のためにあるのかという議論だ。「自由市場」か「政府」かという選択が重要なのではなく、人々が幅広く繁栄を分かち合うように設計された市場か、ほぼすべての利益が頂点にいる限られた人々に集中するように設計された市場かという選択が重要なのだ。裕福でない人々に再分配するために富裕層にどれだけ課税するかが問題なのではなく、事後に大規模な再分配を行わなくとも、公平な分配がなされていると大多数の人々が受け止められるような経済を生み出す市場のルールを、どのようにして設計するかが問題なのだ。

米国の市民の大多数は、自分たちの要求を満たすために市場のルールを変える力を持っている。だが、その力を行使するためには、今何が起こっているのか、自分たちの利益はどこに存在するのか、そして自分たちが力を合わせることがいかに大事であるかを理解しなければならない。私たちはこれまでもそうしてきた。歴史が何らかの指針となり、常識というものに何らかの影響力がある限り、私たちは再びそうすべきなのである。

謝辞

本書は、あらゆる面において洞察にすぐれた多くの人々が、数年にわたって行ってきた研究、調査、討論のたまものである。その一人ひとりに十分な謝意を述べるべきところだが、それはかなわないため容赦願いたい。カリフォルニア大学バークレー校ゴールドマン公共政策大学院の同僚たちは常に、私にとって多くの知的な挑発と配慮の湧きでる源泉であった。特に、ヘンリー・ブレイディ、ショーン・ファーハング、アレックス・ゲルバー、ヒラリー・ハイネス、デビッド・カープ、エイミー・レーマン、ポール・ピアソン、ジェシー・ロススタイン、ユージーン・スモレスキーの各氏には原稿の初期段階で貴重なコメントをいただいた。また、友人や元の同僚たちからの忌憚のない建設的批判は、私の主張を常に一貫したものにしてくれた。リチャード・パーカー、ジェイコブ・コーンブルース、ジョン・アイザックソン、スティーブ・シルバースタイン、マイケル・パーチャック、ポール・スター、ローラ・タイソン、エリック・ターロフの各氏には特にお礼を申し上げたい。すぐれた政治経済学者チャールズ・

リンドブロムからは特に貴重な視点を与えてもらった。リズ・グロス、ソーニャ・ペタク、テイラー・スマイリーの三人の有能な大学院生たちは、探索の困難な事実や事例を追跡するにあたり、最高のアシストをもらった。マヌエル・カストリーリョ、セルゲイ・シェブチェンコの両氏からはその巧みな技で技術的なサポートを得た。そしてきわめて有能で陽気な私のアシスタント、レベッカ・ボールズには、数えきれないほど多岐にわたり協力してもらった。また、本研究を支援してくれたゴールドマン行政大学院とブラム開発経済センターに感謝申し上げる。ラフェ・サガリンは文字どおり私の代理人として、これまで同様多くの貴重な助言を与えてくれ、担当編集者であるジョナサン・セガールは、いつもながら私にとって知恵と常識の源泉となってくれた。最後に、妻でありパートナーであるペリアン・フラハーティーが、物事の真偽性と社会的真正に対する持ち前の熱意によって、私に尽きることのないひらめきを与えてくれたことに心から感謝したい。

訳者あとがき

ライシュが、ロビー活動を通じて大企業が政治に影響力を持ち、民主主義を脅かすまでになっていると著した『暴走する資本主義』の発刊から約一〇年が経過した。その当時の二〇〇七年、米国では企業活動を巡る新しい動きが既に始まっていた。NPO法人、Bラボが新しい営利法人格としてベネフィット・コーポレーションを認めるよう全米各州に交渉を始めたのである。そして二〇一〇年、交渉が結実し、メリーランド州で初めてベネフィット・コーポレーションの法人格が認められた。ベネフィット・コーポレーションはBコーポレーションとも称され、営利企業の株主利益だけでなく、企業活動に携わる様々なステークホルダーのベネフィット（利益）も考慮しながらの経営を目指している。メリーランド州で認定されたベネフィット・コーポレーションの法人格は、現在、カリフォルニア州、ニューヨーク州、イリノイ州、デラウェア州、マサチューセッツ州など三〇州およびワシントンDCで認められるまでとなった。さらに七州が手続き中である。

しかし、ライシュが指摘するところの政治的影響力を持つ大企業が、ベネフィット・コーポレーションの法人格を選択している事例はまだ見られない。ベネフィット・コーポレーションの中には、少数ではあるものの証券取引所に上場している企業もあるが、その多くは中小企業である。中小企業発信で、企業の目的を株主利益重視からステークホルダー重視へと変わる流れが生まれることを期待したい。ライシュも本書で、企業社会の中で胎動し始めているこの流れに注目している。草の根的な動きが、いずれ大きな潮流を生み出すという民主主義のパワーをベネフィット・コーポレーションの普及貢献に期待しているのであろう。政府や市場の力に委ねるのではなく、志を持った市民や団体の力で新たな「ルール」を示していくことが、悪化する格差社会を解消する方法論の一つではないだろうか。

ベネフィット・コーポレーションには認証制度も用意されており、認証を希望する企業は、そのためのプロセスを経た後、認定Bコーポレーションとして認められる。米国の国外では日本も含め、ベネフィット・コーポレーションに該当する法人格が認められているところは少ない。しかし、米国以外の企業でも認定Bコーポレーションを取得することは可能である。すでに日本でも、認定Bコーポレーションは三社ある。横浜市で造園業を営む石井造園株式会社、群馬県桐生市でシルク製造を手掛ける株式会社シルクウェーブ産業、そして埼玉県児玉郡で通所介護サービスを提供するフリージア株式会社である。それぞれ地元経済と密接にかかわり、事業を通じたステークホルダーとの共存共栄を経営理念に掲げている。

日本では、認定Bコーポレーションの取得企業を更に増やそうとする活動が始まっている。既に

ＣＳＲ認証を行っている自治体や商工会議所等が、地域経済重視、ステークホルダー重視の認定Ｂコーポレーションの方針に共鳴し、認定を希望するケースも散見される。中小企業にとって、認定Ｂコーポレーションは、いち早くグローバル水準のステークホルダーへの影響を意識した経営を表明し、実践する上で最適な認定制度だと考えられる。日本でも多くの中小企業が認定Ｂコーポレーションを取得できるよう、私も微力ながら協力している。

本書のタイトルが『最後の資本主義』とあるように、ベネフィット・コーポレーションが営利企業の最後の形態として広がっていくのか、現段階で判断することはできない。しかし、企業の社会的責任（ＣＳＲ）の限界を指摘していたライシュがこの一〇年で、営利企業のあるべき姿としてベネフィット・コーポレーションを取り上げたことは意義深い。ベネフィット・コーポレーションおよび認定Ｂコーポレーションが持続的に事業成長を成し遂げ、多くのステークホルダーと共有の価値を生み出すことで、今後、営利企業に対する見方や期待は大きく変わっていくのではないだろうか。これまで株主利益一辺倒で邁進してきた営利企業は行き詰まり、営利企業の「最後の」形態としてベネフィット・コーポレーションが新たに広がっていくのであろう。

本書におけるライシュの提案はこれまで同様、示唆に富んでいる。ベネフィット・コーポレーションの事例などを挙げながら、草の根的な市民レベルの力が徐々に力を持ち、社会を変える原動力となるのではないかとのライシュの期待を強く感じさせる内容であった。

今回の翻訳でも山崎恵理子氏、浅見清信氏をはじめ多くの方々のご協力やご助言を頂戴した。また、東洋経済新報社出版局の茅根恭子氏には二〇一六年米大統領選の行方を睨みながらの校正作業を行って頂き、とても良いタイミングの出版となり大変感謝している。この場を借りて御礼を申し上げる。

二〇一六年一〇月

雨宮　寛

ロバート・ライシュはこの一〇年ほど、その著書『暴走する資本主義』『余震（アフターショック）――そして中間層がいなくなる』『格差と民主主義』を通して、資本主義と民主主義がバランスよく機能していないこと、そのために経済のゲームが「いかさま」な状態になっており、特に中間層の人々に強烈なシニシズムと政治不信を生んでいる状態の原因がどこにあるのかを一貫して問い続けてきた。その都度論点は整理され、主張も研ぎ澄まされてきたが、本書では、さらに新しい視点が加わった。

すなわち、税制や社会保障などを拡充させて、いかさまゲームの結果を再分配で是正しても、いかさまが止まるわけではない、ルールに手をつけようじゃないかというのである。経済格差という結果を生み出した「原因」に向き合おう、暴走する資本主義を人間疎外だと非難するのではなく、それを造った人間の手によって取り戻そう、資本主義に掛けられた呪縛を解いてちゃんと機能させようと説く本書は、ライシュの持論の総括のようでもある。

「ゲームのルールがおかしい」と主張するには、勇気もいるし知識も必要だ。映画『みんなのための資本論』でも取り上げられ、本書でも繰り返し紹介されるエピソードに、ある労働者が「自分には能力がないからこんな安月給で肉体労働に甘んじている」と語るシーンがある。そういう普通の人々に対するライシュの温かい眼差しは、本書でも健在だ。人間性や人徳といった内面価値までをも、給与の額で値踏みして自ら諦めてしまうことを、「トートロジー」であると激しく非難し、「あなたがダメだから給料が安いのではない」、「連帯して交渉する力が失われているのだ」と説く。トックヴィルの「アソシエーション（協会）」を思い出すまでもなく、アメリカ人が職場や居住地、趣味や信条に応じて、複数のグループに所属し社会や政治と交渉を重ねていく「多元主義」こそが、この国の活気の源泉であり、そのチェック・アンド・バランスによって資本主義を維持管理していかなければ、米国は米国らしい「自由」を失ってしまうと強く懸念している。

スポーツ界では、一強が突出して他の参加者がやる気を失う状況になれば、競技ルールは改正される。結果が一部に偏りすぎてしまうと、スポーツの楽しさも挑戦への動機も失われてしまう。スキージャンプの板の長さやノルディックのタイム換算、背泳のバサロ禁止、F１のターボ禁止など、毎年、いやシーズン中ですら、さまざまな改正が行われてきた。

ところが、今の米国経済では、一人勝ちを抑制するのではなく、連戦連勝の人々を利するようにルールが変えられていく。互いに信頼を失った社会では、不正や詐欺、汚職などの大小さまざまなだましあいが横行し、それで怒りを内包させた人々は、「デマゴーグ、原理主義、煽動」にさらされやすく、それが資本主義のみならず民主主義にも危機をもたらすとライシュは警鐘を鳴らす。

おりしも、大統領選も終盤にさしかかっている米国では、「トランプ現象」が起き、本選を目前に控えたテレビ討論会では、候補者がライバルの人格否定やスキャンダルの暴露に走り、まさになりふり構わぬ「煽動」状態だ。怒れる人々が「いやだ、だめだ」と拒否しつづければ誰が勝利したとしても、この先社会の一体感をとり戻すのは険しい道のりとなろう。その間にも絶え間なく、勝負に負け続けた人々が下方へ下流へと追いやられていく。

新しい「人間疎外」への懸念は、米国にとどまらない。英国では二〇一五年三月に「現代奴隷法」が施行され、英国で操業する一定規模以上の企業に、主としてサプライチェーンにおいて人権侵害、強制労働、人身売買、搾取などのリスクの有無と対策に関する情報開示を義務づけた。当時のキャメロン政権が人権分野で世界をリードしようと取り組んだ法律だが、百万人単位で難民がなだれ込んだ欧州で、彼らが経済活動に組み込まれていく過程では、幾万もの不当労働が横行する可能性が高い。先進国の労働者であっても、こうした底辺への競争にさらされていくのである。労働者が拮抗力を再び持つように団結せよとライシュは説いているが、現代奴隷法のように、「この状況は労働者自身のせいではない」ことを政策によって後押しすることもきわめて重要だろう。国連が昨年九月に一七項目一六九ターゲットに上る「持続可能な開発目標」を発表したのも、共通の価値観すら形成しにくくなった国際社会が尊重すべき責任と義務を再確認する意味が込められていると思う。その一項目として「ディーセント・ワーク（働きがいのある人間らしい仕事）」が立てられていることにも、新しい疎外がいかに深刻かが表れている。

翻って日本ではどうか。子どもの貧困の顕在化、相対的貧困率の高まり、平均世帯所得の減少など、各種の統計には日本なりの格差の広がりが表れているものの、ピケティ自身が認めるように、富裕上位層への富の集中は近年減少傾向にあり、専門家の間では日本が例外的になっている理由が議論されている。

日本では、ルールの設定そのものがどこかに偏って、それによってシニシズムが広がるという状況には至っていないようだが、油断はできない。本書によれば、米国でも、中間・貧困層であっても「ゲームのルール設定がおかしい」と認識している人はさほどおらず、経済階層によって気になる社会課題も異なっており、なかなか表層には現れないからである。

このように考えてみると、社会課題はその発見や設定が簡単でないことに気づかされる。女性労働力に期待しながら、税や社会保障が働く女性に中立でない状況は何十年も変わらないし、高度成長期に機能した税制や社会保障制度はいまや高齢者の既得権と化している。下がる一方の選挙の投票率は特に若年層で顕著であり（しかし若年層の政治に対する関心は決して低くないことは、統計のみならず、シールズの盛り上がりにも見て取れた）、権威ある世論調査は有線電話や訪問調査を基本としているため回答者が高齢者に偏っていると指摘されて久しい。日本での断絶は、社会保障を中心とする世代間か、極端な経済格差による都市と地方の間で広がる可能性が高い。

次世代を担う若者が困窮したり展望を持てないとき、彼らより上の世代は「自分もその問題の一部である」と考えているだろうか。若いのだからしっかりしろ、とか、やる気が足りないとか、「トートロジー」で彼らを追い詰めてはいないだろうか。「自分はそうやって生き抜いてきた」という自分勝手な勲章ほどはた迷惑なものはない。いじめが企業内にはびこったり、過労死がいまだに根絶できない背景には、低賃金と長時間労働に置かれる現代の奴隷状態への認識や、労基法の執行に時間と人を十分に割ききれない行政事情、選挙や世論調査の発言権によって既得権を手放そうとしない中高年の「逃げ切り」予備軍など、社会全体の「変化」への不適応がありそうだ。「市場の仕組みは今どうなっているのか」「誰が何をどう決めているのか」を知らなければ、ルールの是正はおぼつかないとライシュは説き、本書でそれをやって見せているのだが、こうした検証は今の日本にも必要であろう。今なら、将来の日本の資本主義と民主主義を救える可能性は充分高いのだから。

ライシュは、自分が社会主義者であるとか共産主義的だと言われることに強く反発している。米国のような社会において労働者に寄り添う論陣を張るということは、意に染まないレッテルを貼られるリスクと不可分なのだろう。だが、社会にくさびが打ち込まれ、所得階層や世代間、ジェンダーや人種間で上下や左右に断絶してしまっては、イデオロギーも成り立たない。労働と人間の関係を八〇年代から見つめてきたライシュだからこそ、二一世紀の資本主義と民主主義の行く末を、ここまで具体的に解剖してみせることができるのだ。ポリティカルエコノミー（政治経済学）学者と自認するロバート・ライシュの、人類が資本主義の最後を看取ることがあってはならないとの強い使命感が感じられる一冊である。

本書の翻訳にあたっては、山崎恵理子氏、浅見清信氏をはじめ多くの方々の協力や助言を頂戴した。また、ランチタイムに労働事情や大統領選の行方についての私の質問に常に的確で示唆に富む解説を施してくれた経済学者や米国研究者、国際的ジャーナリストの皆様にもこの場を借りて謝意を示したい。東洋経済新報社出版局長の山崎豪敏氏、出版局の茅根恭子氏には、私のリライトの遅れにもかかわらず温かい叱咤激励と助言をいただいた。優しくも妥協のないかじ取りのおかげで、最後までどうにか走ることができたことを深く感謝している。

二〇一六年一〇月

今井　章子

[巻末注]

はじめに

（1）Lawrence Mischel and Alyssa Davis, *CEO Pay Continues to Rise as Typical Workers Are Paid Less*, Issue Brief #380, Economic Policy Institute website, 2014.

（2）例えば以下を参照。A. Atkinsin, T. Piketty, and E. Saez, "Top Incomes in the Long Run of History," *Journal of Economic Literature* 49, no.1 (2011): 3–71.

（3）二〇〇一年のギャロップ社の世論調査では、回答者の七六%が、懸命に働けば成功の機会が得られるという考え方に満足しており、それに不満を持つ人は二二%にすぎなかった。二〇一三年の調査では、その考え方に満足する人は五四%、それに不満を持つ人は四五%であった。Rebecca Riffkin, "In U.S., 67% Dissatisfied with Income, Wealth Distribution," Gallup website, January 20, 2014 (http://www.gallup.com/poll/166904/dissatisfied-income-wealth-distribution.aspx).

（4）ピュー・リサーチ・センターの調査によると、「出世したいと願う人は、たいていの場合、懸命に働くことによってそれが実現できる」と考えるアメリカ人の割合は、二〇〇〇年から一四ポイント下落している。Pew Research Center for the People and the Press/USA Today, "January 2014 Political Survey, Final Topline," Pew Research Center website, January 15–19, 2014 (http://www.people-press.org/files/legacy-questionnaires/1-23-14%20Poverty_Inequality%20topline%20for%20release.pdf).

（5）二〇一四年秋に世論調査会社のラスムセンが行った調査によると、「大多数の連邦議会議員が金銭的見返りや選挙献金を得るためなら喜んで票を売る」と考える人は六三%にのぼり、五九%が「自分の州の選出議員がすでにそうしている」と思っていた。また、六六%が、大多数の連邦議会議員は選挙民が何を考えているかは気にしていない」と答えた。"Americans Don't Think Incumbents Deserve Reelection," Rasmussen Reports website, October 2, 2014.

（6）"Views of Government: Key Data Points," Pew Research Center website, October 22, 2013 (http://www.pewresearch.org/key-data-points/views-of-government-key-data-points/).

(7) European Commission, *Standard Eurobarometer 81, Spring 2014: Public Opinion in the European Union, First Results*, European Commission website, July 2014.

第1章

(1) Thomas Hobbes, *Leviathan, or the Matter, Forme, and Power of a Commonwealth, Ecclesiastical and Civil* (1651), ch. 13, "Of the Natural Condition of Mankind as Concerning Their Felicity, and Misery." 邦訳は、水田洋訳『リヴァイアサン（1）』岩波文庫（一九九二年）、「第十三章　人類の至福と悲惨に関するかれらの自然状態について」二一一頁より引用。

(2) Karl Polanyi, *The Great Transformation: The Political and Economic Origins of Our Time* (New York: Farrar & Rinehart, 1944).

第2章

(1) John Rawls, *A Theory of Justice*, rev. ed. (Cambridge, MA: Belknap Press, 1999), pp. 102–68.

第3章

(1) *Citizens United v. Federal Election Commission*, 558 U.S. 310 (2010).

(2) 前掲書。

(3) *Carter v. Carter Coal Co. et al.*, 298 U.S. 238 (1936), p. 311.

(4) 例えば以下を参照。*United States v. Darby*, 312 U.S. 100 (1941).

(5) Nick Russo and Robert Morgus with Sarah Morris and Danielle Kehl, *The Cost of Connectivity 2014*, Open Technology Institute at New America website, October 30, 2014. 以下も参照。Claire Cain Miller, "Why the U.S. Has Fallen Behind in Internet Speed and Affordability," *New York Times*, October 30, 2014.

(6) Valerie Paris, "Why Do Americans Spend So Much on Pharmaceuticals?" *PBS NewsHour* website, February 7, 2014.

第4章

(1) Garrett Hardin, "The Tragedy of the Commons," *Science* 162, no. 3859 (1968): 1243–48.

(2) Adam Hochschild, *Bury the Chains* (New York: Houghton Mifflin, 2005), p. 2.

(3) Heather Cox Richardson, *To Make Men Free: A History of the Republican Party* (New York: Basic Books, 2014), pp. 6–12.

(4) Hochschild, *Bury the Chains*, p. 3.

(5) Constance Johnson, "Mauritania; United Nations: Plan to End Slavery Expected," Law Library of Congress website, March 11, 2014.

(6) Shared Hope International, *National Colloquium 2012 Final Report*, Shared Hope International website, May 2013, p. 80.

(7) "Teaching with Documents: The Homestead Act of 1862," National Archives website.

(8) Henry George, *Progress and Poverty*, 25th ann. ed. (Garden City, NY: Doubleday, Page & Company, 1912), p. 9.

(9) 前掲書。p. x.

(10) Julian L. Simon, "The Airline Oversales Auction Plan: The Results," *Journal of Transport Economics and Policy* 28, no. 3 (1994): 319–23.

(11) U.S. Constitution, art. I, sec. 8.

(12) Patent Act of 1790, 1 Stat. 109–12 (1790).

(13) 一七九三年の特許法では、「いかなる新規の、あるいは有用な技芸」に対して特許を設定できるとしている。Patent Act of 1793, 1 Stat. 318–23 (1793).

(14) U.S. Patent and Trademark Office, *Performance and Accountability Report Fiscal Year 2009*, Patent and Trademark Office website, p. 11.

(15) Administrative Office of the U.S. Courts, "Caseload Statistics 2014: Caseload Analysis," table "Federal Circuit Filings,

Percent Change Over Time," U.S. Courts website (http://www.uscourts.gov/Statistics/FederalJudicialCaseloadStatistics/caseload-statistics-2014/caseload-analysis.aspx). 以下も参照。 PricewaterhouseCoopers LLP, *2013 Patent Litigation Study*, PricewaterhouseCoopers website, 2013, p. 6.

(16) Peri Hartman, Jeffrey P. Bezos, Shel Kaphan, and Joel Spiegel, Method and System for Placing a Purchase Order via a Communications Network, U.S. Patent 5,960,411, filed September 12, 1997, and issued September 28, 1999.

(17) Casey Maureen Dougherty and Melissa Breglio Hajj, Embedding an Autograph in an Electronic Book, U.S. Patent 8,880,602, filed March 23, 2012, and issued November 4, 2014.

(18) Timothy B. Lee, "Software Patent Reform Just Died in the House, Thanks to IBM and Microsoft," *Washington Post*, November 20, 2013.

(19) Phillip Elmer-DeWitt, "Is Google Buying Motorola for Its 24,000 Patents?" *Forbes*, August 15, 2011.

(20) Colleen Chien, "Reforming Software Patents," *Houston Law Review* 50, no. 2 (2012): 323–88.

(21) OECD, *Health at a Glance 2013: OECD Indicators* (OECD Publishing, 2013), pp. 160–61. 以下も参照。 Valerie Paris, "Why Do Americans Spend So Much on Pharmaceuticals?" *PBS NewsHour* website, February 7, 2014.

(22) National Center for Health Statistics, *Health, United States, 2013: With Special Feature on Prescription Drugs*, National Center for Health Statistics website, 2014, tables 112 and 114.

(23) Robert Pear, "Bill to Let Medicare Negotiate Drug Prices Is Blocked," *New York Times*, April 18, 2007.

(24) Elisabeth Rosenthal, "The Price of Prevention: Vaccine Costs Are Soaring," *New York Times*, July 2, 2014.

(25) 前掲書。

(26) Ed Silverman, "Actavis Is Ordered to Continue Selling the Namenda Alzheimer's Pill," *Wall Street Journal*, December 11, 2014.

(27) C. Lee Ventola, "Direct-to-Consumer Pharmaceutical Advertising: Therapeutic or Toxic?" *Pharmacy & Therapeutics* 36, no. 10 (2011): 669–84.

(28) "Food and Drug Administration Safety and Innovation Act (FDASIA)," U.S. Food and Drug Administration website.

(29) Sara R. Collins, Ruth Robertson, Tracy Garber, and Michelle M. Doty, *Insuring the Future: Current Trends in Health Coverage and the Effects of Implementing the Affordable Care Act*, Commonwealth Fund website, April 2013, pp. 9–10.

(30) Katie Thomas, Agustin Armendariz, and Sarah Cohen, "Detailing Financial Links of Doctors and Drug Makers," *New York Times*, September 30, 2014.

(31) 前掲書。

(32) "Pay-for-Delay: When Drug Companies Agree Not to Compete," Federal Trade Commission website.

(33) Marc-André Gagnon and Joel Lexchin, "The Cost of Pushing Pills: A New Estimate of Pharmaceutical Promotion Expenditures in the United States," *PLoS Med* 5, no. 1 (2008): 0029–0033.

(34) Center for Responsive Politics, "Influence and Lobbying: Pharmaceuticals/Health Products: Industry Profile: Summary, 2013," OpenSecrets.org website (https://www.opensecrets.org/lobby/indusclient.php?id=H04&year=2013).

(35) Center for Responsive Politics, "Pharmaceuticals/Health Products Summary," OpenSecrets.org website (https://www.opensecrets.org/industries/indus.php?cycle=2014&ind=H04).

(36) Copyright Act of 1790, 1 Stat. 124 (1790).

(37) 米国の著作権の歴史をめぐる議論については以下を参照。"United States Copyright Office: A Brief Introduction and History," U.S. Copyright Office website.

(38) ディズニーの事例をめぐる議論については以下を参照。Timothy B. Lee, "15 Years Ago, Congress Kept Mickey Mouse out of the Public Domain. Will They Do It Again?" *Washington Post*, October 25, 2013.

第5章

（1）Ian Hathaway and Robert E. Litan, "Declining Business Dynamism in the United States: A Look at States and Metros," Brookings Institution website, p. 1.

（2）前掲書。

（3）前掲書。figure 1.

（4）Akamai Technologies, *Akamai's State of the Internet*, Akamai Technologies website, 2014, figures 12 and 22.

（5）二〇一三年の調査によれば、高速ブロードバンドでインターネットに接続していたのは、年収三万ドル以下の世帯では五二％であったのが、年収七万五〇〇〇ドル以上の世帯では九一％に上っていた。Pew Research Internet Project, "Broadband Technology Fact Sheet," Pew Research Center website, data from 2013.

（6）Susan Crawford, *Captive Audience: The Telecom Industry and Monopoly Power in the New Gilded Age* (New Haven, CT: Yale University Press, 2013), p. 65.

（7）スピードについては以下を参照。"Global Broadband: Household Download Index," Ookla website. 価格については次を参照。"OECD Broadband Portal," section 4.01, "Range of Broadband Prices per Megabit per Second of Advertised Speed," OECD website, figure 7.17.

（8）Susan Crawford, "Government Should Invest in Fiber Optics," *New York Times*, July 14, 2014.

（9）Allan Holmes, "How Big Telecom Smothers City-Run Broadband," Center for Public Integrity website, August 28, 2014, updated September 15, 2014.

（10）David Lieberman, "Liberty Media's John Malone Says Cable Is 'Pretty Much a Monopoly' in Broadband," *Deadline Hollywood*, May 6, 2011.

（11）Prepared remarks of FCC chairman Tom Wheeler, "The Facts and Future of Broadband Competition," 1776 Headquarters, Washington, DC, September 4, 2014.

（12）Susan Crawford, "Let America's Cities Provide Broadband to Their Citizens," *Bloomberg View*, February 14, 2012.

(13) Stephen Seufert, "Chattanooga v. Kabletown," Philly.com, June 29, 2014.
(14) Center for Responsive Politics, "Influence and Lobbying: Lobbying: Top Spenders, 2014." 以下も参照。"Comcast Corp.: Profile for 2014 Election Cycle," OpenSecrets.org website (https://www.opensecrets.org/orgs/summary.php?id =D000000461&lname=Comcast+Corp).
(15) "Michael Powell," National Cable and Telecommunications Association website.
(16) Center for Responsive Politics, "Influence and Lobbying: Lobbying: Top Spenders, 2014," OpenSecrets.org website (https://www.opensecrets.org/lobby/top.php?indexType=s&showYear=2014).
(17) Center for Responsive Politics, "Comcast Corp.: Lobbyists Representing Comcast Corp., 2014," OpenSecrets.org website (http://www.opensecrets.org/lobby/clientlbs.php?id=D000000461&year=2014).
(18) "Tying Up the Cable Business," *The Economist*, October 4, 2014.
(19) Alex Rogers, "Comcast Has About 76 Lobbyists Working Washington on the Time-Warner Cable Merger. This Is Why," *Time*, April 29, 2014.
(20) Food and Water Watch, *Monsanto: A Corporate Profile*, Food and Water Watch website, April 2013.
(21) モンサント社の種子をめぐる議論については以下を参照。Donald L. Barlett and James B. Steele, "Monsanto's Harvest of Fear," *Vanity Fair*, May 2008.
(22) 前掲書。
(23) William Neuman, "Rapid Rise in Seed Prices Draws U.S. Scrutiny," *New York Times*, March 11, 2010.
(24) Center for Food Safety & Save Our Seeds, *Seed Giants v. U.S. Farmers*, Center for Food Safety website, 2013. 次も参照。Rachel Tepper, "Seed Giants Sue U.S. Farmers over Genetically Modified Seed Patents in Shocking Numbers: Report," *Huffington Post*, February 13, 2013.
(25) Richard Schiffman, "Seeds of the Future," Truthout website, December 4, 2014. 以下も参照。Center for Food Safety & Save Our Seeds, *Seed Giants v. U.S. Farmers*.

(26) Center for Food Safety & Save Our Seeds, *Seed Giants v. U.S. Farmers*, p. 5.

(27) Kristina Hubbard, "Monsant's Growing Monopoly," *Salon*, May 30, 2013.

(28) Mina Nasseri and Daniel J. Herling, "Ho Ho Ho GMO! The 2014 GMO Legislation Scorecard," *National Law Review*, December 23, 2014. 以下も参照。 Connor Adams Sheets, "GMO Labeling Debate Headed to Congressional Committee," *International Business Times*, December 4, 2014.

(29) Barlett and Steele, "Monsanto's Harvest of Fear."

(30) Union of Concerned Scientists, "Eight Ways Monsanto Fails at Sustainable Agriculture," no. 7, "Suppressing Research," Union of Concerned Scientists website.

(31) Monsanto, "Monsanto Notified That U.S. Department of Justice Has Concluded Its Inquiry," Monsanto website, November 16, 2012. 以下も参照。 Tom Philpott, "DOJ Mysteriously Quits Monsanto Antitrust Investigation," *Mother Jones*, December 1, 2012.

(32) Center for Responsive Politics, "Agricultural Services/Products: Summary, 2012," OpenSecrets.org website (https://www.opensecrets.org/lobby/indusclient.php?id=A07&year=2012).

(33) Center for Responsive Politics, "Monsanto Co.: Lobbyists Representing Monsanto Co., 2014," OpenSecrets.org website (https://www.opensecrets.org/lobby/clientlbs.php?id=D000000055&year=2014), and Janie Boschma, "Monsanto: Big Guy on the Block When It Comes to Friends in Washington," OpenSecrets.org website, February 19, 2013. 以下も参照。 Food and Water Watch, *Monsanto: A Corporate Profile*, figure 3, p. 10, and Janice Person, "I Heard Monsanto Employees Control USDA, FDA, etc.," *Beyond the Rows* blog, February 15, 2012.

(34) アップルによれば、「消費者に革新的なデザイン、極め付きの使いやすさ、切れ目のない一貫性を提供するため、我が社の事業戦略には、オペレーティング・システム、ハードウェア、アプリケーション、サービスの設計や開発に関する独自の能力を十分に活かしている」という。U.S. Securities and Exchange Commission, Apple Inc. Proxy Statement, part 1, item 1, "Business Strategy," p.1 (http://files.shareholder.com/downloads/AAPL/3750879716x0x789040/ed3853da-2e3f-

448d-adb4-34816c375f5d/2014_Form_10_K_As_Filed.PDF).

(35) *United States v. Microsoft Corporation*, U.S. District Court for the District of Columbia, civil action no. 98-1232 (CKK), 2002.

(36) Center for Responsive Politics, "Client Profiles: Summary, 2013," for Apple, Amazon, Facebook, Microsoft, and Google, and "Influence and Lobbying: Lobbying: Top Spenders, 2013," OpenSecrets.org website (https://www.opensecrets.org/lobby/top.php?showYear=2013&indexType=s).

(37) Brody Mullins, Rolfe Winkler, and Brent Kendall, "Inside the U.S. Antitrust Probe of Google," *Wall Street Journal*, March 19, 2015.

(38) Tom Hamburger and Matea Gold, "Google, Once Disdainful of Lobbying, Now a Master of Washington Influence," *Washington Post*, April 12, 2014.

(39) 例えば以下を参照。Frédéric Filloux, "Do the Media Really Have an Alternative to Distribution via Facebook and Google?" *Quartz*, October 20, 2014.

(40) 前掲書。

(41) "Fifty Favorite Retailers (2013)," National Retail Federation website.

(42) Astra Taylor, *The People's Platform: Taking Back Power and Culture in the Digital Age* (Toronto: Random House Canada, 2014), p. 37.

(43) Nick Statt, "Amazon Facing United Front of Authors in Hachette E-book Dispute," *CNET*, July 25, 2014.

(44) David Streitfeld, "Amazon, a Friendly Giant as Long as It's Fed," *New York Times*, July 12, 2014.

(45) David Streitfeld, "Amazon and Hachette Resolve Dispute," *New York Times*, November 13, 2014.

(46) Jeremy Greenfield, "How the Amazon-Hachette Fight Could Shape the Future of Ideas," *The Atlantic*, May 28, 2014.

(47) David Streitfeld, "Literary Lions Unite in Protest Over Amazon's E-Book Tactics," *New York Times*, September 29, 2014.

(48) Elaine Sciolino, "The French Still Flock to Bookstores," *New York Times*, June 10, 2012.
(49) Pamela Druckerman, "The French Do Buy Books. Real Books," *New York Times*, July 9, 2014.
(50) Center for Responsive Politics, "Amazon.com, Client Profile: Summary, 2008," OpenSecrets.org website (https://www.opensecrets.org/lobby/clientsum.php?id=D000023883&year=2008), and "Summary, 2012," OpenSecrets.org website (https://www.opensecrets.org/lobby/clientsum.php?id=D000023883&year=2012).
(51) Paul Farhi, "Washington Post Closes Sale to Amazon Founder Jeff Bezos," *Washington Post*, October 1, 2013.
(52) Federal Deposit Insurance Corporation, "Top 100 Banks and Thrifts, Nationally by Asset Size," December 31, 2000, and September 30, 2014, and "FDIC–Statistics on Depository Institutions Report," *Assets and Liabilities*, December 31, 2000, and September 30, 2014.
(53) Thomas M. Hoenig, "Statement by Thomas M. Hoenig, Vice Chairman, FDIC on the Credibility of the 2013 Living Wills Submitted by First Wave Filers," Federal Deposit Insurance Corporation website, August 4, 2014.
(54) Center for Responsive Politics, Contributions to Presidential Candidates, "Barack Obama (D): Top Industries, 2008." OpenSecrets.org website (https://www.opensecrets.org/pres08/indus.php?cycle=2008&cid=N00009638).
(55) Center for Responsive Politics, Contributions to Presidential Candidates, "John McCain (R): Top Industries, 2008." OpenSecrets.org website (https://www.opensecrets.org/pres08/indus.php?cycle=2008&cid=N00006424).
(56) Center for Responsive Politics, Contributions to Presidential Candidates, "Barack Obama (D): Top Contributors, 2008." OpenSecrets.org website (https://www.opensecrets.org/pres08/contrib.php?cycle=2008&cid=N00009638).
(57) Center for Responsive Politics, Contributions to Presidential Candidates, "Mitt Romney (R): Top Industries, 2012." OpenSecrets.org website (https://www.opensecrets.org/pres12/indus.php?cycle=2012&id=N00000286).
(58) CBS Investigates, "Goldman Sachs' Revolving Door," CBS News website, April 8, 2010. 以下も参照。Eric Dash and Louise Story, "Rubin Leaving Citigroup; Smith Barney for Sale," *New York Times*, January 9, 2009.
(59) Center for Responsive Politics, Employment History, "Geithner, Timothy, Bio," OpenSecrets.org website (http://

www.opensecrets.org/revolving/rev_summary.php?id=78265).

(60) Josh Israel, "After 30 Years of Fighting for Wall Street, Eric Cantor Will Make Millions at an Investment Bank," *ThinkProgress*, September 2, 2014.

(61) U.S. Securities and Exchange Commission, Moelis & Company, Form 8-K, September 2, 2014, Item 5.02 (d) (http://www.sec.gov/Archives/edgar/data/1596967/000110465914064087/a14-20284_18k.htm).

(62) Dana Cimilluca and Patrick O'Connor, "Eric Cantor to Join Wall Street Investment Bank," *Wall Street Journal*, September 2, 2014.

(63) Moelis & Company, "Moelis & Company Announces the Appointment of Eric Cantor as Vice Chairman and Member of the Board of Directors," press release, September 2, 2014.

(64) William Alden, "K.K.R., Blackstone and TPG Private Equity Firms Agree to Settle Lawsuit on Collusion," *New York Times*, August 7, 2014.

(65) 前掲書。

(66) Halah Touryalai, "Libor Explained: How Manipulated Rates Could Be Hurting (Or Helping) You," *Forbes*, July 9, 2012.

(67) "Timeline: Libor-Fixing Scandal," BBC News website, February 6, 2013.

(68) 前掲書。

(69) 医療関係支出がGDPに占める割合は一七・九%と推計されている。Global Health Observatory Data Repository, "United States of America Statistics Summary (2002-present)," World Health Organization website.

(70) McCarran-Ferguson Act of 1945, 15 U.S.C. §§1011–1015 (2011).

(71) H. W. Brands, *American Colossus: The Triumph of Capitalism, 1865–1900* (New York: Anchor Books, 2011), p. 8.

(72) Jack Beatty, *Age of Betrayal: The Triumph of Money in America, 1865–1900* (New York: Vintage Books, 2008), p. 192.

(73) Chief Justice Edward G. Ryan quoted in James Truslow Adams, *The Epic of America* (New York: Triangle Books, 1931), pp. 297–98.
(74) Mary K. Lease, quoted in Bruce Levine, *Who Built America?* (New York: Harper & Bros., 1947), p. 147.
(75) Henry Demarest Lloyd, *Wealth Against Commonwealth* (New York: Harper & Bros., 1902), pp. 2, 494.
(76) Winfield Scott Kerr, John Sherman: *His Life and Public Services*, vol. 2 (Boston: Sherman, French & Co., 1908), p. 215.
(77) Sherman Antitrust Act, 15 U.S.C. §§1–7 (1890). 以下も参照。 Kerr, *John Sherman*, p. 204.
(78) Kathleen Dalton, *Theodore Roosevelt: A Strenuous Life* (New York: Vintage Books, 2004), pp. 208, 224–26, 253.
(79) Doris Kearns Goodwin, *The Bully Pulpit: Theodore Roosevelt, William Howard Taft, and the Golden Age of Journalism* (New York: Simon & Schuster, 2013), p. 299.
(80) Marc Winerman, “The Origins of the FTC: Concentration, Cooperation, Control, and Competition,” *Antitrust Law Journal* 71, no. 1 (2003): 1–97.
(81) 前掲書。 p. 12.
(82) Woodrow Wilson, *The New Freedom* (BiblioBazaar, 2007).
(83) Spencer Weber Waller, *Thurman Arnold: A Biography* (New York: New York University Press, 2005), ch. 6.
(84) “AT&T Breakup II: Highlights in the History of a Telecommunications Giant,” *Los Angeles Times*, September 21, 1995.

第6章

(1) The National Organ Transplant Act of 1984, 1984 Pub. L. 98–507; Title III–Prohibition of Organ Purchases, sec. 301.
(2) Laura Meckler, “Kidney Shortage Inspires a Radical Idea: Organ Sales,” *Wall Street Journal*, November 13, 2007.

(3) U.S. Food and Drug Administration, "CPG Sec. 230.150 Blood Donor Classification Statement, Paid or Volunteer Donor," U.S. Food and Drug Administration website, last updated September 18, 2014.

(4) Tamar Lewin, "Coming to U.S. for Baby, and Womb to Carry It," *New York Times*, July 5, 2014. 以下も参照。Surrogacy Arrangements Act 1985, 1985 ch. 49.

(5) Heather J. Clawson, Nicole Dutch, Amy Solomon, and Lisa Goldblatt Grace, *Human Trafficking Into and Within the United States: A Review of the Literature*, Office of the Assistant Secretary for Planning and Evaluation, U.S. Department of Health and Human Services website, August 2009.

(6) Office of Public Affairs, "GlaxoSmithKline to Plead Guilty and Pay $3 Billion to Resolve Fraud Allegations and Failure to Report Safety Data," U.S. Department of Justice website, July 2, 2012.

(7) Fair Sentencing Act of 2010, Pub. L. No. 111–220, 124 Stat. 2372 (2010). 以下も参照。Gary G. Grindler, "Memorandum for All Federal Prosecutors," U.S. Department of Justice website, August 5, 2010.

(8) Ruth Levush, "Firearms-Control Legislation and Policy: Comparative Analysis," Law Library of Congress website, last updated September 16, 2014. 以下も参照。Philip Alpers, Amélie Rossetti, Daniel Salinas, and Marcus Wilson, "United States Gun Facts, Figures and the Law," Sydney School of Public Health, University of Sydney, GunPolicy.org website, August 20, 2014.

(9) Zephyr Teachout, *Corruption in America: From Benjamin Franklin's Snuff Box to Citizens United* (Cambridge, MA: Harvard University Press, 2014), p. 154.

(10) *Trist v. Child*, 88 U.S. 441 (1874).

(11) 前掲書。p. 451.

(12) *Citizens United v. Federal Election Commission*, 558 U.S. 310 (2010).

(13) Beth Akers, "How Income Share Agreements Could Play a Role in Higher Ed Financing," Brookings Institution website, October 16, 2014.

(14) Joe Coscarelli, "The Uber Hangover: That Bar Tab Might Not Be the Only Thing You'll Regret in the Morning," *New York Magazine*, December 27, 2013.

(15) Bart Chilton, "No Need to Demonize High-Frequency Trading," *New York Times*, July 7, 2014.

(16) Securities Exchange Act of 1934, Pub. L. 73–291, 48 Stat. 881.

(17) "Insider Trading," U.S. Securities and Exchange Commission website.

(18) Floyd Norris, "Loosening the Rules on Insider Trading," *New York Times*, April 24, 2014.

(19) Anya Kamenetz, "Is Your 401 (k) Plan Is [*sic*] Ripping You Off?" *Chicago Tribune*, July 8, 2014.

(20) "Commission on the Future of Worker-Management Relations," ch. 4, "Employment Litigation and Dispute Resolution," U.S. Department of Labor website.

(21) Alexander Colvin, "An Empirical Study of Employment Arbitration: Case Outcomes and Processes," Cornell University, Digital Commons@ILR website, February 2011. 以下も参照。David Benjamin Oppenheimer, "Verdicts Matter: An Empirical Study of California Employment Discrimination and Wrongful Discharge Jury Verdicts Reveals Low Success Rates for Women and Minorities," *U.C. Davis Law Review* 37 (2003): 511–66.

(22) インターネットサイトの利用承諾条件をめぐる議論については以下を参照。Jeremy B. Merrill, "One-Third of Top Websites Restrict Customers' Right to Sue," *New York Times*, October 23, 2014. 以下も参照。"In re. Online Travel Company (OTC) Hotel Booking Antitrust Litigation," Consol. Civil Action No. 3:12-cv-3515-B (http://s3.amazonaws.com/cdn.orrick.com/files/Order-re-Motion-for-Leave-to-Amend.pdf).

(23) *American Express Co. et al. v. Italian Colors Restaurant et al.*, 570 U.S. ____ (2013).

(24) 前掲書。

(25) 前掲書。

(26) Aleecia M. McDonald and Lorrie Faith Cranor, "The Cost of Reading Privacy Policies," *I/S: A Journal of Law and Policy for the Information Society* 4, no. 3 (2008): 540–65.

（27）"iCloud Terms and Conditions," Apple website, last revised October 20, 2014. 日本語は以下より引用。http://www.apple.com/legal/internet-services/icloud/jp/terms.html
（28）Michael Corkery, "States Ease Interest Rate Laws That Protected Poor Borrowers," *New York Times*, October 21, 2014.
（29）前掲書。
（30）前掲書。
（31）Steven Greenhouse, "Noncompete Clauses Increasingly Pop Up in Array of Jobs," *New York Times*, June 8, 2014.
（32）David Streitfeld, "Court Rejects Deal on Hiring in Silicon Valley," *New York Times*, August 8, 2014.
（33）前掲書。
（34）前掲書。

第7章

（1）"Trump Plaza: 4th Atlantic City Casino Shutdown," Associated Press, September 16, 2014.
（2）"Trump Plaza to Close, Costing Atlantic City 1,000 Jobs," Bloomberg News, July 14, 2014.
（3）Vicki Hyman, "Donald Trump Crows about Casino Woes: Atlantic City 'Lost Its Magic After I Left,'" NJ.com website, September 16, 2014.
（4）Todd Zywicki, "The Auto Bailout and the Rule of Law," *National Affairs*, no. 7（2011）: 66–80.
（5）U.S. Constitution, art. I, sec. 8, cl. 4. 以下も参照。"The Evolution of U.S. Bankruptcy Law: A Timeline," Federal Judicial Center（http://www.rib.uscourts.gov/newhome/docs/the_evolution_of_bankruptcy_law.pdf）. 邦訳は駐日米国大使館ウェブサイトより引用。
（6）Timothy Egan, "Newly Bankrupt Raking in Piles of Credit Offers," *New York Times*, December 11, 2005.
（7）"The Last Great American Airline Merger . . . and the Last Great American Airline Bankruptcy?" *The Economist*,

January 12, 2013.

(8) Richard Finger, “Why American Airlines Employees Loathe Management,” *Forbes*, April 29, 2013.

(9) Gregory Karp, “American Airlines Parent Will Freeze, Not Terminate, Pensions,” *Chicago Tribune*, March 7, 2012.

(10) 米国の企業倒産についての議論は以下を参照。Jack Nicas, “American Airlines Delivers Rich Payout,” *Wall Street Journal*, April 8, 2014.

(11) Nick Brown, “American Airlines–US Airways Merger Gets Court Approval,” Reuters, March 27, 2013.

(12) Finger, “Why American Airlines Employees Loathe Management.”

(13) U.S. Financial Crisis Inquiry Commission, *The Financial Crisis Inquiry Report* (Washington, DC: U.S. Government Printing Office, 2011).

(14) Robert Reich, “The Coming Bailout of All Bailouts: A Better Alternative,” *Robert Reich* blog, September 18, 2008.

(15) Jon Hilsenrath, Deborah Solomon, and Damian Paletta, “Paulson, Bernanke Strained for Consensus in Bailout,” *Wall Street Journal*, November 10, 2008.

(16) Bob Ivry, “Fed Gave Banks Crisis Gains on Secretive Loans Low as 0.01%,” Bloomberg News, May 26, 2011.

(17) James C. Duff, *Bankruptcy Basics*, rev. 3rd ed., Administrative Office of the U.S. Courts, April 2010 (http://www.uscourts.gov/uscourts/FederalCourts/BankruptcyResources/bankbasics.pdf).

(18) Helping Families Save Their Homes in Bankruptcy Act of 2008, S. 2136 (110th).

(19) Dick Durbin, “Durbin’s Bankruptcy Amendment to Help Homeowners in Foreclosure,” remarks delivered on the floor of the U.S. Senate, April 29, 2009 (http://www.durbin.senate.gov/public/index.cfm/statements
commentary?ID=5f256057-e6ed-442b-a866-396a16735b0a).

(20) Anne Flaherty, “Senate Votes Down Foreclosure Mortgage Relief Bill,” *USA Today*, April 30, 2009.

(21) Federal Reserve Bank of New York, “Quarterly Report on Household Debt and Credit,” August 2014, p. 3 (http://www.newyorkfed.org/householdcredit/2014-q2/data/pdf/HHDC_2014Q2.pdf).

(22) Josh Mitchell, "Trying to Shed Student Debt," *Wall Street Journal*, May 3, 2012.

(23) Annamaria Andriotis, "Student Debt Takes a Bite Out of More Paychecks," *Wall Street Journal*, June 13, 2014.

(24) 前掲書。

(25) Federal Student Aid, "Forgiveness, Cancellation, and Discharge: Discharge in Bankruptcy," Federal Student Aid website.

(26) Tim Donovan, "Student Loan Debt Should Be Treated Like Detroit's," *Salon*, July 24, 2013.

(27) 前掲書。

(28) デトロイト市の破たんをめぐる議論については以下を参照。Monica Davey and Mary Williams Walsh, "Plan to Exit Bankruptcy Is Approved for Detroit," *New York Times*, November 7, 2014.

(29) "Detroit: Economy; Major Industries and Commercial Activity," City-Data.com website, 2009. 以下も参照。Automation Alley, *Automation Alley's 2013 Technology Industry Report*, Anderson Economic Group website.

(30) U.S. Census Bureau, 2008–12 American Community Survey, Detroit-Warren-Livonia, MI, Metro Area, table DP-03 5-Year Estimates, American FactFinder website.

(31) U.S. Census Bureau, 2009–13 American Community Survey, Birmingham and Bloomfield Hills, 5-Year Estimates, "Community Facts," American FactFinder website.

(32) U.S. Census Bureau, "Profile of General Population and Housing Characteristics: 2010 Demographic Profile," table DP-1, and "Profile of General Demographic Characteristics: Census 2000 Summary File 1 (SF 1) 100-Percent Data," table DP-1, Detroit, MI, American FactFinder website.

(33) 市民の六四%が、連邦政府が定める貧困ラインを一〇〇%以上割り込んでいた。U.S. Census Bureau, 2009–13 American Community Survey, Detroit, MI, 5-Year Estimate, "Poverty Status in the Past 12 Months," table S1701, American FactFinder website.

(34) U.S. Census Bureau, 2009–13 American Community Survey, Detroit, MI, 5-Year Estimate, "Community Facts,"

American FactFinder website.
(35) 五五%が連邦政府が定める貧困ライン以下の状態にあった。U.S. Census Bureau, 2009–13 American Community Survey, Detroit, MI, 5-Year Estimate, "Children Characteristics," table S0901, American FactFinder website.
(36) "Proposal for Creditors," City of Detroit website, June 14, 2013, p. 12.
(37) 前掲書。p. 15.
(38) Rick Cohen, "UN Declares Detroit Water Shutoffs Violate Human Rights," *Nonprofit Quarterly*, June 26, 2014.
(39) Paige Williams, "Drop Dead, Detroit!" *New Yorker*, January 27, 2014.

第8章

(1) 米国における「全国ワクチン障害保障プログラム」の経緯をめぐる議論については以下を参照。"Vaccine Injury Compensation Programs," College of Physicians of Philadelphia, History of Vaccines website. このプログラムの創設へ向けた製薬業界の活動をめぐる議論については以下を参照。"History of Vaccine Safety," Centers for Disease Control and Prevention website, last updated November 4, 2014.
(2) Gregg Lee Carter, *Gun Control in the United States* (Santa Barbara: ABC-CLIO Inc., 2006), pp. 193–94.
(3) Protection of Lawful Commerce in Arms Act, House Report 109–124, June 14, 2005.
(4) Tom Zeller, Jr., "Experts Had Long Criticized Potential Weakness in Design of Stricken Reactor," *New York Times*, March 15, 2011. 以下も参照。"U.S. Boiling Water Reactors with 'Mark 1' and 'Mark 2' Containments," U.S. Nuclear Regulatory Commission website.
(5) Zeller, "Experts Had Long Criticized Potential Weakness in Design of Stricken Reactor."
(6) Paul Gunter, "Hazards of Boiling Water Reactors in the United States," Nuclear Information and Resource Service website, last updated March 2011.
(7) Center for Responsive Politics, "General Electric: Profile for 2012 Election Cycle," OpenSecrets.org website (https://

www.opensecrets.org/orgs/summary.php?id=D000000125&cycle=2012).

(8) Center for Responsive Politics, "Influence and Lobbying: Lobbyists Representing General Electric, 2012," OpenSecrets.org website (http://www.opensecrets.org/lobby/clientlbs.php?id=D000000125&year=2012).

(9) National Commission on the BP *Deepwater Horizon* Oil Spill and Offshore Drilling, *Deep Water: The Gulf Oil Disaster and the Future of Offshore Drilling*, U.S. Government Publishing Office website, January 2011. 以下も参照。Stephen Power and Ben Casselman, "White House Probe Blames BP, Industry in Gulf Blast," *Wall Street Journal*, January 6, 2011.

(10) Stephen Power, "Regulators Accepted Gifts from Oil Industry, Report Says," *Wall Street Journal*, May 25, 2010.

(11) "Chronology: A Regulatory Free Ride? NHTSA and the Hidden History of the SUV," PBS website (http://www.pbs.org/wgbh/pages/frontline/shows/rollover/unsafe/cron.html).

(12) "The Secret Recordings of Carmen Segarra," radio broadcast, *This American Life*, Chicago Public Media, September 26, 2014.

(13) Daniel Gilbert, Alexandra Berzon, and Nathan Koppel, "Deadly Explosion Prompts Fresh Look at Regulation," *Wall Street Journal*, April 19, 2013.

(14) "Statement of David Michaels, PHD, MPH, Assistant Secretary Occupational Safety and Health Administration U.S. Department of Labor Before the Committee on Education and the Workforce Subcommittee on Workforce Protections," October 5, 2011 (https://www.osha.gov/pls/oshaweb/owadisp.show_document?p_table=TESTIMONIES&p_id=1482).

(15) NHTSA予算については以下を参照。"National Highway Traffic Safety Administration Budget Information: Fiscal Year 2015 Budget Overview," NHTSA website, p. 14. 駐イラク米国大使館の警護費用については以下を参照。U.S. Department of State and the Broadcasting Board of Governors, *Inspection of Embassy Baghdad and Constituent Posts, Iraq*, U.S. State Department, Office of Inspector General website, May 2013.

(16) John Koskinen, speech at the National Press Club, April 2, 2014 (https://www.youtube.com/watch?v=MuIMC7syoX0&feature=youtu.be).

(17) "IRS Releases FY 2012 Data Book," Internal Revenue Service website, March 25, 2013.

(18) Rob Nixon, "Funding Gap Hinders Law for Ensuring Food Safety," *New York Times*, April 8, 2015.

(19) Commissioner Michael V. Dunn, "Opening Statement, Public Meeting on Final Rules Under the Dodd-Frank Act," U.S. Commodities Futures Trading Commission website, October 18, 2011.

(20) *SIFMA v. U.S. CFTC*, 1:11-cv-02146-RLW (2011) (http://www.scribd.com/doc/74545374/Financial-industry-groups-lawsuit-against-the-C-F-T-C).

(21) *Business Roundtable and Chamber of Commerce v. U.S. Securities and Exchange Commission*, U.S. Chamber Litigation Center website. 以下も参照。Christopher Doering, "Wall St. Sues CFTC Over Commodity Trading Crackdown," Reuters, December 2, 2011.

(22) U.S. Senate Permanent Subcommittee on Investigations, "JPMorgan Chase Whale Trades: A Case History of Derivatives Risks and Abuses," U.S. Senate Committee on Homeland Security and Government Affairs website, March 15, 2013, p. 1.

(23) Jessica Silver-Greenberg and Ben Protess, "JPMorgan Caught in Swirl of Regulatory Woes," *New York Times*, May 2, 2013.

(24) "Form 10-Q, Quarterly Report," JP Morgan, filed August 7, 2013, pp. 198–206 (http://investor.shareholder.com/jpmorganchase/secfiling.cfm?filingID=19617-13-354). 以下も参照。Stephen Gandel, "JP Morgan's Legal Problems Continue to Mount," *Fortune*, August 19, 2013.

(25) Floyd Norris, "The Perils When Megabanks Lose Focus," *New York Times*, September 5, 2013.

(26) Francesco Guerrera, "The J.P. Morgan Settlement: Misconceptions Debunked," *Wall Street Journal*, November 25, 2013.

(27) Michael Korkery, "Citigroup Settles Mortgage Inquiry for $7 Billion," *New York Times*, July 14, 2014.
(28) Christina Rexrode and Andrew Grossman, "Record Bank of America Settlement Latest in Government Crusade," *Wall Street Journal*, August 21, 2014.
(29) "Bank of America to Pay $16.65 Billion in Historic Justice Department Settlement for Financial Fraud Leading Up to and During the Financial Crisis," U.S. Department of Justice website, August 21, 2014.
(30) *Bank of America Corporation 2013 Annual Report*, Bank of America website, table 2, p. 23.
(31) James Kwak, "Why Is Credit Suisse Still Allowed to Do Business in the United States?" *The Atlantic*, May 20, 2014.
(32) "Credit Suisse Pleads Guilty, Pays $2.6 Billion to Settle U.S. Tax Evasion Charges," *Forbes*, May 20, 2014.
(33) Katharina Bart, Karen Freifeld, and Aruna Viswanatha, "Credit Suisse Guilty Plea Has Little Immediate Impact as Shares Rise," Reuters, May 20, 2014.
(34) John Cassidy, "Credit Suisse Got Off Lightly," *New Yorker*, May 20, 2014.
(35) Jonathan Berr, "GM's Pain Will Exceed That $35 Million Fine," CBS News website, June 1, 2014.
(36) Clifford Krauss, "Halliburton Pleads Guilty to Destroying Evidence After Gulf Spill," *New York Times*, July 25, 2013.
(37) Halliburton, "Halliburton Announces Fourth Quarter Income," press release, January 21, 2014, p. 1.
(38) "Court-Appointed Lehman Examiner Unveils Report," *New York Times*, March 11, 2010.
(39) Adam Liptak, "Rendering Justice with One Eye on Re-election," *New York Times*, May 25, 2008.
(40) 前掲書。
(41) Alicia Bannon, Eric Velasco, Linda Casey, and Lianna Reagan, *The New Politics of Judicial Elections 2011–12*, New York University, Brennan Center for Justice, October 2013, p. 5 (http://newpoliticsreport.org/report/2012-report/).
(42) Joanna Shepherd, "Justice at Risk: An Empirical Analysis of Campaign Contributions and Judicial Decisions," American Constitution Society for Law and Policy website, June 2013.
(43) Billy Corriher, "No Justice for the Injured," Center for American Progress website, May 2013.

(44) Eric Lipton, "Lobbyists, Bearing Gifts, Pursue Attorneys General," *New York Times*, October 28, 2014.
(45) 前掲書。
(46) *AT&T Mobility LLC v. Concepcion et ux.*, 563 U.S. 321 (2011).
(47) Jeremy B. Merrill, "One-Third of Top Websites Restrict Customers' Right to Sue," *New York Times*, October 23, 2014.
(48) *Comcast v. Behrend*, 569 U.S. ____ (2013).

第9章

(1) Floyd Norris, "Corporate Profits Grow and Wages Slide," *New York Times*, April 4, 2014.
(2) "Corporate Profits After Tax with Inventory Valuation Adjustment (IVA) and Capital Consumption Adjustment (CCAdj)," Federal Reserve Bank of St. Louis Economic Research website, updated December 23, 2014.
(3) Robert J. Samuelson, "Robert Samuelson: Capitalists Wait, While Labor Loses Out," *Washington Post*, September 8, 2013.
(4) 前掲書。
(5) Thomas Piketty, *Capital in the Twenty-First Century*, trans. Arthur Goldhammer (Cambridge, MA: Harvard University Press, 2014), p. 25.

第10章

(1) Agustino Fontevecchia, "Steve Cohen Personally Made $2.3B in 2013 Despite Having to Shut Down SAC Capital," *Forbes*, March 13, 2014.
(2) Joshua Rhett Miller, "Ex-Clinton Official Robert Reich Delivers Lecture on Greed While Earning $240G to Teach One Class," FoxNews.com website, August 10, 2014で引用されたもの（ちなみにFOXニュースがつけたこの見出し「1

講座で二四〇〇万ドル稼ぐ元労働長官ロバート・ライシュ教授、拝金主義について講演」はウソである）。

(3) U.S. District Court Southern District of New York, sealed indictment, *United States of America v. SAC Advisors L.P., et al.*, July 25, 2013 (http://www.justice.gov/usao/nys/pressreleases/July13/SACChargingAndSupportingDocuments.php).

(4) John Cassidy, "The Great Hedge Fund Mystery: Why Do They Make So Much?" *New Yorker*, May 12, 2014.

(5) Anthony B. Atkinson, Thomas Piketty, and Emmanuel Saez, "Top Incomes in the Long Run of History," *Journal of Economic Literature* 49, no. 1 (2011): 3–71.

(6) Edward N. Wolff, "The Asset Price Meltdown of the Middle Class," panel paper, 2012 APPAM Fall Research Conference, presented November 10, 2012, National Bureau of Economic Research website.

(7) "Getting Paid in America 2014," American Payroll Association, 2014 (http://www.nationalpayrollweek.com/documents/2014GettingPaidInAmericaSurveyResults_FINAL_000.pdf).

(8) Raj Chetty, John N. Friedman, and Jonah E. Rockoff, "Measuring the Impacts of Teachers II: Teacher Value Added and Student Outcomes in Adulthood," NBER Working Paper No. 19424, National Bureau of Economic Research website, September 2013.

(9) Amy J. Binder, "Why Are Harvard Grads Still Flocking to Wall Street?" *Washington Monthly*, September 2014.

(10) Catherine Rampell, "Out of Harvard, and into Finance," *New York Times*, December 21, 2011.

(11) 下位九〇％の賃金中央値については以下を参照。Thomas Piketty and Emmanuel Saez, "Income Inequality in the United States, 1913–1998," *Quarterly Journal of Economics* 118, no. 1 (2003): 1–39 (tables and figures updated to 2012, September 2013, table A6).

(12) Lawrence Mischel and Alyssa Davis, *CEO Pay Continues to Rise as Typical Workers Are Paid Less*, Issue Brief #380, Economic Policy Institute website, 2014.

(13) 富裕トップ〇・一％層への富の集中については以下を参照。Jon Bakija, Adam Cole, and Bradley Heim, "Jobs and Income

Growth of Top Earners and the Causes of Changing Income Inequality: Evidence from U.S. Tax Return Data," Department of Economics Working Papers 2010–22, Williams College, Department of Economics website, 2008, revised January 2012.

第11章

(1) Lawrence Mischel and Alyssa Davis, *CEO Pay Continues to Rise as Typical Workers Are Paid Less*, Issue Brief #380, Economic Policy Institute website, 2014.

(2) William Lazonick, *Taking Stock: Why Executive Pay Results in an Unstable and Inequitable Economy*, white paper, Roosevelt Institute website, June 5, 2014.

(3) Comcast Corporation, Schedule 14A Definitive Proxy Statement, April 5, 2013, p. 42 (http://www.sec.gov/Archives/edgar/data/1166691/000119312513144100/d496632ddef14a.htm). 以下も参照。Karl Russell, "Executive Pay by the Numbers," *New York Times*, June 29, 2013.

(4) Lucian A. Bebchuk and Yaniv Grinstein, "The Growth of Executive Pay," *Oxford Review of Economic Policy* 21, no. 2 (2005): 283–303.

(5) 法人所得税はほとんど控除されていたことについては以下を参照。Scott Klinger and Sarah Anderson, *Fleecing Uncle Sam*, Center for Effective Government and Institute for Policy Studies websites, 2014.

(6) N. Gregory Mankiw, "Yes, the Wealthy Can Be Deserving," *New York Times*, February 16, 2014.

(7) Jeff Green and Hideki Suzuki, "Board Director Pay Hits Record $251,000 for 250 Hours," Bloomberg News, May 29, 2013.

(8) U.S. Securities and Exchange Commission, "SEC Adopts Rules for Say-on-Pay and Golden Parachute Compensation as Required Under Dodd-Frank Act," press release, January 25, 2011.

(9) Aaron Ricadela, "Oracle Investors Reject CEO Ellison's Pay at Annual Meeting," *Bloomberg Business*, October 31,

2013.

(10) Julie Walker, "Australia Has Had Three Years with the Two-Strikes Law and Executive Pay Pain Won't Go Away," *Business Insider Australia*, October 17, 2013.

(11) Trevor Chappell, "Pay Packets for Top Bosses Hit $4.8m," *The Australian*, September 18, 2014.

(12) Kevin J. Murphy, "Executive Compensation: Where We Are, and How We Got There," *Handbook of the Economics of Finance*, ed. George Constantinides, Milton Harris, and René Stulz (Oxford: Elsevier Science North Holland, 2013), pp. 211-356.

(13) Lazonick, *Taking Stock*, p. 5.

(14) 前掲書。p. 8.

(15) 前掲書。p. 9.

(16) Steven Balsam, *Taxes and Executive Compensation*, Briefing Paper #344, Economic Policy Institute website, August 14, 2012.

(17) William Lazonick, "Profits Without Prosperity," *Harvard Business Review*, September 2014.

(18) "The Repurchase Revolution," *The Economist*, September 13, 2014.

(19) Lazonick, "Profits Without Prosperity."

(20) 買い戻し金額については以下を参照。IBM, *What Will We Make of This Moment? 2013 IBM Annual Report*, IBM website, 2013, p. 7.

(21) Andrew Ross Sorkin, "The Truth Hidden by IBM's Buybacks," *New York Times*, October 20, 2014.

(22) Lazonick, *Taking Stock*, p. 12.

(23) William Lazonick, "Innovative Enterprise and Shareholder Value," AIR Working Paper #14-03/01, Academic-Industry Research Network website, March 2014, p. 16.

(24) Lazonick, *Taking Stock*, p. 12.

(25) Charles Mead and Sarika Gangar, "Apple Raises $17 Billion in Record Corporate Bond Sale," Bloomberg News, April 30, 2013.

(26) Gary Strauss, Barbara Hansen, and Matt Krantz, "Millions by Millions, CEO Pay Goes Up," *USA Today*, April 4, 2014; chart "2013 CEO Compensation, Realized Compensation."

(27) Murphy, "Executive Compensation," pp. 211–356.

(28) William Launder, "Time Warner CEO Bewkes's 2013 Compensation Up 26%," *Wall Street Journal*, April 21, 2014.

(29) Facebook, Inc., Schedule 14A Definitive Proxy Statement, March 31, 2014, pp. 21, 32 (http://www.sec.gov/Archives/edgar/data/1326801/000132680114000016/facebook2014proxystatement.htm).

(30) CEO報酬と企業業績の関係については以下を参照。Michael J. Cooper, Huseyin Gulen, and P. Raghavendra Rau, "Performance for Pay? The Relation Between CEO Incentive Compensation and Future Stock Price Performance," working paper series, Social Science Research Network website, October 1, 2014. 以下も参照。Susan Adams, "The Highest-Paid CEOs Are the Worst Performers, New Study Says," *Forbes*, June 16, 2014.

(31) Gavin J. Blair, "Sony CEO, Top Execs to Return $10 Million in Bonuses Amid Electronics Unit Losses," *Hollywood Reporter*, May 13, 2014.

(32) Michael B. Dorff, *Indispensable and Other Myths: How the CEO Pay Experiment Failed and How to Fix It* (Berkeley and Los Angeles: University of California Press, 2014), pp. 1–2.

(33) Gary Rivlin, "New Study Shows How Golden Parachutes Are Getting Bigger," *Daily Beast*, January 11, 2012.

(34) Liz Moyer, "Supersize That Severance!" *Forbes*, October 31, 2007.

(35) Richard Finger, "Why American Airlines Employees Loathe Management," *Forbes*, April 29, 2013.

(36) Paul Hodgson and Greg Ruel, *Twenty-One U.S. CEOs with Golden Parachutes of More Than $100 Million*, GMI Ratings website, January 2012.

(37) Sarah Anderson and Marjorie Wood, *Restaurant Industry Pay: Taxpayers' Double Burden*, Institute for Policy Studies

website, April 22, 2014, p. 5.

(38) Senator Chuck Grassley, "Executive Compensation: Backdating to the Future/Oversight of Current Issues Regarding Executive Compensation Including Backdating of Stock Options; and Tax Treatment of Executive Compensation, Retirement and Benefits," closing statement, Finance Committee hearing, September 6, 2006 (http://www.finance.senate.gov/newsroom/chairman/release/?id=fa3baac7-174f-4e3e-b16d-2eda0b6cec87).

(39) Steven Balsam, *Taxes and Executive Compensation*, Briefing Paper #344, Economic Policy Institute website, August 14, 2012.

(40) "Topic 409—Capital Gains and Losses," Internal Revenue Service website, August 19, 2014.

第12章

(1) Hester Peirce and Robert Greene, "The Decline of US Small Banks (2000–2013)," Mercatus Center website, February 24, 2014.

(2) Kenichi Ueda and Beatrice Weder di Mauro, "Quantifying Structural Subsidy Values for Systemically Important Financial Institutions," IMF Working Paper no. 12/28, International Monetary Fund website, May 2012, p. 4.

(3) "Why Should Taxpayers Give Big Banks $83 Billion a Year?" editorial, *Bloomberg View*, February 20, 2013.

(4) International Monetary Fund, "Global Financial Stability Report: Moving from Liquidity- to Growth-Driven Markets," World Economic and Financial Surveys, International Monetary Fund website, April 2014, p. 104; U.S. Government Accountability Office, *Large Bank Holding Companies: Expectations of Government Support*, GAO-14-621, U.S. Government Accountability website, July 2014, pp. 50–51

(5) Viral V. Acharya, Deniz Anginer, and A. Joseph Warburton, "The End of Market Discipline? Investor Expectations of Implicit State Guarantees," Minneapolis Federal Reserve Bank, Social Science Research Network website, June 2014.

(6) "Why Should Taxpayers Give Big Banks $83 Billion a Year?"

(7) Board of Governors of the Federal Reserve System and Federal Deposit Insurance Corporation, "Agencies Provide Feedback on Second Round Resolution Plans of 'First-Wave' Filers," joint press release, August 5, 2014.

(8) Statement by Thomas M. Hoenig, Vice Chairman, Federal Deposit Insurance Corporation, "Credibility of the 2013 Living Wills Submitted by First Wave Filers," FDIC website, August 5, 2014, p. 2.

(9) Sarah Anderson, "Wall Street Bonuses and the Minimum Wage," Institute for Policy Studies website, March 12, 2014.

(10) "Rewarding Work Through State Earned Income Tax Credits," policy brief, Institute on Taxation and Economic Policy website, April 2014.

(11) Nathan Vardi, "The 25 Highest-Earning Hedge Fund Managers and Traders," *Forbes*, February 26, 2014.

(12) Brendan Conway, "Entry Level Hedge Fund Pay: $353,000," *Barron's*, October 31, 2013.

(13) Eric Falkenstein, "Righteous Bonuses," *Falkenblog*, February 2, 2009.

(14) SACキャピタルの件をめぐる議論については以下を参照。Marcia Vickers, "The Most Powerful Trader on Wall Street You've Never Heard Of," *Bloomberg Businessweek*, July 20, 2003.

(15) Agustino Fontevecchia, "Steve Cohen Personally Made $2.3B in 2013 Despite Having to Shut Down SAC Capital," *Forbes*, March 13, 2014.

(16) Peter H. Stone and Michael Isikoff, "Hedge Funds Bet Heavily on Republicans at End of Election," Center for Public Integrity website, January 5, 2011.

(17) Floyd Norris, "Loosening the Rules on Inside Trading," *New York Times*, April 24, 2014.

(18) Monica Vendituoli, "Hedge Funds: Background," OpenSecrets.org website, updated September 2013 (http://www.opensecrets.org/industries/background.php?ind=F2700).

第13章

(1) Susan Fleck, John Glaser, and Shawn Sprague, "The Compensation-Productivity Gap: A Visual Essay," *Monthly Labor Review*, January 2011.

(2) U.S. Census Bureau, "Historical Income Tables: Households," table H-6 (https://www.census.gov/hhes/www/income/data/historical/household/).

(3) Henry S. Farber, "Job Loss and the Decline in Job Security in the United States," in *Labor in the New Economy*, ed. Katharine G. Abraham, James R. Spletzer, and Michael Harper (Chicago: University of Chicago Press, 2010). 以下も参照。U.S. Bureau of Labor Statistics, "Seasonally Adjusted Employment-Population Ratio" (http://data.bls.gov/timeseries/LNS12300000).

(4) U.S. Census Bureau, "Historical Income Tables: Households," table H-6.

(5) Drew DeSilver, "For Most Workers, Real Wages Have Barely Budged for Decades," *Fact Tank*, Pew Research Center website, October 9, 2014.

(6) ドイツの平均世帯収入については以下を参照。David Leonhardt, "The German Example," *New York Times*, June 7, 2011.

(7) Heidi Shierholz, *Six Years from Its Beginning, the Great Recession's Shadow Looms Over the Labor Market*, Issue Brief #374, Economic Policy Institute website, January 9, 2014.

(8) Heidi Shierholz, Alyssa Davis, and Will Kimball, *The Class of 2014: The Weak Economy Is Idling Too Many Young Graduates*, Briefing Paper #377, Economic Policy Institute website, May 1, 2014.

(9) Jaison R. Abel and Richard Deitz, "Are the Job Prospects of Recent College Graduates Improving?" *Liberty Street Economics*, Federal Reserve Bank of New York website, September 4, 2014.

(10) Jennifer 8. Lee, "Generation Limbo: Waiting It Out," *New York Times*, August 31, 2011.

(11) Walter Lippmann, *Drift and Mastery* (Englewood Cliffs, NJ: Prentice Hall, 1914; reprinted 1961), pp. 22, 23.

(12) Adolf A. Berle and Gardiner C. Means, *The Modern Corporation and Private Property* (New York: Macmillan, 1932),

p. 302.
(13) Frank Abrams, "Management's Responsibilities in a Complex World," *Harvard Business Review* 29, no. 3 (1951): 29–34.
(14) *Fortune* 40, no. 4 (October 1951): 98–99.
(15) GEとスチュワードシップに関する議論については、以下を参照。Rick Wartzman, "Whatever Happened to Corporate Stewardship?" *Harvard Business Review*, August 29, 2014. あるいは "Business: The New Conservatism," Time, November 26, 1956.
(16) Michael McCarthy "Why Pension Funds Go to Risky Investments," *Washington Post*, October 19, 2014.
(17) Garn-St. Germain Depository Institutions Act of 1982, Pub. L. No. 97–320. 以下も参照。Marcia Millon Cornett and Hassan Tehranian, "An Examination of the Impact of the Garn-St. Germain Depository Institutions Act of 1982 on Commercial Banks and Savings and Loans," *Journal of Finance* 45, no. 1 (March 1990): 95–111.
(18) Timothy Curry and Lynn Shibut, "The Cost of the Savings and Loan Crisis: Truth and Consequences," *FDIC Banking Review* 13, no. 2 (2000): 26–35.
(19) Tim Opler and Sheridan Titman, "The Determinants of Leveraged Buyout Activity: Free Cash Flow v. Financial Distress Costs," *Journal of Finance* 48, no. 5 (1993): 1985–99.
(20) Jesse Kornbluth, *Highly Confident: The Crime and Punishment of Michael Milken* (New York: William Morrow, 1992).
(21) Ian Somerville and D. Quinn Mills, "Leading to a Leaderless World," *Leader to Leader* 1999, no. 13 (1999): 30–38.
(22) Jack Welch, *Jack: Straight from the Gut* (New York: Warner, 2001).
(23) John Byrne, *Chainsaw: The Notorious Career of Al Dunlap in the Era of Profit-at-Any-Price* (New York: HarperBusiness, 2003).
(24) 前掲書。pp. 123–24.

(25) Josh Bivens, Elise Gould, Lawrence Mishel, and Heidi Shierholz, *Raising America's Pay: Why It's Our Central Economic Policy Challenge*, Briefing Paper #378, Economic Policy Institute website, June 4, 2014.

(26) Lawrence Mishel, *The Wedges Between Productivity and Median Compensation Growth*, Issue Brief #330, Economic Policy Institute website, April 26, 2012.

(27) U.S. Bureau of Labor Statistics, *The Employment Situation—November 2014*, U.S. Bureau of Labor Statistics website, December 5, 2014.

(28) American Payroll Association, "2013 Getting Paid in America Survey Results," 2013 (http://www.nationalpayrollweek.com/documents/2013GettingPaidInAmericaSurveyResults2_JW_001.pdf).

(29) Employee Benefit Research Institute, "EBRI Databook on Employee Benefits," ch. 4, "Participation in Employee Benefit Programs," table 4.1a, Employee Benefit Research Institute website, March 2011.

(30) Ruth Helman, Nevin Adams, and Jack Van-Derhei, *The 2014 Retirement Confidence Survey: Confidence Rebounds—For Those with Retirement Plans*, Issue Brief No. 397, Employee Benefit Research Institute website, March 2014, p. 18.

(31) Rebecca Thiess, *The Future of Work: Trends and Challenges for Low-Wage Workers*, Briefing Paper #341, Economic Policy Institute website, April 27, 2012.

(32) MetLife, *Benefits Breakthrough: How Employees and Their Employers Are Navigating an Evolving Environment*, 2014 (https:// benefittrends.metlife.com/assets/downloads/benefits-breakthrough-summaries-2014. pdf).

(33) Jacob S. Hacker, *The Great Risk Shift: The New Economic Insecurity and the Decline of the American Dream* (New York: Oxford University Press, 2008), p. 31.

(34) 前掲書。

(35) 前掲書。p. 32.

(36) Brianna Cardiff-Hicks, Francine Lafontaine, and Kathryn Shaw, "Do Large Modern Retailers Pay Premium Wages?"

NBER Working Paper No. 20313, National Bureau of Economic Research website, July 2014, p. 9.

(37) Shelly Banjo, "Pay at Wal-Mart: Low at the Checkout But High in the Manager's Office," *Wall Street Journal*, July 23, 2014.

(38) David Madland and Keith Miller, "Latest Census Data Underscore How Important Unions Are for the Middle Class," Center for American Progress Action Fund website, September 17, 2013.

(39) U.S. Bureau of Labor Statistics, "Union Members Summary," economic news release, January 24, 2014, p. 1.

(40) Leonhardt, "The German Example."

(41) Anthony B. Atkinson, Thomas Piketty, and Emmanuel Saez, "Top Incomes in the Long Run of History," *Journal of Economic Literature* 49, no. 1 (2011): 41–42.

(42) Robert E. Weir, *Workers in America* (Santa Barbara, CA: ABC-CLIO, 2013), p. 365.

(43) U.S. Strike Commission, *Report on the Chicago Strike of June–July 1894*, 53rd Congress, 3rd sess., Sen. exec. doc. no. 4. (Washington, DC: Government Printing Office, 1895), pp. 18, 19.

(44) "Facing the Issue," editorial, *Public Policy* 8, no. 24 (2013): 376; D. M. Perry, "Labor Unions Denounced," *Public Policy* 8, no. 20 (1903): 319.

(45) 15 U.S. Code § 17, "Antitrust Laws Not Applicable to Labor Organizations," October 15, 1914.

(46) "Labor and the Sherman Act," *Yale Law Journal* 49, no. 3 (January 1940): 518–37.

(47) Frank Levy and Peter Temlin, "Inequality and Institutions in 20th Century America," NBER Working Paper No. 13106, National Bureau of Economic Research website, June 27, 2007, p. 16.

(48) 前掲書。

(49) Harold Meyerson, "Class Warrior," *Washington Post*, June 9, 2004.

(50) Greg J. Bamber, Jody Hoffer Gittell, Thomas A. Kochan, and Andrew von Nordenflycht, *Up in the Air: How Airlines Can Improve Performance by Engaging Their Employees* (Ithaca, NY: Cornell University Press, 2009), p. 125.

(51) Peter Rachleff, "Workers Rights and Wrongs," *Dallas Morning News*, November 4, 2007.
(52) 前掲書。
(53) "Court OKs UAL Wage Cuts," *Los Angeles Times*, February 1, 2005.
(54) Elise Gould and Heidi Shierholz, *The Compensation Penalty of "Right-to-Work" Laws*, Issue Brief #299, Economic Policy Institute website, February 17, 2011.
(55) "2012 Right-to-Work Legislation," National Conference of State Legislatures website.
(56) For a discussion of the weakening of the National Labor Relations Board, see Dean Baker, *The End of Loser Liberalism: Making Markets Progressive* (Washington, DC: Center for Economic and Policy Research, 2011), p. 29.
(57) Madland and Miller, "Latest Census Data Underscore How Important Unions Are for the Middle Class."

第14章

(1) Paul Krugman, "Those Lazy Jobless," *New York Times*, September 21, 2014.
(2) U.S. Bureau of Labor Statistics, *A Profile of the Working Poor, 2010*, U.S. Bureau of Labor Statistics website, March 2012.
(3) Rebecca Thiess, *The Future of Work: Trends and Challenges for Low-Wage Workers*, Briefing Paper #341, Economic Policy Institute website, April 27, 2012, p. 4.
(4) 八%の下落については以下を参照。Jesse Bricker, Lisa J. Dettling, Alice Henriques, Joanne W. Hsu, et al., "Changes in U.S. Family Finances from 2010 to 2013: Evidence from the Survey of Consumer Finances," *Federal Reserve Bulletin* 100, no. 4 (September 2014): 9, 12.
(5) Oxfam America, *From Paycheck to Pantry: Hunger in Working America*, Oxfam America website, p. 3.
(6) National Employment Law Project, *The Low-Wage Recovery: Industry Employment and Wages Four Years into the Recovery*, Data Brief, National Employment Law Project website, April 2014, p. 1.

(7) 前掲書。

(8) U.S. Department of Labor, "History of Federal Minimum Wage Rates Under the Fair Labor Standards Act, 1938–2009," U.S. Department of Labor website. 数値は消費者物価指数に従って調整済み。

(9) 前掲書。

(10) Elias Isquith, "Koch Brothers' Top Political Strategist: The Minimum Wage Leads to Fascism!" *Salon*, September 3, 2014.

(11) Antoine Gara, "Would Killing the Minimum Wage Help?" *Bloomberg Businessweek*, June 30, 2011.

(12) Arindrajit Dube, T. William Lester, and Michael Reich, *Minimum Wage Effects Across State Borders: Estimates Using Contiguous Counties*, IRLE Working Paper No. 157–07, Institute for Research on Labor and Employment website, November 2010.

(13) 前掲書。

(14) Arindrajit Dube, T. William Lester, and Michael Reich, *Minimum Wage Shocks, Employment Flows and Labor Market Frictions*, IRLE Working Paper No. 149–13, Institute for Research on Labor and Employment website, October 2014.

(15) Sylvia Allegretto, Marc Doussard, Dave Graham-Squire, Ken Jacobs, et al., *Fast Food, Poverty Wages: The Public Cost of Low-Wage Jobs in the Fast-Food Industry*, U.C. Berkeley Labor Center website, October 15, 2013, p. 1.

(16) William Finnegan, "Dignity: Fast-Food Workers and a New Form of Labor Activism," *New Yorker*, September 15, 2014.

(17) National Employment Law Project, "Big Business, Corporate Profits, and the Minimum Wage," National Employment Law Project website, July 2012, p. 1.

(18) Catherine Ruetschlin, *Fast Food Failure: How CEO-to-Worker Pay Disparity Undermines the Industry and the Overall Economy*, Demos website, 2014, p. 2.

(19) Jessica Wohl, "Wal-Mart CEO's Pay Jumps 14.1 Percent to $20.7 Million," Reuters, April 22, 2013.

(20) Josh Bivens, "Inequality, Exhibit A: Walmart and the Wealth of American Families," *The Economic Policy Institute Blog*, July 17, 2012.

(21) Josh Bivens, "Poverty Reduction Stalled by Policy, Once Again: Unemployment Insurance Edition," *The Economic Policy Institute Blog*, September 16, 2014.

(22) Dorothy Rosenbaum, *The Relationship Between SNAP and Work Among Low-Income Households*, Center on Budget and Policy Priorities website, January 2013.

(23) Office of the Assistant Secretary for Planning and Evaluation, "Information on Poverty and Income Statistics: A Summary of 2014 Current Population Survey Data," ASPE Issue Brief, U.S. Department of Health and Human Services website, September 16, 2014, p. 3.

(24) "Piketty v. Mankiw on Economic Challenges and Inequality," *On Point with Tom Ashbrook*, radio broadcast, April 29, 2014.

(25) 中間層の努力に関する議論については以下に詳しい。Robert B. Reich, *Supercapitalism: The Transformation of Business, Democracy, and Everyday Life* (New York: Alfred A. Knopf, 2007). 邦訳は雨宮寛・今井章子訳『暴走する資本主義』東洋経済新報社（二〇〇八年）。

(26) Daniel Aaronson and Bhashkar Mazumder, "Intergenerational Economic Mobility in the U.S., 1940 to 2000," *Journal of Human Resources* 43, no. 1 (2005): 139–72.

(27) Pew Charitable Trusts, "Moving On Up: Why Do Some Americans Leave the Bottom of the Economic Ladder, but Not Others?" Pew Charitable Trusts website, November 2013, p. 1.

(28) Sean F. Reardon, "No Rich Child Left Behind," *New York Times*, April 27, 2013.

(29) Program for International Student Assessment, "Reading Literacy: School Poverty Indicator," National Center for Education Statistics website, 2012.

(30) Kelsey Hill, Daniel Moser, R. Sam Shannon, and Timothy St. Louis, *Narrowing the Racial Achievement Gap: Policy*

Success at the State Level, University of Wisconsin-Madison, Robert M. La Follette School of Public Affairs website, May 2013.

(31) Richard Fry and Paul Taylor, "The Rise of Residential Segregation by Income," Pew Research Center Social and Demographic Trends website, August 1, 2012.

(32) Mark Dixon, *Public Education Finances: 2012*, U.S. Census Bureau website, May 2014, p. xi.

(33) Michael Leachman and Chris Mai, "Most States Funding Schools Less Than Before the Recession," Center on Budget and Policy Priorities website, revised May 20, 2014.

(34) Andrew Ujifusa and Michele McNeil, "Analysis Points to Growth in Per-Pupil Spending–and Disparities," *Education Week*, January 22, 2014.

(35) The Equity and Excellence Commission, *For Each and Every Child—A Strategy for Education Equity and Excellence*, U.S. Department of Education website, 2013, p. 18.

(36) "Keeping Schools Local," *Wall Street Journal*, August 24, 1998.

(37) Eduardo Porter, "In Public Education, Edge Still Goes to Rich," *New York Times*, November 5, 2013.

(38) 前掲書。

(39) 前掲書。

第15章

(1) "Forbes 400," *Forbes*, September 12, 2014. 以下も参照。"America's Richest Families: 185 Clans with Billion Dollar Fortunes," *Forbes*, last edited July 8, 2014.

(2) Josh Bivens, "Inequality, Exhibit A: Walmart and the Wealth of American Families," *The Economic Policy Institute Blog*, July 17, 2012.

(3) John J. Havens and Paul G. Schervish, *A Golden Age of Philanthropy Still Beckons: National Wealth Transfer and*

Potential for Philanthropy Technical Report*, Boston College, Center on Wealth and Philanthropy website, May 28, 2014 (http://www.bc.edu/content/dam/files/research_sites/cwp/pdf/A%20Golden%20Age%20of%20Philanthropy%20Still%20Bekons.pdf).

(4) U.S. Trust, "Insights on Wealth and Worth," Key Findings, U.S. Trust website, 2013, p. 4.

(5) Thomas Piketty, *Capital in the Twenty-First Century*, trans. Arthur Goldhammer (Cambridge, MA: Harvard University Press, 2014).

(6) Emmanuel Saez and Gabriel Zucman, "Wealth Inequality in the United States Since 1913: Evidence from Capitalized Income Tax Data," NBER Working Paper No. 20625, National Bureau of Economic Research website, October 2014.

(7) 前掲書。

(8) Andy Nicholas, "Richest 1 percent get 75 percent of all capital gains," Washington State Budget and Policy Center, *Schmudget Blog*, January 17, 2012.

(9) Ray D. Madoff, "America Builds an Aristocracy," *New York Times*, July 11, 2010.

(10) Curtis S. Dubay, "The Bush Tax Cuts Explained: Where Are They Now?" Issue Brief no. 3855, Heritage Foundation website, February 20, 2013, pp. 1–2.

(11) Roberton Williams, "Resurrecting the Estate Tax as a Shadow of Its Former Self," Tax Policy Center, *TaxVox blog*, December 14, 2010.

(12) 前掲書。

(13) Representative Paul D. Ryan, "A Roadmap for America's Future: Version 2.0," January 2010 (http://paulryan.house.gov/uploadedfiles/rfafv2.0.pdf).

(14) Chye-Ching Huang and Nathaniel Frentz, "Myths and Realities About the Estate Tax," Center on Budget and Policy Priorities website, August 29, 2013.

(15) "Federal Capital Gains Tax Rates, 1988–2013," Tax Foundation website, June 13, 2013.
(16) Huang and Frentz, "Myths and Realities About the Estate Tax."
(17) Rob Reich, "What Are Foundations For?" *Boston Review*, March 1, 2013.
(18) 前掲書。
(19) U.S. Office of Management and Budget, *Analytical Perspectives: Budget of the U.S. Government* (Washington, DC: U.S. Government Printing Office, 2012), pp. 309, 320, 326.
(20) Center on Philanthropy at Indiana University, summer 2007, p. 28 (http://www.philanthropy.iupui.edu/files/research/giving_focused_on_meeting_needs_of_the_poor_july_2007.pdf).
(21) Jenny Anderson, "Fund Managers Raising the Ante in Philanthropy," *New York Times*, August 3, 2005.
(22) University of California, Berkeley, "Pell Grant Awards as a Peer Metric," May 2013 (http://opa.berkeley.edu/sites/default/files/2011-12PellGrantComparison.pdf).
(23) "NACUBO-Commonfund Study of Endowments," National Association of College and University Business Officers website.
(24) National Association of College and University Business Officers and Commonfund Institute, *U.S. and Canadian Institutions Listed by Fiscal Year 2013 Endowment Market Value and Change in Endowment Market Value from FY 2012 to FY 2013*, February 2014, p. 2 (http://www.nacubo.org/Documents/EndowmentFiles/2013NCSEEndowmentMarket%20ValuesRevisedFeb142014.pdf).
(25) Alvin Powell, "Harvard Kicks Off Fundraising Effort," *Harvard Gazette*, September 21, 2013.
(26) Richard Vedder, "Princeton Reaps Tax Breaks as State Colleges Beg," *Bloomberg View*, March 18, 2012.
(27) 前掲書。
(28) 以下も参照のこと。Sandy Baum, Jennifer Ma, and Kathleen Payea, *Trends in Public Higher Education: Enrollment, Prices, Student Aid, Revenues, and Expenditures*, College Board Advocacy & Policy Center, College Board website,

May 2012, p. 1.

(29) Eduardo Porter, "Why Aid for College Is Missing the Mark," *New York Times*, October 7, 2014.

(30) 前掲書。

(31) "Undergraduate Enrollment," National Center for Education Statistics website, May 2014.

第16章

(1) International Monetary Fund, *Fiscal Policy and Income Inequality*, policy paper, figure 6, January 23, 2014 (http://www.imf.org/external/np/pp/eng/2014/012314.pdf).

第17章

(1) Samuel Tyler, *Memoir of Roger Brooke Taney, LL.D.: Chief Justice of the Supreme Court of the United States* (Baltimore: J. Murphy & Co., 1872), p. 212.

(2) Irving Dillard, *Mr. Justice Brandeis, Great American: Press Opinion and Public Appraisal* (St. Louis: The Modern View Press, 1941), p. 42.

(3) Theodore Roosevelt, "Address of President Roosevelt on the Occasion of the Laying of the Corner Stone of the Pilgrim Memorial Monument," Provincetown, MA, August 20, 1907 (Washington, DC: Government Printing Office, 1907), p. 47.

(4) Theodore Roosevelt, "State of the Union Message," December 5, 1905 (http://www.theodore-roosevelt.com/images/research/speeches/sotu5.pdf).

(5) Franklin D. Roosevelt, address at Madison Square Garden, New York City, October 31, 1936. See Gerhard Peters and John T. Woolley, The American Presidency Project website.

(6) Carmen Denavas-Walt, Bernadette D. Proctor, and Jessica C. Smith, *Income, Poverty, and Health Insurance Coverage*

in the United States: 2012*, U.S. Census Bureau Current Population Reports, pp. 60–245 (Washington, DC: Government Printing Office, September 2013), figure 1, p. 5.

(7) Alberto Chong, "Inequality and Institutions," *The Review of Economics and Statistics* 89, no. 3 (September 22, 2014): 2.

(8) Emmanuel Saez, "Striking It Richer: The Evolution of Top Incomes in the United States (Update with 2007 Estimates)," University of California, Department of Economics, August 5, 2009 (http://escholarship.org/uc/item/8dp1f91x). Their calculation is before paying taxes, and it includes income from capital gains.

(9) Lawrence Mishel, Josh Bivens, Elise Gould, and Heidi Shierholz, *The State of Working America*, 12th ed. (Ithaca, NY: Cornell University Press, 2014).

(10) Janet L. Yellin, "Perspectives on Inequality and Opportunity from the Survey of Consumer Finances," speech at the Conference on Economic Opportunity and Inequality, Federal Reserve Bank of Massachusetts, Boston, October 17, 2014.

(11) A. Bonica, N. McCarty, K. Poole, and H. Rosenthal, "Why Hasn't Democracy Slowed Rising Inequality," *Journal of Economic Perspectives* 27, no. 3 (Summer 2013): 103–24.

(12) Drew DeSilver, "For Most Workers, Real Wages Have Barely Budged for Decades," *Fact Tank*, Pew Research Center website, October 9, 2014.

(13) Thomas Piketty, *Capital in the Twenty-First Century*, trans. Arthur Goldhammer (Cambridge, MA: Harvard University Press, 2013). 邦訳は山形浩生・守岡桜・森本正史訳『二一世紀の資本』みすず書房（二〇一四年）。

(14) Pavlina R. Tcherneva, "Growth for Whom?," Levy Economics Institute of Bard College, October 6, 2014, figure: "Distribution of Average Income Growth During Expansions" (http://www.levyinstitute.org/pubs/op_47.pdf).

(15) Rebecca Riffkin, "In U.S., 67% Dissatisfied with Income, Wealth Distribution," Gallup website, January 20, 2014 (http://www.gallup.com/poll/166904/dissatisfied-income-wealth-distribution.aspx).

(16) Pew Research Center for the People and the Press/USA Today, "January 2014 Political Survey, Final Topline,"

January 15–19, 2014 (http://www.people-press.org/files/legacy-questionnaires/1-23-14%20Poverty_Inequality%20topline%20for%20release.pdf).

(17) Hart Research Associates, "National Survey on Fast-Track Authority for TPP Trade Pact," January 27, 2014 (http://fasttrackpoll.info/docs/Fast-Track-Survey_Memo.pdf).

(18) "Trans-Pacific Partnership (TPP) Poll: Only the Strongest Obama Supporters Want Him to Have Fast-Track Authority," *International Business Times*, January 30, 2014.

(19) Tom Orlik and Bob Davis, "China Falters in Effort to Boost Consumption," *Wall Street Journal*, July 16, 2013. Also see Yu Xie and Xiang Zhou, "Income Inequality in Today's China," *Proceedings of the National Academy of Sciences*, May 13, 2014.

第18章

(1) Martin Gilens and Benjamin Page, "Testing Theories of American Politics: Elites, Interest Groups, and Average Citizens," *Perspectives on Politics* 12, no. 3 (2014): 564–81.

(2) 前掲書。p. 575.

(3) Walter Lippmann, Public Opinion (New York: Harcourt, Brace & Company, 1922). 邦訳は、掛川トミ子『世論』岩波文庫(一九八七年)。

(4) 前掲書。pp. 248–49.

(5) David Truman, *The Governmental Process* (New York: Alfred A. Knopf, 1951), p. 535.

(6) Robert A. Dahl, A Preface to Democratic Theory (Chicago: University of Chicago Press, 1956). 邦訳は、内山秀夫訳『民主主義理論の基礎』未來社(一九七〇年)。

(7) Theda Skocpol, *Diminished Democracy* (Norman: University of Oklahoma Press, 2003).

(8) John Kenneth Galbraith, *American Capitalism: The Concept of Countervailing Power* (Boston: Houghton Mifflin,

1952).
(9) 前掲書。p. 122.
(10) 前掲書。p. 147.
(11) Gilens and Page, "Testing Theories of American Politics," pp. 564–81.
(12) Robert D. Putnam, *Bowling Alone: The Collapse and Revival of American Community* (New York: Simon & Schuster, 2000).
(13) Matea Gold, "Koch-Backed Political Network, Built to Shield Donors, Raised $400 Million in 2012 Elections," *Washington Post*, January 5, 2014. 一〇大組合の政治関係支出は以下より算出。Center for Responsive Politics, "Heavy Hitters: Top All Time Donors, 1989–2014," OpenSecrets.org website.
(14) Lee Drutman, *The Business of America Is Lobbying* (New York: Oxford University Press, 2015), p. 17.
(15) A. Bonica, N. McCarty, K. Poole, and H. Rosenthal, "Why Hasn't Democracy Slowed Rising Inequality?" *Journal of Economic Perspectives* 27, no. 3 (2013): 113.
(16) Gregg Easterbrook, "The Business of Politics," *The Atlantic*, October 1986.
(17) Federal Reserve Bank of St. Louis, "Dow Jones Industrial Average," Federal Reserve Economic Data website (http://research.stlouisfed.org/fred2/series/DJIA/).
(18) Floyd Norris, "Corporate Profits Grow and Wages Slide," *New York Times*, April 4, 2014.
(19) Elliot Gerson, "To Make America Great Again, We Need to Leave the Country," *The Atlantic*, July 10, 2012.
(20) この講演は以下で試聴できる。Senator Murphy's comments in the opening remarks of the video "Purchasing Power: Money, Politics, and Inequality: Post-Conference," Yale Institution for Social and Policy Studies (http://isps.yale.edu/node/21022#.VJIBCYrF92c).
(21) Bonica, McCarty, Poole, and Rosenthal, "Why Hasn't Democracy Slowed Rising Inequality?," p. 112.
(22) 前掲書。

(23) 前掲書。
(24) 前掲書。pp. 112–13.
(25) 前掲書。p. 113.
(26) "Economy, Jobs, Terrorism Rank High Across Partisan Groups," Pew Research Center website, January 24, 2014. (www.people-press.org/2014/01/27/deficit-reduction-deadlines-or-policy-priority/1-25-2014_05/).
(27) Benjamin I. Page, Larry M. Bartels, and Jason Seawright, "Democracy and the Policy Preferences of Wealthy Americans," *Perspectives on Politics* 11, no. 1 (March 2013): 55.
(28) 前掲書。p. 54.
(29) *Citizens United v. Federal Election Commission*, 558 U. S. 310 (2010).
(30) Speechnow.org v. FEC, 599 D.C. Cir. F.3d 686 (D.C. Cir. 2010). 以下も参照。"Recent Developments in the Law," Federal Election Commission website.
(31) McCutcheon et al. v. Federal Election Commission, 572 U.S. (2014).
(32) Nicholas Confessore, "Secret Money Fueling a Flood of Political Ads," *New York Times*, October 10, 2014.
(33) 前掲書。
(34) *Austin v. Michigan Chamber of Commerce*, 494 U.S. 652 (1990).
(35) *Citizens United v. Federal Election Commission*, 558 U.S. 310 (2010), p. 5.
(36) "The ANES Guide to Public Opinion and Electoral Behavior," American National Election Studies website. 以下も参照。Thomas B. Edsall, "The Value of Political Corruption," *New York Times*, August 5, 2014.
(37) Jon Clifton, "Americans Less Satisfied with Freedom" (http://www.gallup.com/poll/172019/americans-less-satisfied-freedom.aspx).
(38) "Voters Think Congress Cheats to Get Reelected," Rasmussen Reports website, September 3, 2014.
(39) "Americans Don't Think Incumbents Deserve Reelection," Rasmussen Reports website, October 2, 2014.

(40) Drew DeSilver, "Voter Turnout Always Drops Off for Midterm Elections, but Why?" Pew Research Center website, July 24, 2014.
(41) "2014 November General Election Turnout Rates," U.S. Election Project website, updated December 16, 2014.
(42) Philip Bump, "We Probably Just Saw One of the Lowest-Turnout Elections in American History," *Washington Post*, November 11, 2014.
(43) Raphael Minder, "Catalonia Overwhelmingly Votes for Independence from Spain in Straw Poll," *New York Times*, November 9, 2014.

第19章

(1) Donald A. Baer, "The West's Bruised Confidence in Capitalism," *Wall Street Journal*, September 22, 2014.
(2) Rand Paul, speech at the Freedom Summit, Manchester, NH, April 12, 2014.
(3) "The Tea Party's New Koch-Flavored Populism," *Daily Beast*, April 15, 2014.
(4) Michael Laris and Jenna Portnoy, "Meet David Brat, the Man Who Brought Down House Majority Leader Eric Cantor," *Wall Street Journal*, June 10, 2014.
(5) "2013 Lake Poll Questions and Data," Americans for Financial Reform website, 2013.
(6) Jim Nunns, Amanda Eng, and Lydia Austin, *Description and Analysis of the Camp Tax Reform Plan*, Urban-Brookings Tax Policy Center website, July 8, 2014, p. 18.
(7) Rand Paul, speech at the Conservative Political Action Conference, Washington, D.C., March 6, 2014.
(8) "Repeal of Glass-Steagall and the Too Big to Fail Culture," *Tea Party Tribune*, April 23, 2014.
(9) Judson Phillips, "Trade and the Tea Party: Washington Insiders Remain Clueless," *The Hill*, February 24, 2014.
(10) Ben White and Maggie Haberman, "Wall Street Republicans' Dark Secret: Hillary Clinton 2016," *Politico*, April 28, 2014.

（11）前掲書。
（12）Jeffrey M. Jones, "Americans Continue to Say a Third Political Party Is Needed," September 24, 2014 (http://www.gallup.com/poll/177284/americans-continue-say-third-political-party-needed.aspx).
（13）前掲書。
（14）"Party Division in the Senate, 1789-Present," U.S. Senate website; also see "Party Divisions of the House of Representatives, 1789-Present," U.S. House of Representatives website.
（15）Theodore Roosevelt, *Progressive Covenant with the People*, motion picture, Broadcasting and Recorded Sound Division, Library of Congress, August 1912.

第21章

（1）Corporation Taxes: Tax Rates: Publicly Held Corporations: Credits, Cal. SB-1372, February 21, 2014.
（2）"CalChamber Releases 2014 Job Killer List," CalChamber Advocacy website, April 10, 2014.
（3）William A. Galston, "Closing the Productivity and Pay Gap," *Wall Street Journal*, February 18, 2014.
（4）Joseph R. Blasi, Richard B. Freeman, and Douglas L. Kruse, *The Citizen's Share: Putting Ownership Back into Democracy* (New Haven, CT: Yale University Press, 2013), p. 5.
（5）William Lazonick, Marina Mazzucato, and Öner Tulum, "Apple's Changing Business Model: What Should the World's Richest Company Do with All Those Profits?" *Accounting Forum* 37, no. 4 (2013): 249–67.
（6）U.S. Securities and Exchange Commission, "Definitive Proxy Statement Apple Corporation," Summary Compensation Table—2012, 2011, and 2010, p. 31 (http://www.sec.gov/Archives/edgar/data/320193/000119312513005529/d450591ddef14a.htm).
（7）Jena McGregor, "An Ousted CEO So Popular Employees Are Protesting to Get His Job Back," *Washington Post*, July 22, 2014.

(8) "State by State Legislative Status," Benefit Corporation website.
(9) B Corps Fellows (http://www.bcorporation.net/).
(10) Rebecca Page, "Codetermination in Germany—A Beginner's Guide," *Arbeitspapier* 33 (June 2009).
(11) Amanda Becker, "Auto Union Forms Branch for Workers at VW Plant in Tennessee," Reuters, July 10, 2014.

第22章

(1) John Maynard Keynes, *Essays in Persuasion* (New York: W. W. Norton & Co., 1963), pp. 358–73.
(2) U.S. Department of Commerce, Bureau of Labor Statistics, various issues.
(3) Greg Bensinger, "Amazon Robots Get Ready for Christmas," *Wall Street Journal*, updated November 19, 2014. 以下も参照。Stacy Mitchell, "The Truth About Amazon and Job Creation," Huffington Post, July 30, 2013.
(4) *The New Division of Labor*: Frank Levy and Richard J. Murnane, *The New Division of Labor: How Computers Are Creating the Next Job Market* (Princeton, NJ: Princeton University Press, 2004), p. 48.
(5) Alex Davies, "Google's Self-Driving Car Hits Roads Next Month—Without a Wheel or Pedals," *Wired*, December 23, 2014. 以下も参照。U.S. Bureau of Labor Statistics, "Occupational Outlook Handbook, 2014–15 Edition," U.S. Bureau of Labor Statistics website, January 8, 2014.
(6) S. Jay Olshansky et al., "Differences in Life Expectancy Due to Race and Educational Differences Are Widening, and Many May Not Catch Up," *Health Affairs* 31, no. 8 (2012): 1803–13.
(7) Shayndi Raice and Spencer E. Ante, "Insta-Rich: $1 Billion for Instagram," *Wall Street Journal*, April 10, 2012. 以下も参照。Steve Cooper, "Instagram's Small Workforce Legitimizes Other Small Start-Ups," Forbes, April 7, 2012.
(8) Eric Savitz, "Kodak Files Chapter 11," *Forbes*, January 19, 2012.
(9) Dana Mattioli, "Their Kodak Moments," *Wall Street Journal*, January 6, 2012.
(10) Adam Hartung, "Three Smart Lessons from Facebook's Purchase of WhatsApp," *Forbes*, February 24, 2014.

(11) Derek Thompson, "This Is What the Post-Employee Economy Looks Like," *The Atlantic*, April 20, 2011.

(12) Parmy Olson, "Exclusive: The Rags-to-Riches Tale of How Jan Koum Built WhatsApp into Facebook's New $19 Billion Baby," *Forbes*, February 19, 2014.

(13) David Leonhardt, "Is College Worth It? Clearly, New Data Says," *New York Times*, May 27, 2014.

(14) 二〇〇〇年以降の大卒者給与の停滞については以下を参照。Josh Bivens, Elise Gould, Lawrence Mishel, and Heidi Shierholz, *Raising America's Pay: Why It's Our Central Economic Policy Challenge*, Briefing Paper #378, Economic Policy Institute website, June 4, 2014.

(15) Tax Foundation, "US Federal Individual Income Tax Rates History, 1862–2013 (Inflation-Adjusted 2013 Dollars)," Tax Foundation website, October 17, 2013. 以下も参照。Andrew Fieldhouse, *Rising Income Inequality and the Role of Shifting Market-Income Distribution, Tax Burdens, and Tax Rates*, Issue Brief #365, Economic Policy Institute website, June 14, 2013.

第23章

(1) "Forbes 400," *Forbes*, September 12, 2014. 以下も参照。"America's Richest Families: 185 Clans with Billion Dollar Fortunes," *Forbes*, last edited July 8, 2014.

(2) Josh Bivens, "Inequality, Exhibit A: Walmart and the Wealth of American Families," *The Economic Policy Institute Blog*, July 17, 2012.

(3) Peter Barnes, "Why You Have the Right to a $5K Dividend from Uncle Sam," *PBS NewsHour* website, August 27, 2014.

(4) 相続人への富の移転についての議論については以下を参照。John J. Havens and Paul G. Schervish, *A Golden Age of Philanthropy Still Beckons: National Wealth Transfer and Potential for Philanthropy Technical Report*, Boston College, Center on Wealth and Philanthropy website, May 28, 2014.

(5) 他にも思慮深い研究者たちが類似の提案を行っている。Bruce Ackerman and Anne Alstoff, *The Stakeholder Society* (New Haven, CT: Yale University Press, 1999), and Peter Barnes, *With Liberty and Dividends for All* (Oakland, CA: Berrett-Koehler, 2014).

(6) John Maynard Keynes, *Essays in Persuasion* (New York: W. W. Norton & Co., 1963).

(7) Thomas Paine, *The Writings of Thomas Paine*, vol. 3, ed. Moncure Daniel Conway (New York: G. P. Putnam's Sons, 1895).

最後の資本主義

2016年12月15日発行

著　者――ロバート・B・ライシュ
訳　者――雨宮　寛／今井章子
発行者――山縣裕一郎
発行所――東洋経済新報社
〒103-8345　東京都中央区日本橋本石町 1-2-1
電話＝東洋経済コールセンター　03(5605)7021
http://toyokeizai.net/

装　丁…………橋爪朋世
ＤＴＰ…………アイランドコレクション
印　刷…………東港出版印刷
製　本…………積信堂
編集担当………茅根恭子
Printed in Japan　　ISBN 978-4-492-44440-5

著者・訳者紹介

［著者］

ロバート・B・ライシュ（Robert B. Reich）

1946年、ペンシルバニア州に生まれる。ハーバード大学教授、ブランダイス大学教授などを経て、現在、カリフォルニア大学バークレー校公共政策大学院教授。ビル・クリントン政権での労働長官をはじめ3つの政権に仕えたほか、オバマ大統領のアドバイザーも務めた。

著書に*The Work of Nations*（中谷巌訳『ザ・ワーク・オブ・ネーションズ』ダイヤモンド社、1991年）、*The Future of Success*（清家篤訳『勝者の代償』東洋経済新報社、2002年）、*Supercapitalism*（雨宮寛・今井章子訳『暴走する資本主義』東洋経済新報社、2008年）、など14作がある。

雑誌『ニューヨーカー』『アトランティック』や、『ニューヨーク・タイムズ』『ワシントン・ポスト』『ウォールストリート・ジャーナル』各紙への寄稿多数。雑誌『アメリカン・プロスペクト』の共同創立編集人であり、市民団体「コモン・コーズ」会長を務める。また公共ラジオ番組『マーケットプレイス』で毎週行っている時流解説では500万人近いリスナーを持つ。2003年、経済・社会思想における先駆的業績によりバーツラフ・ハベル財団賞受賞。2008年、『タイム』誌の「最も業績を収めた20世紀の閣僚10人」の1人に選ばれたほか、『ウォールストリート・ジャーナル』紙で「最も影響力のあるビジネス思想家20人」にも選出。2013年、ライシュ自身をモチーフにして制作された映画*Inequality for All*（『みんなのための資本論』ジェイコブ・コーンブルース監督）が、サンダンス映画祭ドキュメンタリー部門にて審査員特別賞を受賞。2014年、アメリカ芸術科学アカデミーのフェローに選ばれる。

［訳者］

雨宮　寛（あめみや・ひろし）

コーポレートシチズンシップ代表取締役

コロンビア大学ビジネススクール経営学修士およびハーバード大学ケネディ行政大学院行政学修士。モルガン・スタンレーおよびクレディスイスにおいて資産運用商品の商品開発を担当。2006年コーポレートシチズンシップを創業。明治大学公共政策大学院兼任講師、法政大学現代福祉学部兼任講師。DWMアセットマネジメント日本代表。CFA協会認定証券アナリスト。NPO法人ハンズオン東京副代表理事。日本Bコーポレーション推進支援委員会。今井章子氏との共訳書に、『あなたのTシャツはどこから来たのか？』ピエトラ・リボリ著、『金融恐慌1907』ロバート・F・ブルナー／ショーン・D・カー著、『暴走する資本主義』『余震』『格差と民主主義』ロバート・B・ライシュ著（以上、東洋経済新報社）など多数。

今井　章子（いまい・あきこ）

昭和女子大学教授　コーポレートシチズンシップ取締役

ハーバード大学ケネディ行政大学院行政学修士。英文出版社にて外交評論誌の編集に携わる。ジョンズホプキンス大学ライシャワー東アジア研究所客員研究員、東京大学法学政治学研究科客員研究員等を経た後、政策シンクタンクにて提言などの国内外への広報、海外専門家との政策対話、CSR研究などに従事。現在、昭和女子大学グローバルビジネス学部ビジネスデザイン学科教授として、グローバル化による社会課題やリーダーシップの在り方、CSR（企業の社会的責任）などについて研究している。雨宮寛氏との共訳書に、『あなたのTシャツはどこから来たのか?』ピエトラ・リボリ著、『金融恐慌1907』ロバート・F・ブルナー／ショーン・D・カー著、『暴走する資本主義』『余震』『格差と民主主義』ロバート・B・ライシュ著（以上、東洋経済新報社）など多数

事項索引

A～Z

ア 行

カ　行

サ　行

タ　行

ナ　行

ハ　行

マ・ヤ　行

ラ・ワ 行

人名索引

ア 行

カ 行

サ　行

タ　行

ハ　行

マ・ヤ 行

ラ 行

企業・団体名索引

A～Z

ア　行

カ　行

サ　行

タ　行

ナ　行

ハ　行

マ・ヤ　行

ラ・ワ　行

雑誌・書籍等索引